土与文化资源研究中心文库

究与实践系列①

U0500194

杜晓帆　主编

刘邵远　侯实　副主编

文化遗产的未来

论坛纪实与贵州实践

知识产权出版社

全国百佳图书出版单位

——北京——

图书在版编目（CIP）数据

乡村文化遗产的未来：堂安论坛纪实与贵州实践/杜晓帆主编. —北京：
知识产权出版社，2019. 12
（复旦大学国土与文化资源研究中心文库·乡村遗产研究与实践系列①）
ISBN 978-7-5130-6722-5

Ⅰ.①乡… Ⅱ.①杜… Ⅲ.①村落—文化遗产—保护—中国—文集
Ⅳ.①K928.5-53

中国版本图书馆 CIP 数据核字（2020）第 017790 号

内容简介

本书主要由堂安生态博物馆 2017 夏季乡村遗产论坛学术对话纪实和复旦大学贵州遗产实践探索文集两部分构成，探讨了乡村遗产保护领域诸多前沿问题。第一部分为论坛纪实，论坛嘉宾来自国际机构、政府、高校、科研院所等单位，有着丰富的遗产保护经验与不同的学术背景，并在贵州地区做了大量的乡村实践工作。论坛对话由浅入深，反映了贵州此前一阶段的遗产实践认识和成果，具有重要的学术价值与现实意义。第二部分收录了数篇关于贵州乡村遗产的研究文章，内容翔实，积累了不少的一手调研材料。

本书可供高校相关专业师生、遗产保护领域的从业者及乡村建设工作者等参考阅读。

责任编辑：张雪梅　　　　　　　　　责任印制：刘译文
封面设计：博华创意·张冀

乡村文化遗产的未来——堂安论坛纪实与贵州实践
XIANGCUN WENHUA YICHAN DE WEILAI——TANG'AN LUNTAN JISHI YU GUIZHOU SHIJIAN
杜晓帆　主编
刘邵远　侯　实　副主编

出版发行：知识产权出版社 有限责任公司	网　址：http://www.ipph.cn
电　话：010-82004826	http://www.laichushu.com
社　址：北京市海淀区气象路 50 号院	邮　编：100081
责编电话：010-82000860 转 8171	责编邮箱：laichushu@cnipr.com
发行电话：010-82000860 转 8101	发行传真：010-82000893
印　刷：三河市国英印务有限公司	经　销：各大网上书店、新华书店及相关专业书店
开　本：787mm×1092mm　1/16	印　张：19.75
版　次：2019 年 12 月第 1 版	印　次：2019 年 12 月第 1 次印刷
字　数：310 千字	定　价：96.00 元
ISBN 978-7-5130-6722-5	

乡村遗产的未来——愿景与困境（代序）

我开始真正关注乡村，始于 2004 年的初夏。

2005 年是云南元谋人牙齿化石发现 40 周年。就在一年前，元谋当时的李县长联系我去帮助谋划相关活动。谋划之余，去了元谋周边的乡村随处转转，了解村落的现状。在两天的时间里，我自由地看了十几个村庄。然而，我的心情从远眺村落景观时的享受和兴奋转变为进入村落、进入村民住家后的失落和无奈，我深切地感受到乡村文化遗产保护任重而道远，此后我便开始关注和思考乡村文化遗产保护的相关问题。

2005 年 5 月，纪念元谋人发现 40 周年的活动如期举行。活动中，我有机会与时任云南省委副书记的丹增先生就乡村文化遗产保护的问题进行了长时间的交流。我建议云南省率先在全省做一次普查，对现存比较好的村落进行分类分级，再选择一些不同类型的村落作为试点，进行详细的调查研究，并提出保护和可持续发展的路径。这一想法得到了丹增副书记的认可。之后，丹增副书记的秘书通过传真与我有过多次联系，我们开始筹划项目的框架。可惜项目组织机构成立之际，丹增副书记的工作发生了变化，由云南转往北京担任中国文联的副主席。我希望在云南开展的乡村工作就此中断。

当我正为寻找调查研究乡村的组织发愁时，转机来了。2006 年初冬，我和北京大学的孙华教授由云南转道贵州，一来是与多年不见的学弟和好友王红光会面，二来也想对贵州的文化遗产做些了解。红光时任贵州省文物考古研究所所长，孙华教授是著名的城市考古学家，我们的三人行自然就从考古遗址开始了。旅途中，我有意将话题引向乡村，希望他们的目光能够从几千年、几万年前的遗存转向当下的乡村。我征询孙华教授是否能够以城市考古的方法对乡村进行调查研究，并诠释乡村形成和发展的历史轨迹。记得我们三人在黎平的肇兴侗寨达成共识，决定尽快在贵州展开村落文化遗产的调查、研究和保护工作。2007年新春伊始，在贵州省文物局、贵州省文物考古研究所的协调下，由联合国教科文组织亚太世界遗产培训与研究中心、文化部民族民间文艺发展研究中心、北京大学文化遗产研究中心、同济大学建筑与城市规划学院及贵州师范大学等机构组成的调研团队分别在贵州各地展开工作。

其间，经过多次研讨，我首次提出了"村落文化景观"的概念，将其作为认知乡村文化的一种新的方法，并得到了大家的认可。2008年10月25日至28日，由联合国教科文组织、国家文物局、贵州省文化厅、北京大学、同济大学共同举办的"中国贵州村落文化景观保护与可持续发展国际学术研讨会"在贵阳召开，来自法国、英国、意大利、加拿大、澳大利亚、日本和中国大陆以及中国香港、中国台湾等国家和地区的专家学者80余人出席了会议，并通过了"关于村落文化景观保护与发展的建议"（简称"贵阳建议"）。

为什么用一个世界文化遗产中的新概念来研究乡村文化遗产呢？自从我关注乡村文化遗产以来就特别关注生活在乡村中的人，我发现当时学术界使用比较多的是"古村落""古建筑群（全国重点文物保护单位）""民族古寨"及"乡土建筑"等概念。可是，对于乡村研究而言，这些概念过多地强调了物质层面的内容，没有考虑到人和环境，更没有考虑到社区的发展，很难全面反映乡村遗产的丰富内涵。

2005年，我受邀参加在日本东京文化财研究所召开的"文化景观国际学术研讨会"，并在大会发言，借此机会我对文化景观进行了一次比较集中的梳理和思考。文化景观重视人与自然、重视整体保护、重视延续和发展的方法论给了我很大的启发。我在思考乡村文化遗产保护的时候开始积极应用这些理念，并针对乡村提出了村落文化景观的概念。2006年初冬，罗哲文先生介绍中国古村落保护与发展委员会秘书长张安蒙女士和中国国土经济学会柳忠勤秘书长来到联合国教科文组织驻华代表处，我们一同商议在全国评选古村落的事宜。讨论过程中，我提议不使用"古村落"的概念，而是改用"村落文化景观"的名义来评选。当时罗老已经八十有二，我原以为非常难以沟通的概念问题，没有想到很快就得到了罗老的理解和认可，罗老还特地为中国景观村落的评选手书了评选原则。今天，这项评选工作已经举办了七届。

文化景观作为世界文化遗产中增长最快的类型，近 10 年来虽然得到了社会各界尤其是学术界逐步的认可，但由于文化景观本身是来自文化地理学的概念，《实施保护世界文化与自然遗产公约操作指南》中将文化景观划分为三种类型，而第一种类型的范围非常宽泛，即使是学者、专家也难以鉴别其边界。因此，文化景观作为文化遗产的一种类型，很多时候难以明确其范围。但是，鉴于对村落文化遗产还没有一个妥切的概念，加上文化景观在保护的同时关注可持续发展的理念非常适合乡村，所以我觉得在研究乡村文化遗产时采用"村落文化景观"的概念还是合适的。乡村之所以叫乡村，是因为它是和土地、山川联系在一起的，没有土地、没有农业、没有生产的支撑就形不成村落，至少不是原来意义上的村落。同时，传统意义上的村落也不仅仅是指其建筑，更多的是指在这一地域中生活着的人群、存在的文化和习俗，所以它是有灵魂的，因此我更愿意用"村落文化景观"的概念表述。至于村落文化景观的定义及保护方法，"贵阳建议"中有比较准确的诠释，这里就不再赘述了。

2008 年的贵州会议之后，在相当长的一段时间里，我觉得贵州开展的村落文化景观保护与可持续发展的愿景实现在望。我们不仅与同济大学、北京大学、贵州师范大学、文化部民族民间文艺发展中心、中国本土营造工作室、中国西部文化生态工作室等国内大学和学术研究机构有合作，与联合国教科文组织亚太世界遗产培训与研究中心、全球遗产基金会等国际组织也在进行协作，还有贵州省文物局、各地各级政府的支持，更有雷山县控拜村、黎平县地扪村和堂安村、榕江县大利村、荔波县水利村、剑河县展留村等工作基地，再加上我们有了"贵阳建议"作理论指导，前景似乎一片光明。然而，乡村文化的保护与复兴、乡村的可持续发展不可能一蹴而就，它是一个综合的、长期的工程，我们的愿景显然没有那么容易实现。当然，所有的努力还是产生了积极的效果，我们也看到了希望，相信经过各方面坚持不懈的努力，在村落文化景观得到保护的同时同样可以找到每个村落不同的可持续发展的路径。

在 2012 年以前，关注乡村文化遗产的人应该说还不多，从事这方面工作的人还常常会觉得势单力薄。近年来，政府开始关注乡村，关注传统文化，正可谓"形势比人强"，传统村落保护、乡村复兴突然成了显学，举国上下各行各业似乎都在奔赴乡村。正值城市建设到了稳步发展阶段，大量的规划师、建筑师也进入乡村，甚至发出了"建筑师的春天在乡村"的呼声。可是，世界上有多少村寨是由规划师或建筑师设计而成的？乡村成为旅游目的地以来，在乡村建民宿成为一种时髦，而且被认为是乡村致富最快捷的方法，各界也在追随。许多人认为乡村旅游是乡村发展的唯一途径，甚至形成了一种思潮，并被很多的地方政府所接受。

2015 年我到复旦大学当了老师，教学之余，我把主要的精力放在了对乡村遗产的调查和研究上。期间，我们承担了全国重点文物保护单位贵州石阡楼上村的保护规划的编制，也为住建部制定《中国传统村落管理办法》进行了前期调研和该办法的起草。虽然现场调查和研究过程中"文化景观理论"依然是我们主要的方法，但是由于"村落文化景观"这个概念过于学术，不仅村民、县乡管理干部不容易理解，即使面对学者，很多时候也需要解释。与地扪人文生态博物馆任和昕馆长等学者交流和沟通后，我们又回归到被社会广泛使用的"乡村"的概念。考虑到乡村不仅承载了丰富多样的人文资源，其自然资源也是文化的重要载体，所以自 2018 年我们团队开始统一使用"乡村遗产"的概念，它涵盖了古村落、民族村寨、乡土建筑、历史文化名村、村落文化景观、传统村落等概念。

那么，我们保护乡村遗产，保护乡村文化，本质上到底是为了什么？难道仅仅是为了满足旅游者或外来者的需求吗？难道乡村文化的保护只有旅游一条路可以走吗？李克强总理曾说："保护文物实际上也是在推动文化事业的发展，来滋润道德的力量。"这其实讲到了文化遗产的本质问题。文化遗产的保护是由人类对物质和道德的需求共同决定的，而不仅仅是它作为旅游资源而具有的外在价值。为什么要保护乡村遗产，为谁保护，谁来保护，保护什么，这是我们现在面临的难题。

如果保护乡村遗产仅仅是为了其创造者和传承者，那么我们的出发点和保护路径就会与为了外来者完全不同，包括村落本身，我们绝对不能把它定格在某一个历史时期，然后力图恢复某一个时期的面貌。乡村是经过长时间的发展而形成的，而非由设计师设计出来的，就像人的面貌会随着时间而改变一样，乡村每天也都在改变。人类在自然环境中生存，人的生活、劳作、风俗人情、信仰等都会随着岁月而改变，好比年轮一样，是一个持续发展和变化的过程。乡村遗产是活态的文化遗产，所以我们要保护的是一个历史过程，而不是一个断面，不能把活的过程切掉变成死的断面。在保护乡村时不能让它停滞在某一个时期，而是要让其遗产价值在得到提升的同时也让社区得到发展，让当地人得到实惠，这才是最根本的目标。这一目标不可能是一蹴而就能达成的，而是需要更多的时间来落实。现在把民居改造成民宿或者酒吧让外来人体验是一种利用的方法，但是可供利用的民居毕竟是少数，获益者也是少数，其他大量的民居、大多数村民的利益怎么解决？

我始终以为，人是文化遗产保护中的灵魂。也就是说，在乡村遗产的构成中当地村民是最为重要的因素，他们是乡村文化发展的动力和源泉，只有涵盖村民而进行的文化遗产保护才是有价值、可实施的。乡村的可持续性发展需以综合协同的观点，以人为核心去探索可持续发展的本源和演化规律，以便建立有序的人与环境、人与人关系的和谐统一。对于乡村遗产的保护，我认为有两个方面要重视：一方面，要形成一个基本的保护理念和原则，在尊重人文环境的前提下确立保护的方向。例如，中国传统乡村建筑大多以土木结构为主，我们应该保护乡村的整体风格还是要保护建筑形制甚至是材料呢？我们必须认清哪些需要重点保护，哪些是可以放弃的。另一方面，根据中国乡村的特点和地域性，逐步建立一套适宜的保护方法，其中应包括长期目标、短期目标和应急机制。这些都需要经验的积累。中国地域辽阔，自然环境差异大，需从具体实践中总结出一套符合中国实际情况的保护方法。

随着时代的发展，乡村的变化是必然的、常态的，这个过程也正是乡村遗产活力和生命力的表现。乡村遗产与人类活动密切相关，对变化中的人与自然进行合理的规划、保护和管理是文化遗产工作者和政府管理部门的重要课题。特别是现阶段中国城市化正在迅速推进中，乡村遗产的保护与管理会遇到许多意想不到的新挑战。所以，如何提高我们解决问题的能力，找到恰当的解决办法，并建立一套行之有效的应对机制，是对我们这代人的严峻考验。

杜晓帆

2019 年 11 月 22 日

于复旦大学

| 编者的话 |

　　现在呈现在各位读者面前的这本书由论坛纪实、文章合集和附录三部分构成。

　　2017 年 8 月 29—30 日，以"乡村文化遗产的未来"为主题的堂安生态博物馆夏季论坛在贵州省黎平县堂安侗寨举办。短短两天的论坛，十余位嘉宾直奔主题，畅所欲言，以对话的形式对相关问题进行了研讨，比起常见的会议报告，多了些思维的碰撞与交锋，也更加生动和富有诚意。依托于嘉宾不同的视角和实践经历，论坛设置的三个议题得以不断向前推进。读者通过对论坛纪实部分的阅读就可以感受到对话的张力和深度，在此无须多言。需要说明的是，论坛举办的背景之一，是 2017 年 7 月由同济大学、复旦大学、安徽大学、清华大学等高校师生组成的联合团队在黎平县进行的中国传统村落保护、利用和发展监测预警调研。论坛第一天上午对调研报告进行了讨论，为求主题对话的连续和完整，我们没有将相关讨论收入纪实，只是将报告以附录的形式列出，供读者参考，也稍稍弥补了报告没有及时发布的遗憾。同时，关于论坛主要嘉宾的介绍，读者也可以在附录部分作进一步的了解。

　　作为论坛发起方之一的复旦大学国土与文化资源研究中心，堂安论坛甫一结束，我们就计划将嘉宾对话的内容整理成书，并组织了录音整理工作，希望让更多的人了解和参与到这场关于乡村遗产保护现状及未来的讨论之中。然而，好事多磨，录音稿整理出来后，却因种种原因未能及时付梓。接下来的两年，我们又在贵州做了一些新的调研和实践工作，因此在论坛纪实之后书中还收录了一些相关文章，名为"前沿探索"，作为实践层面的拓展。众所周知，乡村文化遗产的保护复杂多样，牵涉社会发展的方方面面，而文化遗产保护作为一门学科仍在成长之中，两者都离不开一线的实践。因而，这里所名的"前沿"，是指田野的前沿；这里所名的"探索"，是指用眼睛观察到的现实以及用心体验和分析所获得的真实。虽然这些文章的作者主要还是研究生，但乡村文化遗产的未来同样离不开青年学子的关注和担当。

从录音到文字的转换是一项艰巨的工作。杜晓帆和侯实老师主持并指导了这一工作，周紫檀、缪璟和张可儿同学对录音进行了初步的整理，在此基础上刘邵远、徐洋、文凯、徐婉君、聂然、林辞心同学再一次进行了补听和校对。不同嘉宾对于相关概念和问题的言说不尽相同，我们尽可能保留了原对话内容，读者或许可以从这些发言中品读到相应的旨趣和要义。但为了使对话完成度更高，不得已的情况下，只在我们的理解范围内做了些自认为适当的删减和补充，以求还原当时的语境。

健康的对话建立在平等、开放和包容的基础之上。在此，我们还要感谢论坛嘉宾对于本书出版工作的支持、鼓励和理解，我们也欢迎更多的人加入到对话中来。需要说明的是，书中论坛纪实部分内容未经各位嘉宾审阅，如果有任何对原意传达不清或表述有误的地方，理应是我们的责任。

最后，感谢中国华夏文化遗产基金会、天津荣程祥泰投资控股集团有限公司对我们工作的大力支持！

目录

上篇

纪实：乡村文化遗产的未来

——堂安生态博物馆夏季论坛·2017

下篇

实践：贵州乡村遗产保护与发展的前沿探索

附　录

上篇

纪实：乡村文化遗产的未来

——堂安生态博物馆夏季论坛·2017

第一部分　论坛主题与嘉宾

堂安生态博物馆夏季论坛现场

论坛主题： 乡村文化遗产的未来

    （一）乡村文化遗产的保护现状

    （二）乡村文化遗产的核心价值

    （三）乡村文化遗产保护与发展建议

论坛地点： 堂安侗族生态博物馆研究交流中心

论坛日期： 2017 年 8 月 29—30 日

论坛发起单位： 联合国教科文组织亚太地区世界遗产培训与研究中心

    （上海）

复旦大学国土与文化资源研究中心

北京大学文化遗产保护研究中心

清华大学全球化研究中心

安徽大学农村改革与经济社会发展研究院

中国西部文化生态工作室（香港）

论坛主办： 堂安侗族生态博物馆

地扪侗族人文生态博物馆

述洞侗族大歌生态博物馆（筹）

论坛协办： 黎平县政协

黎平县新农协

黎平县文体广电旅游局

暴风公益

论坛嘉宾： 杜晓帆（主持人）（复旦大学文物与博物馆学系教授）

李　松（时任文化部民族民间文艺发展中心主任）

孙　华（北京大学考古文博学院教授）

李华东（北京工业大学建筑与城市规划设计学院副教授）

周　俭（同济大学建筑与城市规划学院教授）

王红军（同济大学建筑与城市规划学院副教授）

马特奥·达里奥·保卢奇（Matteo Dario Paolucci，意大利威尼
　　　斯建筑大学教授）

王红光（时任贵州省文化厅副厅长）

刘兆丰（贵州省建筑设计研究院总规划师）

任和昕（地扪侗族人文生态博物馆馆长）

　　此外，出席论坛并发言的还有黎平县人民政府副县长陈治英、县政协副主席陈德胜、县文体广电旅游局局长杨国祥，茅贡镇党委书记杨胜雄、岩洞镇党委书记谢绍良、肇兴镇党委书记杨香勇、堂安村党支部书记嬴维胜，以及贵州师范大学地理与环境科学学院教授但文红、同济大学城乡规划高等研究院助理研究员李燕宁、复旦大学文物与博物馆学系讲师侯实等。

第二部分　乡村文化遗产的保护现状

杜晓帆（复旦大学文物与博物馆学系教授）

此次论坛是由任和昕牵头国内几家机构，配合黎平县新乡村发展大会，以"乡村文化遗产"为主题而办的。乡村保护经历了很长时间，直到2012年前，仍是较为冷门的话题。总书记提出"建设美丽乡村"

后，乡村一下火了起来。近些年，国内有关乡村的会议开了很多，以汇报为主而讨论较少，缺少对问题的深入讨论和意见的交换。本次论坛中，每人每次发言不超过5分钟，紧扣主题，可以进行多次发言。"乡村文化遗产保护下来做什么"是讨论的核心。我们今天的讨论也会涉及实际的问题，但我希望理论方面的思考多一些，这涉及文化遗产保护的本质问题，而不仅仅是经济层面的问题。当下的文化遗产保护常跟经济利益对接在一起，如果只按照这种思路，文化遗产可能永远都保不下来。

与会人员都是长期在贵州从事村落保护工作、对贵州有感情的，如任和昕主持了黎平地扪村和茅贡镇的实践，李松主持了水利大寨实践，孙华和李光涵主持了榕江大利村实践，周俭主持了世界银行项目以及黎平堂安村和印江合水村等实践，但文红主持了雷山控拜村实践，刘兆丰主持了剑河展留村实践，等等（详见附录1、附录2）。在村落保护的实践中，每个人遇到的问题、代表的方向也不尽相同。

2006年11月，我与孙华老师在云南开完会后转到贵州与王红光在肇兴进行了一次夜谈，我们达成了一个基本共识，认为应该将贵州的文物保护工作重点转向乡村。11年后的今天，乡村文化遗产保护成为热点话题，但是乡村文化遗产保护什么？为谁保护？保护下来做什么？这些本质问题仍没有得到足够的关注。

下面，我们进入论坛的第一个环节，针对近几年传统村落和乡村文化遗产保护工作做简要评价，谈谈总体感受。首先请孙老师讲一下。

孙华（北京大学考古文博学院教授）

现在有关传统村落的会议层出不穷，刚在陕北结束了一场有关生态文明视域下传统村落保护与发展的大会。我认为，到目前为止，学术界对于"传统村落"的性质、概念和定义的认知并没有超越2008年"贵阳建议"中关于"村落文化景观"达成的共识（详见附录3）。

近年来提出的生态文明建设，以及在生态文明视角下看传统村落，其中指代的不只是自然生态，更是文化生态。生态文明是在全球化、城市化背景下人们对自然、文化、人类遗产的重新审视，是一种关系范畴。正如晓帆提到的，如果仍将村落视作经济资源，那仍囿于当初的认识，没有任何超越，算不得生态文明。现在已有很多组织和机构在管理、关注、讨论传统村落保护问题，但传统村落本来就很脆弱，负面的干预越强，破坏得越多。在这种情况下，传统村落保护不仅是资金的问题、技术的问题，更主要的是机制、制度建设问题，是关于新农村建设、农村政策的问题。有些问题如若不做改变，我想传统村落最终是保不住的。传统村落是农业文明的结晶，它跟土地是分不开的。现在农村的土地政策进入了第三阶段，即20世纪80年代以后，为了深化农村改革而推行的土地政策。改革的经验是从贵州提出来的——湄潭经验，即虚化集体所有权，实化个人使用权，增人不增地，减人不减地，长期保持农村的稳定。我们做传统村落的工作，如果不在政策、制度包括城乡制度设计方面发声，是保不住传统村落的。

杜晓帆　孙老师主要从制度和政策角度阐述了他对传统村落保护的看法，在场考虑政策最多的应该是李松主任。

李　松（时任文化部民族民间文艺发展中心主任）

不敢说政策，也谈不上理论，只能说比别人多看两眼老百姓过日子，看的细节多点儿，仅此而已。

我同意孙老师的基本观点和对根本原因的看法，村落保护确实与制度有关。这里我再

补充一个理念：制度是在一定价值体系下建构的。现在我国有拿传统文化当交往名片的、当消费对象的，形式多种多样，其中认识最深刻的可能是总书记——将传统文化当作未来社会发展的动力，将传统文化作为不可或缺的、人类创造性的源泉来考虑认知。这种价值体系要在日常政策制定及社会参与中予以确立，仍旧有很长的路要走。说到保护传统文化，怎么人们都一头钻进农村了？图书馆里能找得到，故宫博物院能看得到，北大等高等学府也掌握着大量传统文化资源，为什么都跑到农村来了？目的是什么？农村作为乡土社会，或者我们定义为村落文化景观中的景观的价值是什么？城里人的后花园？一种消费、一种欣赏、一种自我意识、一种小资情怀、一种鱼与熊掌都想兼得的占有欲？我觉得都有。不少人也都捞了一把，包括博士论文、学术成果、旅游门票等，内容很多元。乡土尤其乡村，作为整个社会发展的"短板"，国家对它采取了大量措施，在这一过程中，乡村与文化到底是什么关系？其实，以我多年的观察来看，我认为乡村就是一个多种力量博弈的现场，基础情况就是如此。在整个博弈过程中最脆弱的还是农民、乡土社会。他们在所有的权力体系中是

最弱的。脆弱的状态也导致其成为被消费的对象，而原本文化缔造的主体、主要载体往往被忽视了。这反过来也说明了，传统村落保护一定要重视人、重视社区。这一点常常被忽视，其实不是被忽视，而是被刻意排挤，人们最多喊喊口号。乡土社会其实是一群被打散的人，再补充到现代经济发展的主流社会中去。

我个人认为，首先要确立文化的价值。文化到底有没有价值？晓帆的追问特别好，文化有价值吗？政府对文化的干预自古以来都是不可避免的。以乡土社会的视角来看，只要有国家就有文化干预，文化干预是常态，只是不同时期干预的方式不同。中国现行的文化干预政策是保护传统文化，我觉得是正确的。干预进行到现在，到底做了什么？其核心内容抽象点儿说，就是树立国人对自己文化的自信及享受在其中的获得感。传统文明距现今的生活太遥远，的确难以操作。拿文化卖点儿钱，村民用上了自来水，"楼上楼下，电灯电话"，而后才会考虑文化。中国当下很多文化还是拿来说的，没有实用性，老百姓只想着发展。农村里很多文化还流传着，但不足以致富，这也是问题的关键所在。我个人考虑到，如果我们想为乡村做事，就要回答乡村文化的价值到底是什么这一问题。它在当下的发展中还有价值吗？有，我们用了一些，但太肤浅，唱首歌、给点儿钱，再深刻一点儿的就没了。可能也有村民会对自己村的文化非常了解，讲起来如数家珍，但面临发展的时候就都退缩了，人的本性就是哪儿能挣钱去哪儿。

人们现在还没有认识到乡土文化的价值，大量的学术研究中也没有说清这个问题，关注的很多仍是符号化、表面化的问题，这是研究的失责。我认为村落的核心价值是其在处理人与自然、人与人的关系上具有的比较高级的智慧，及其社会组织能力的低成本、高效率。这种高级智慧在经济发展中是否能够维护下来，还有待观察。

杜晓帆 李松主任的发言引出了接下来的问题——核心价值。在此之前请周院长从建筑规划的角度对当下国内村落保护的现状做些评论。

周 俭（同济大学建筑与城市规划学院教授）

从社会经济发展大势来看，我们国家还处于快速的城镇化过程当中。过去的30年间，城镇化率提高了20%，按14亿人口计算，有3亿农民进了城。按照国家目标，未来 30 年仍将有 20% 的农民进入城市，城市化率要接近 70%。现在很多学者都在担心城市化率达到 70% 之后会落入"中等收入陷阱"，故而都在研究这些问题。就这个速度而言，未来 30 年，还有无数的农民要进城。贵州有 3500 多万人口，换算一下，约

600 万农民要进城，如果一个村有 600 人，将近 1 万个自然村落会消失，这是不可阻挡的。以黎平县为例，肇兴 11 个村寨里面有 9 个国家传统村落，茅贡 15 个村寨里面有 11 个国家传统村落，到最后，这 9 个和 11 个中会有几个留下来？我觉得这是个很重要的问题。先不评论迁村并点的政策如何，起码这一大势不可阻挡。站在我们的立场上，乡村遗产保护也好，文化景观保护也好，传统村落保护也好，这个村子怎么才可以留下来？村落的自我生存和可持续发展能力应是第一位的。没有的话不行，没有就会被淘汰。人都走光了，这里没有生存的空间，没有收入，没有教育和医疗等资源，那人为什么还要留在这里？人就都走了。

现在普遍的情况是，有 1/3 的村民长期在外打工，1/3 在当地打工，1/3 驻留农村，驻留的又以老人为主。再过 30 年老人去世了，还有多少人会留在村里？村里人会更少。这还只是平均数，有的村出去的人更多。关于这个大势，我们需要反过来看一看。刚刚晓帆说得对，村落的核心价值究竟是什么？怎么去保护其核心价值？在弄清楚这些问题的基础上，我们需要借助其核心价值，在保留核心价值的同时培养村落自我发展的能力。

村落演变成今天这样，是多年来村民自己选择的，背后靠的是村落管理的机制。中国的城市为什么演变成现在这样？是房地产开发的机制所致。以前都是单位建房，是一种城市景观；房地产开发造成了另一种城市景观。堂安现在这样发展是一个机制，肇兴几亿元投下去是另外一个机制。从堂安、肇兴等村的物质层面而言，其发展背后都蕴藏了社会机制、土地制度等问题。所以我想，中国传统村落之所以形成今天这样的局面，背后一定有其深刻的社会经济

的根源，而这个根源触及土地制度、房屋制度、改革制度等。我们暂且不说如何改变大的机制，现在的问题是在现有的机制下我们能做些什么。机制变了，村落的景观、文化、社会、经济都会随之改变。乡村遗产是活态的，不是一成不变的，但今后会变成什么样？比如说贵州的乡村，像堂安，谁都不知道。因为机制不是我们这些人能够控制的，而这些机制的形成不会仅仅考虑保护文化景观这件事，国家有更宏观的考量。

首先，在座的各位可以多想一想下一步可以做什么，再下一步可以做什么。我们想不到未来20年、30年怎么做，但是可以想到未来两三年之内怎么做，在此期间将风险降到最低。其次，传统村落自我生存、自我可持续发展能力的培养这块怎么做，这里主要涉及乡村社区、乡土社会等。其实村落文化景观的形成就是乡土社会发展的结果，不同地方乡土社会的结构不一样，它的机制、运行的方式和价值观也不同。我们从建筑角度来讲，比如说自然环境、自然资源和自然材料会影响建筑的形态、工艺、造型和风格，这是在乡土社会发展之下的一个结果。

杜晓帆 谢谢周院长。对当前乡村保护的现状，对全国，或者对整个贵州，刘兆丰老师可能也了解得比较多，能不能对整体的现状做一个评价？

刘兆丰（贵州省建筑设计研究院总规划师）

乡村的现状肯定跟它的历史有关。几千年来，我们整个国家就是以乡民社会为主体构成的，而村落的大变革是在非常短的时间内形成的，这是一个前提。从近代到现代以来，如果用一个词来描述这段变化的历史，就是乡村一直

处于一种非常"被动"的变革状态之中。我个人认为，在这个变革过程中，作为乡民社会的乡村主体是长期"休克"的，并且不停地被弱化。中华文明经历几千年，之所以一代代稳定地传续下来，是乡村社会稳定演变的结果，不管其间经历了多少灾害和磨难。

在近代以来的大变革中，乡村非常被动。在这种被动中，我认为乡民社会的处境第一是被休克，第二是被削弱。在现有的国家制度和阶段性发展目标下，至少存在三种力量与乡村进行互动：第一种是政府运作的力量——正在改变乡村、影响乡村；第二种是村民的力量——一直处于被削弱的地位；由于社会关系、经济关系的巨大转变和阶段的不同，现在有一个巨大的资本力量也在不断进入，这是第三种力量。在政府力量、资本力量和村民的力量下，乡村一直是最弱小和最被动的那一方，以上是我的第一个判断。

我的第二个判断是，在社会大变革过程中，城市的变革及城市化等方方面面都是依靠乡村的资源、资产才获得了发展。这个方方面面包括农民工、土地资源，这是我们一定要清晰认识到的。因为卷入巨大的变动与发展过程中，所以各地的乡村走上了不同的、被动的发展模式。有的模式发展迅速，许多村落一夜之间就富起来了，而有些偏远地区——整个西部，包括贵州——相对而言对传统的东西保存得多一点，是因为它参与到变动中的力量不够，发展也就不足。众多乡村走的发展路径多种多样，唯一相同的是传统社会的瓦解。原因很简单，在各种变革中并没有出现具有主体性的乡民社会成为一个主要角色的情况。广东也罢，浙江也罢，发展得较好的都是以个体为主体，而不是以整个乡民社会为主体。乡民社会很多是在发展过程中被打散，或者说在打散之后才能够发展，其中唯一相同的是乡民社会的彻底瓦解。

我的第三个判断是，如果我们发现哪里还有较为完整的传统乡民社会，还觉得它是个遗产，它还保存在那里的话，那么基本是由于它加入不了这种大的运动式的、被动的变革。这不是有序的、有组织的、有机的、循序的变动，而是运动式的、急剧的、极具中国特色的变革，村民、乡村被赋予某种品牌或被确认为某种角色。乡民社会瓦解，从这一点来说，我的看法是极其悲观的。以上是我对现状的几点看法。

杜晓帆　任馆长，作为一个"新乡村人"，您也是其中的一个代表。在村里生活十几年，您看见的乡村现状是什么样呢？包括城市人对乡村的干预等，请谈谈您所看见的。

任和昕（地扪侗族人文生态博物馆馆长）

2002 年我从广州回到从小长大的地方从事与乡村保护有关的工作，今年正好是第十五年，其中真正待在乡村里有 10 多年的时间。最近三五年，因为贵州省文物局支持我所在的地扪生态博物馆作为国家文物局全国示范点，所以我成了省文物局的驻村专家，仍在不断地推进这项工作。其间，我对乡村保护、发展形成了很多的认识和思考。

由我的观察来看，人们对乡村是有一种想象的，这种想象是过去发展的 30 年间后工业时代人们对乡情的一种追忆。特别最近五年来，许多对于乡村的判断都源于想象，包括乡村生活。什么叫乡村？这么多年我看见的，乡村是农耕文化背景下的自给自足的乡居生活，它构成了乡村所有的景观面貌、风俗信仰及其附带的一切，如围绕二十四节气融汇在一起的生产生活方式。但事实上，在过去的一二十年间，这种方式早已改变，农业已经不是大多数乡村人的生计方式了。现在乡村有最少 1/3、最多超过一半的人外出务工。而今浙江、广东都有"地扪村"，几百人生活在浙江的小镇里，在那形成好似"唐人街"一样的聚居区，其实这也是一种离村的生活。春节的时候、没有事情做的时候他们再回来，带着钱回来。他们如今的生活方式已经发生了很大变化，但是我们现在讲的乡村，很多还是基于原来农业视角下的乡村。为什么人们会把田地占了拿来修房子？为什么对于传统有所改变？因为他们对土地的依存度越来越低，大量的田地已经丢荒了。地扪人民还是比较勤劳的，将土地看得比较重，即便如此，离村很远的田也已经没有人种了。茅贡这样的地方，大概有一半田已经荒废了，县城周边更不用说。村民的主要收入来源是外出务工。很多人之所以对乡村还存在一种乡愁的投射，其实是处于后工业时代对乡村的记忆之中。人们可能忽略了，乡村的经济方式已经发生了根本性改变，农业已经不再是农民主要的生计方式。

乡村基本上已经没有集体经济了，任何一个人站出来都比村集体有钱。村干部的职位也不是很有吸引力，一个月拿1700多元工资，忙得很，而且很多问题无权解决，更多地处于一种费力不讨好的状态。这种情况下，许多集体经济项目主要依赖政府的扶持，从政府拿到一些项目来做。比如堂安六月六的节日获得了县文广局5万元的过节基金，来进行琵琶歌比赛，这可能是最大的收入了。村集体是没有这个钱做这些项目的。村里人大多把目光看向了外面。过去的乡村都是斗钱过节、斗钱修桥、斗钱铺路，现在村民都有钱了，但不愿意掏钱了。过去大家自己斗钱修鼓楼、修桥，都会自觉守护。现在，政府拨款修桥形成了项目、好处。所以，我们对乡村有很多不切实际的幻想和很多不了解。

最近几年，政府加大了对农村的经济扶持力度，尤其是实行扶贫政策。未来30年是乡村走向城市的30年。随着城市化、交通等的发展，乡村很可能会越来越少。前两天我看中央电视台有报道称，黔东南就有3300个类似于堂安这样的小村子。其实很多传统村落是当时很随意地选取的，没有经过很严格的筛选，都是低门槛入选的。黎平县有93个传统村落，压力很大，政府的责任很重，很多保护不了。前几天的新乡村文化论坛请中共黎平县县委书记王茂才作主旨发言，他做了很深刻的思考。会后我们讨论到：乡村的变化，除了我们看得见的风貌以外，更有农民对物欲的躁动，这个躁动是农民打工回来有钱以后对物欲的一种膨胀。我非常赞同。村民房屋修得住不完。连寨老都说，以前我们修的房子中间都有一个缝，有一条通道可以走，现在巴不得墙跟墙都连在一起，一点儿都不让。实际上，村民根本用不到这么多空间。但是为什么会是这个样子呢？占有欲、私欲的膨胀已经成为乡村发展的绊脚石。

孙　华　任馆长说的第一点，我认为在各地乡村农业收入不再是经济收入的主要来源是一种普遍现象。现在乡村主导产业不是农业不值得奇怪，最典型的是古徽州。徽州历史上一直是人多地少，当地有句名谚，"人之不幸生在徽州，十三十四往外一丢"，十三四岁就出去做生意了。徽州经济来源不在于土地收入，而在于商业收入。"无徽不成镇"，明清时期天下没有一个镇没有徽州人。但这些情况并不影响它的民俗传承，它没有衰败，仍然生机勃勃。落叶归根，资金回来了，人还回来了。这么好的徽州民居，钱哪儿来的？在外赚来的，土地收益很少。但按当时的政策，人可以回来，户口还是在当地。

杜晓帆 第一轮对现状的判断大家都不是很乐观。今天 Matteo 先生也来参与我们的对话了。意大利虽然是文化遗产大国，但是我们没法直接和它相比，因为两个国家对历史、对文化的认识有很大的不同。去年我去意大利的时候也去了几个乡村，回来之后更加感觉到意大利的经验拿到中国可能是没法用的。十年前在博洛尼亚的时候我问过当地的文物局局长，"你们这个城市怎么可以保存成这个样子？"当地为了保存一个历史街区，对公共交通的速度都是有限制的，目的是对街道两边的建筑减少影响。那里的生活肯定没有一些新兴城市便捷，但是那里的人还是选择了这种不便利的生活方式。我早上问文物局长这个问题，她可能没想到我会问这种问题，所以没回答。到晚上我离开的时候，她跟我说，我想了一天你的问题，现在我想清楚了，因为我们已经习惯了。我说这些也是想听听 Matteo 先生对意大利、日本和中国遗产保护的观察。Matteo 先生 11 年前就来过堂安这个村子，昨天他也表示有些悲哀，感觉到村子发生了比较大的变化。

Matteo（意大利威尼斯建筑大学教授）

Yesterday when I arrived here, I was very sad, because I came to this place and went across this village 11 years ago, and now there are many differences. But today I feel some relief, because I see all of you meeting or working on the purpose of conservation and management of this village. So, just speaking of Italian situation, for rural landscape or let's say, for cultural landscape, there are many different situ-

ations. But in many cases, we experienced what you're experiencing now in China, so as the aging of population and there are more rural villages, young people moving to the cities and factories and so on.

We already have a second phase, not all across Italy, but

in some positive areas. We have the beginning of young people coming back to the countryside, and starting working in rural areas, working the land, but not working as their fathers. They start new enterprises. They start with original ideas which allow them to earn, let's say, more than conventional agriculture. And I can show you an example later. I have a PowerPoint here.

And of course, as Prof. Du said, between China and Italy there are huge differences at social and property level, but anyway I think that some examples may give you some ideas. Let's say for your future development. One important thing about China actually I noticed is the huge speed of transformation. So what happens, what changes here in 1 year is what happens in Italy in 10 years. So it's like as your GDP, landscape also changes with the same speed. But I think the price, I mean the value of money, is not everything in the development, you have to think also to the social price, to the ecological price, to other values, should be considered in the conservation and management. And actually, the base ground to be able to work with cultural landscape, let's say conservation and management, is to have a basic culture, basic attitude, to understand the value, not economic, but the other values of cultural landscape. I notice from what I see in these days that it seems to be like a lack of basic culture toward the cultural landscape among residents.

Let me just make an example. For example, as before you have said, many people, they work, they live in their village, the rural village, then move into work, into factories in the cities, they come back to their village and they import some new architectural styles and so on. So, they change somehow the village into also the urban organization. So, as they learn and they bring a new model which is somehow negative for the village. You, as academic experts, should work on the residents who staying village to make them appreciate and understand the value of their own traditional architecture, which make them be proud of their own traditional architectures.

Just one example, 10 years ago, I worked in Japan, in a small rural village, the same problem: aging of population, land was not cultivated anymore. We started with Japanese universities. I was the only foreigner. We started investigating, studying the cultural landscape. And then population was very reactive. They started again to look at their landscape and architecture. They appreciated it and they worked for a much better development and conservation of this area. After our study done, it became like a national monument, but also thanks to the understanding of local politicians.

杜晓帆　参加这次论坛前我们刚在复旦办了一个东亚文化遗产学会的年会，参加会议的一个日本教授在谈到日本的乡村时也表示很悲观。他认为日本的乡村是凋敝的，亚洲国家在这方面好像也没有过多的办法，很期待中国能提出一些解决办法。我反而认为日本还保留了一些传统的东西，乡村还是有一个乡村的样子，他们的社会组织结构并没有大的改变，还保留着很多传统文化。今天，韩国一位老先生打电话给我，也表达了同样的担心。亚洲国家发展太快，面临的很多问题可能和欧洲国家不太一样，后期还要再多做交流。

王老师在同济大学就读博士期间就投入了乡村工作，请从你的角度谈谈。

王红军（同济大学建筑与城市规划学院副教授）

我们在同济大学做的主要工作是乡村的调查和研究，最开始是从古建筑的测绘活动入手的。对我来说，乡村的问题远远超出我们现有学科的范畴，是一个社会性的议题，也是大的经济性的议题。回到我们专业范畴之内去做工作，我们更关注乡村建造，更多地关注于物质本体，但与本体相连的历史的、社会的、文化的要素也不可避免需要纳入考虑。所以我们所做的工作，特别是在现在，更多地关注传统民居还有没有未来。当这些木构的、传统的民居在当下越来越粗暴地被混凝土、砖石替代的时候，它还有没有未来？

目前建筑学界在面对这个问题的时候往往没有抓住本质和关键。我们现在搞得比较热闹的乡土建造，包括一些建筑师的设计，一方面是在一厢情愿地消费乡村的景观、乡村的风土人情，比较追求感官状态。因为在这些自然的乡土环境里

设计出来的东西在感官上总归会比较好一点。但是我认为这是一种不太健康的倾向，很多比较火的民宿现象也囊括其中，或多或少都带有这样的问题。另一方面，在自上而下的政策里，比如新农村的建设，很多是以与乡村真实环境不相关的一种方式，以粗暴的、简单的方式大批量展开的，运用一些简单的规划，加一些乡土文化的符号，但是用的还是传统的城市规划的手段，其实质并没有改变。对我来说，乡土建筑是一种动态的、持续演变的遗产，乡土建造也是一项系统性的工程，不单单是一种建造工艺的传承，还关乎当地的气候、地势，与仍旧保留在社区内的互助建造的村民也息息相关。期待未来能依托于这些大的体系和背景做一些更为细致的思考。

杜晓帆　李老师主导做了这次预警监测项目，请李老师谈谈感受。

李燕宁（同济大学城乡规划高等研究院助理研究员）

这次的中国传统村落保护、利用和发展监测预警项目是我首次介入的乡村保护项目，总共有三个点——地扪、述洞和堂安。从开始做题目，到多人员、多机构梯队的建立，都形成了一些与原来的工作模式不尽相同的结果。过程中的多样性也代表了主题关注的多样性：安徽大学主攻社区工作，他们对遗产的理解、对遗产社区的内容原先都没有充分的储备，而对于村落的社会问题，一介入马上就有信息反馈出来，一访谈就会获得大量信息反馈。这让我体会到，乡村是多学科都可以关注的主题。乡村作为研究对象过于复杂，我们团队主要以建筑规划为主体。在这项工作中，我们作为一个背景支持团队主要将信息进行整理、呈现。

就此次调研而言，如此相近的三个乡村存在如此大的差异，这是刚来工作时完全没有预料到的。而且，村民对于个人利益、个人诉求的表达和表达途径及顾虑都是不一样的。村民对于现有商业形态的预期与我们的设想距离十分大。像堂安、地扪已经有旅游项目的介入，村民对于这种事的理解还差得很远，他们多争先恐后地占领"地盘"。旅游对他们而言具体意味着什么，他们往往缺乏长远的打算，而只以眼前利益为主，也不重视旅游项目对下一代意味什么。村落的发展过于激进之后，对村民群体的影响过于深远。打工归来的村民将要面临什么样的天地，是未来要关注的。

杜晓帆　最后有请王红光副厅长对第一阶段的主旨发言做一个总结，并谈谈自 2006 年以来对贵州村落文化遗产保护工作的看法。就全国文物界而言，文物局主导乡村文化遗产保护，贵州应该是比较早的，而且贵州文物局拿出了资金来做这项工作。在当时的国家文物局系统中基本没有人关注这些事情，仅会针对个别乡村里的全国重点文物保护单位如古建筑群做一些工作。但是在评选乡村里的全国重点文物保单位时，很多评审专家都没有去过那些乡村。当然，现在村落保护成为国家的一项策略，很多文物部门都开始着手行动了，一下子冒出许多村落保护的专家，不少领导都表达了对村落的关注，但有些内容跟事实还相差很远。王红光副厅长做这方面的工作已经有十几年，不仅做学术思考，还做政策上的考量。他可能考虑的更多的是如何与地方政府沟通交流，如何在政策方面为村落保护做更多推进。刚才大家谈的很多都是政策和制度上的欠缺，这里请王红光谈谈，并为第一阶段做总结。

王红光（时任贵州省文化厅副厅长）

事实上我也做不了这个小结，刚才各位专家学者在说的时候，我一方面在听，另一方面也在回忆。正如晓帆教授所言，贵州的村落保护在全国文物界做得比较靠前一些。靠前也有一定的契机，国家文物局最早在贵州建设生态博物馆，

当时我们的同学安来顺先生引进了国外的博物馆实践活动——生态博物馆，并在全国发起，在贵州建立了四个生态博物馆。这四个生态博物馆在实践中没有很好地发展下去，这对我来说是一个遗憾。在接手文物工作之后，我一直在思考：在乡村，文化遗产保护工作到底应该怎么做？由此也就思考到乡村文化遗产的一些政策性、技术性的问题，后来在乡村的工作中涉猎的范围就更广了。缘起就如晓帆在开篇回忆的，2006 年，我们几个人在贵州长途跋涉的几天中，面红耳赤地争论和热情洋溢地畅谈着这些问题，这对我的促进、帮助特别大。所以，我不光是回顾这个小节，回顾大家的讨论。刚刚各位不论是从各自的工作经验上还是从自己的学术背景方面都做了很好的发言，包括像任馆长从自身实践工作层面做了一些非常切合乡村实际的发言。

那么结合自己的工作，结合专家的发言，我也在想：在乡村文化遗产保护工作这一块，我们文化遗产工作者与研究人员到底应该如何面对这些问题？就我的工作经验而言，乡村遗产越做越宽泛，其中是否也存在误区？就是在讨论乡村发展与乡村保护当中，一个是专家的责任，一个是学者的思考。这两者我觉得还要有所区别。在座各位，有的是专家的身份，也有的是学者的身份，不同的群体都在关注乡村文化遗产保护工作，但是不同群体在乡村文化遗产的实践过程中的发声有时是存在错位的。很多时候，专家说了学者的话，学者做了专家的事。从实践操作层面来看，效果不是很理想。这是就我的工作经验而言的。包括我们行业的管理者，在思考乡村文化遗产保护工作时，有时候发声、立场、定位也有问题。实际上，乡村建设运动也好、活动也好，与遗产保护是有差距的。所以，我觉得要把专家的责任和学者的角色分开。由此，技术与理论也要分开。其实，在乡村文化遗产保护过程中，技术性的问题也是需要探讨的，有些很好解决，有些则是需要跨学科共同解决的。乡村的文化遗产保护不是建筑规划部门一家就能做的，也不是文物保护部门一家就可以做好的，它需要现代科技的手段，包括物理、化学等其他学科的参与。

技术性的问题相对来说好解决，核心是理论问题。正如开篇提及的，乡村文化遗产价值何在？未来在何方？当然，孙华老师之前还跟我提到，乡村文化遗产具有多重价值，存在价值排序的问题。价值排序问题我在工作实践当中深有体会。这个认识确实有必要，需要专家进行梳理，进行科学排序。因为没有正确的排序，我们在因病下药的过程中往往头重于脚，出拳会错，利用中也存在这个问题。另外，文化遗产保护工作是乡村社会建设的一部分，不是全部。我们在谈论的时候不能回避乡村社会建设的问题，但是对于乡村建设经验的研究的确要多加思考、讨论。对于这个问题的思考对乡村文化遗产的价值是起至关重要的作用的，特别是在今天的中国，这个问题不能回避。刚刚各位专家、学者都谈到中华传统文化在近百年工业化、现代化的进程当中，我们对它的消解和重构是有问题的，特别是在重构这方面，我们现在仍处于重构、探索的过程中。我们想树立中华文明的自信、中华文化的自信，但是，当代中华文化，特别是思想文化这方面还是需要寻找根源的。这也正是总书记所说的，我们要在传承中创新性发展、创造性转化，他提出了一个非常有见地、非常有指导意义的"两创精神"。

那么结合我们的专业来说，问题就是乡村对城市的未来到底有什么意义。中国很多现代化城市的兴起只有几十年，不超过 100 年。很多小城市仍在造城、建城的过程中。构成城市的群体大部分是从乡村走出来的，这些人的观念没有一下就进入现代化城市的环境中，而是带着乡村文化的固有观念和背景在城市里构建新的群体关系及城市文化。就这点而言，我觉得研究乡村、研究好乡村、梳理好乡村的价值对今天的城市化建设有特别重要的作用。在中国谈城市建设是离不开乡村的，谈乡村建设也指导着未来的城市文化建设。所以说，我们要搞清楚乡村对中华文化构建、对城市文化构建可能有的贡献，这是大的方面。另外，在乡村搞保护，光谈保护的理念，不研究发展，我觉得是搞不好的，特别对于中国今天的乡村遗产保护，一定要研究发展。

杜晓帆　第一阶段大家都表达了对乡村的基本想法。我想起几年前参加过的一个"百人谈乡村"活动，当时我写过一段话："2008 年在贵州会议结束后，在相当长的一段时间里，我觉得在贵州开展的村落文化景观的保护与可持续发展的愿景实现在望，我们不仅拥有与同济、北大、贵州师大、文化部民族民间文艺发展研究中心、中国本土营造工作室、中国西部文化生态工作室等国内大学、学术研究机构的合作，有联合国教科文组织亚太地区世界遗产培训与研究中心、全球遗产基金会等国际组织的协助，有贵州省文物局、各地各级政府的支持，还有雷山县控拜村、黎平县地扪村和堂安村、榕江县大利村、荔波县水利村、剑河县展留村等工作基地，再加上我们有'贵阳建议'作理论指导，前景似乎一片光明。"然而，10 年过去了，我们仍然面临很多问题。

周　俭　借晓帆的话题，我再说说第二点。乡村被说得很复杂，很多人都在研究乡村。当然，再回过头看"贵阳建议"，的确有其前瞻性。问题在哪儿呢？每个专业的工作都有自身的角度，大家都没有找到工作的切入点，没找到一个很好的实践切入点，没法有效地试验和落实这个事情。特别是在贵州，在制度当中怎么解决这个问题？每个专业讲自己的内容是肯定的。我们也可以讲社区，也可以讲经济，也可以讲产业，毕竟我们只是应该去讲，但讲不出来到底应该怎么去做。即便是从建筑规划的角度，我们也没有找到好的切入点。好比造房子，不知道怎么去造房子，规划做了也没用。

李　松　按照周老师的话题，我觉得可以凝练出：在正向的方法没有找着的时候，要找毛病的根源，就是共性的毛病。我个人的意见是：第一，核心是利益机制。做乡村工作，利益去哪了？钱去哪了？如果老百姓没得到实惠，那一切都是徒劳。因为谈的是发展，如果只是谈保护，那谈保护经费的分配就可以了，但都带着"发展"，所以我觉得第一是利益机制，其中包括村落内部和外部的利益机制。第二，村落内部共享的利益机制只要被打破，传统文化根本没有生长的土壤。按照这两个基本要素，再拿着"药方"去所有的村落实施，最后会发现，毛病都产生于此。我们与社会学领域的专家也探讨过，不论是理论层面还是实践层面，所谓适度商业化，度在哪里？中国村落的多样性决定了不同村落的方法是不同的，甚至可能会有重大调整。所以，我不敢提理论，只在那儿看、学，看老百姓是如何运作的。这件事如果没有想透，轻易下手会出问题。非遗保护也是，所有问题一涉及货币化，立刻产生一堆问题。

杜晓帆　第一阶段，以红光副厅长和两位的补充作为结尾，下一阶段将回到核心价值的问题。大家都提到核心价值。各位觉得乡村文化遗产的核心价值来自哪儿？正如红光副厅长所言，我们不是保护乡村的，我们是保护乡村文化遗产的，不是所有的乡村都是文化遗产，不是所有的乡村都有保留的价值。

第三部分　乡村文化遗产的核心价值

杜晓帆　刚才大家谈了很多各自对现状的理解，而且已经谈到了价值，也谈到了一些未来的方法。下一阶段我们要讨论的可能更集中、更形而上、更抽象。我觉得抽象是必要的，如果没有一个抽象的东西说明我们保存乡村文化遗产的核心价值到底是什么的话，我们最后很难去解释清楚。那这一阶段我们就"什么是乡村文化遗产""乡村文化遗产的核心价值到底是什么"这两个话题来谈论。从周老师开始，给乡村文化遗产和它的核心价值做一个定义。

周　俭　说价值就要说保护，我从乡村遗产保护和乡村的发展这两个层面来谈这个价值。教科文组织 2016 年在厄瓜多尔发布的《文化：城市未来》的报告指出"文化是城市发展的未来"。现在全球已经步入了城市化的时代，包括中国也是一样的。我们当时做了一个研究报告，亚太地区，除了印度以西不归我们负责，印度以东一直到南部的斐济都是我们的调研范围，也找了些案例。我觉得这项研究还是挺好的，其中包括推动社区发展、推动经济发展等话题。从这个角度来看，中国的乡村可能和外国的乡村不一样，这和城市制度有关，还跟中国的整个从城市到乡村的层级制度有关。我们到法国调研发现，法国的城乡制度是扁平化的。法国一个村只有 200 多人，他们把村叫作市，村主任的权力可能和 2000 人的镇、20000 人的小城市是一样的。而对于我国，从管理上说，村民自主性的边界在哪儿？不可能所有的事都要往上申请，这样效率也不够。所以，我们现在谈的很多问题不是乡村本身的问题，而是一个大的系统的问题。

我先说怎么去研究乡村遗产的价值。有三个层面：第一个是我们一直在讲的乡村文化景观，或者说村落文化景观，它存在于一个自然村本身有限的范围之内，可能不仅仅是行政边界，还会有些超出。第二个就是村、镇、乡和城市的关系。在今后城镇化的过程之中堂安可能会保留下来。为什么呢？因为有肇兴，它们离得那么近，之间的关联那么紧密，同时肇兴又和县里、州里的关系那么紧密。因为肇兴在这里，所以堂安不会消失。但地扪会不会保留下来并不好说，不过我觉得还是有希望的，因为它比较大，是五个寨子合在一起的。如果它是单独的一个寨，在这个位置是没有希望延续的。总之，我们既要考虑村和乡镇的联系，也要往上考虑，起码是考虑到县这个层级，其中要关注作为一个整体的社会经济文化，特别是要关注不同层级的经济关联性。城乡之间不可能没有这种关联性，没有这种关联性乡村就消失了。以前是农村养育城市，现在是城市反哺农村，这是肯定的。所以我觉得这是我们要研究的第二个层面。第三个就是村落的人居环境和自然生态之间的关系。我觉得这三个是我们研究乡村文化遗产价值要有的视角，或者说是研究的边界。

至于是什么价值，我还没有完全想透，但是我很赞同刚才李松主任提到的乡村社会，也可以叫乡土社会，包括社区和人，它和后现代的社会到底有没有关联？后现代社会、农村和城市到底是什么样的？所谓生态文明是不是我们所说的后现代社会的一种形态？这种形态下，乡村社会的经验到底有什么作用？我觉得这是一个问题的切入点。

简单化一些，可以总结为两点：第一是生存智慧，这是底线，即所谓的人和自然的关系。人们怎样利用自然资源生存下来，又去保护自然资源，与其共存互利？第二可能是一种生活取向，或者是一种更高层次的追求。满足了最低层次的生理和生存要求之后，在乡村也有更高层次的自我实现的要求。比如安徽农村的建筑装饰在城市是见不到的。富足了之后，有了钱之后，生存问题解决了，对生活的要求必然会更进一层。比如鼓楼的建造工艺，城市哪里有？没有，也建不了这么好。在乡村同样会有所谓"文明的进步"，它不是拷贝的，不是从城市拷贝到乡村的，而是从乡村本土慢慢生长出来的。当然，建造者可能是从外面回来的，回来后和本地进行了融合，产生了这样一个结果。

我觉得这是两个层面的东西，第一个就是我们所说的人和自然的和谐共存，农耕文化，稻田养鱼，这些都是最基本的。但这些以后会不会保留下来不

的田，田本来就少，产出的粮食不够吃，他们怎么生活？只能出去挣钱了，这也是为了生活。在贵州来说，如果嫁到外地的姑娘或者在城市参加工作、外出读书并就业的人员把所分的田地退出来，村里再调整，这样政策就更灵活一些。现在政策是这样的，没有对田地使用权的继承做出安排。

周　俭　这是习惯法，每个地方都不一样，在上海就不行。

杜晓帆　这个问题应该不是我们文化遗产相关的问题。虽然文化遗产是养育在乡土里的，但真正留下来的属于文化遗产的部分可能很少，甚至很多乡村可能都失去了。最早我们提"贵阳建议"的时候就说过，贵州 18000 个村寨不可能都去保护，不可能都有价值去保护，在人类发展的过程中肯定会有很多村寨消失。城市在发展，乡村在减少，全世界都是这样的，这是不可抗拒的，这不是我们能解决的问题。我们关心的文化遗产其实在乡村中保留的也不多。下面能不能讲一下我们的乡村，比如我们现在所在的堂安，无论建筑也好，还是刚才周老师说的生存智慧也好，到底有没有价值？对我们人类有没有借鉴意义？

孙　华　这里面包括两个问题，第一个就是传统村落本身的价值，第二个是我们现在保护和发展传统村落的价值。现在还没说到保护发展，我就先说第一个问题。

我前不久参加了一个博士论文答辩，论文研究的是遗产价值，把价值、遗产和人作为三个单元，这怎么可能呢？一个是实体，一个是关系。所以说价值是一个关系范畴，不是本身就有的，是和人发生关系后才有的。不同的人、不同的群体、不同的文明对其价值的认识不同，不同才是对的，相同就错了。现在包括我们的文物保护准则，除了提出历史的、艺术的和科学的价值，还加上了其他价值，就有人站出来表示不同意。不同意就不同意，本来就有地方政府还认为具有经济价值，这都是不同的看法。所以说，价值是因不同的人、不同的利益关系而变化的，不同的群体存在不同的价值诉求。

我是从事考古工作的，是研究历史的，以我的观点，传统村落的价值首先就是地域民族传统文化最后的集中保存地，是世界多元文化的重要组成部分。由于各村落的自然环境不同、历史形成不同、文化形成不同，所以形成了种类众多、风格多样、习俗千差万别的乡村文化景观，也是我们各个国家的国土文化景观。没有这么多乡村文化景观，我们的国土就没有识别性，而文化的多样性恰巧又是人类创造力的源泉。今天李松主任引用总书记的话，说它是社会发展的动力，其实联合国教科文组织在谈到保护文化多样性的问题时就是这么说的。

李 松 《文化多样性公约》（全称为《保护和促进文化表现形式多样性公约》）里面提到的。

孙 华 对，公约里面就是这么说的，它是社会发展的动力、人类创造力的源泉。全球化带来了统一，人类的思维就会固化、单一化，所以多样化是社会发展的动力、人类创造力的源泉，这是毫无疑问的。对于历史学家来说，传统村落肯定是历史发展的实物证明。社会发展存在地域上的不平衡，经济发达地区消失的东西，欠发达地区可能还保存着。事实上，文字产生以前，我们解释社会时，这些保存在乡村里的民族的、民俗的东西能够给予人启发。虽然就这么点儿启发，但我们现在脑海里自然而然地想到的就是这些东西。所以有时候你不承认，那是因为你已经形成了一种潜意识，认为它是一个常识。只有那些特殊的民俗、特殊的东西，因为你不知道，就认为那是一种知识。研究现代的传统村落一定有助于研究古代社会，研究古代也是"借古鉴今"，历史作用于未来，帮助我们理解现在和未来。

我觉得，传统村落是区域与现代发展的重要资源。各个不同的、历史悠久的区域是人们世世代代生活的地方，是人们的心灵家园。祖辈的业绩，世代相传的生存智慧、生活方式和文化传统，都在村落里保存着。在城市化和工业化的背景下"乡愁"是什么？就是在这一背景下作为家园的传统村落成了现在这些离乡背井的人们寻求自我心理平衡、重新找到自我防御机制的重要文化空间。乡愁有专门的一套理论，就是这样得来的。当然传统村落也是其他的资源，比如有人认为传统村落是发展经济的、旅游的资源，这是不能否认的。

杜晓帆 好。我觉得孙老师已经给出了文化遗产的价值的定义，也提出了两个话题。特别是后面讲到"乡愁"的时候提到的"自我防御的文化空间"，这也提出了一个问题，就是人需不需要这样的东西？换句话说，中国人需不需要精神生活？

李　松　谁说不需要？人类不需要精神生活那人类不就完了吗？

杜晓帆　对啊，但是看我们现实的状态，往往很多时候是不考虑精神生活的，而且我们经常被批评"你们这些学者专家光说虚的、没有用的"。我觉得人是不能光靠经济而活的，如果真的是那样的话我们也不需要谈这个问题了。我们让陈副县长说一下这个问题。

陈治英（黎平县人民政府副县长）

刚才听了一些专家提出的意见和建议。我是门外汉，但我们在乡镇工作这么多年，我确实觉得从文化保护方面来说，老百姓在思考，是谁打扰了他们平静的生活？是谁熄灭了他们抛弃原来生活的热情？他们会说是政府。因为政府一厢情愿地参与评比和进行旅游开发，导致了老百姓的趋利性。而作为政府来说，为什么要进行保护和开发？主要是保留特质，作为商品来开发，让老百姓增收。刚刚所说的乡村文化的价值，我们在讨论的时候总是想，乡村文化的价值好像只有在乡村中才能保存。实际上，我觉得乡村文化的价值在于它特质的保存，不论在哪个地方，只要保存有这样的特质，价值就还存在。比如刚刚王厅长也提到，我们侗族的侗歌、侗戏、刺绣，它不是必须在侗寨才能保存的，在这个地方被削减之后到另外一个地方重组，仍然可以保留这种特质，仍然可以发挥这种特质。乡村的文化不会因为乡村的消亡而消亡。关键是我们政府如何把这些特质保留下来，让它重组、转移，最后在新的地方生存下来，我觉得这个才是我们要考虑的问题。大家总是认为乡村的文化必须和固定的乡村空间关联在一起，绑定在这里，我觉得这不是我们要思考的问题。

杜晓帆　谢谢陈副县长。我觉得这也给乡村文化遗产找到了另外一个出路。

李　松　举个例子，关于民歌保护。整个陕北民歌唱得好的都在码头上，没有一个在村里。我们做侗歌保护，书记说了，谁唱侗歌唱得好，不愁下半辈子没饭吃，能上学、能吃饭，不用回到村里。我们认为"满寨侗歌"的场景可能是诗人陶渊明的一个想法，就是"世外桃源"，但也可能是后现代生活，将艺术和生活融为一体，不为给钱的游客或电视台去演唱。现在有不少被一些比赛推出来的歌手跟着流行艺术乱跑，所以音乐评论界说"你们干的这是好事还是坏事呢？"这是一个话题。

周　俭　不管歌怎么唱，谁来唱，变化是肯定的。

杜晓帆　我们局长就是侗族大歌的传承者，您能不能从切身的体会谈一下侗族大歌对您来说是什么？

杨国祥（黎平县文体广电旅游局局长）

我是做群众文化的，偏重于民族文化，也做舞台艺术，我也说一下我的想法。这个价值首先体现在思想上。为什么这么说呢？举个例子，侗族大歌里面教育我们怎么去做人，怎么去珍惜时光。比如有一首歌叫"莫让青春流水过"，教育我们怎么去珍惜时光。有些小歌，像洪州琵琶歌，是说晚辈要怎样去尊重老人。再比如我们肇兴"仁义礼智信"的五座鼓楼，也是用儒家文化教育我们。这是第一个，思想上的价值。第二个，经济上的价值。就像刚刚李老师说的，现在很多歌手，包括吴宇珍，都是参加过青歌赛的。侗族大歌改变了她，让她可以去贵州大学上学。其他还有几位，包括很多侗族女孩通过演唱侗族大歌改变了她们的生活。有些村寨因为侗族的歌舞增加了经济收入。举个例子，就像黄岗村，很多村民都在外面唱歌，有些在酒楼里唱敬酒歌，有些在艺术团里唱侗族大歌。通过这个非物质文化遗产，增加了他们的收入，也改变了他们的生活。再举个例子，像三龙村是专门演唱侗族大歌的，村里有很多歌队活跃在广东、广西。我的想法就是价值也体现在经济上，因为我是做实践的，没有在旅游上做研究。

杜晓帆　我问一个问题。刚刚任馆长说地扪村在浙江的一个镇上有 500 人，那他们在浙江会不会唱侗歌？有没有做过这个调查？他们这批人在闲散的时候喝了酒会不会唱？

杨国祥　还是会唱的。

杜晓帆　我觉得精神上可能还是需要这个。因为闲散时唱是没有人给钱的，没有经济价值。

杨国祥　但是可能对有些老百姓来说，不管是在县城还是在乡下，或是在外面，唱侗族大歌仍然是他们必不可少的一种精神生活吧。

杜晓帆　好的，谢谢。兆丰你谈谈。

刘兆丰　虽然我算是专业工作人员，不是学者，但是这个事情的确要形而上地梳理一下。以下是我个人这么多年的一个感受。我觉得乡村至少可以有三个层次：第一个是作为存在的乡村，第二个是作为资产的乡村，第三个才是作为遗产的乡村。

第一个层次就不在这儿说了。那么作为资产的乡村，我想至少可以分成两类，第一类是作为基本生产和生活的空间，有了这个空间才有乡土社会，有了乡土社会才有乡土社会的文明、文化、血缘、宗族、地域，继而有了中间的情感这一切。那么，这个资产会变化，一直在变化，对这个资产的评估会有非常大的差异。我们讲两种极端，一种是东北北大荒那种，走向纯粹的生产空间，就像美国乡村一样。美国乡村是没有文化的，它就是一个生产场域，拥有高度的机械化水平。回到中国，回到我们自己，我不完全同意和昕上午讲的那种状况，也就是另外一种极端：乡村在生产层面的意义已经没有了。在某一个历史阶段我们也许会发现，乡村的空间生产不能变成优质资产，然后帮助我们获得想要的一切。但是乡村的生产和生活空间是非常根本的，我非常赞同孙老师讲的，历史上从来都是这样，这是最后一个堡垒，是一个终归地。终归地能支撑生命，就是这个生产体系。现在只是因为全球化，我们误以为这个生产体系没有了。全球化也是一个不稳定的、有风险的事情，终有一天我们还是要回到乡土的。

李　松　就像诺亚方舟。

刘兆丰　不是。人最根本的就是和土地的这种根上的关系，中间起决定作用的就是生命支撑，就是大地产出，这是毫无疑问的。你以为自己和乡村没有关系了，是因为你通过全球化和其他乡村产生关系了，你从来没有中断过和乡村的关系，当然转基因生产那些是另外一回事，我们不说这一块。

我想讲的是第二类资产。第二类资产实际上是由基本的生产、生活空间衍生出来的场域——人与人之间的关系、人与土地之间的关系。这些关系构成了一种生活方式、生存方式。比如尺度，人际关系里能够达到的那种可控的空间和尺度，这些才是它更为重要的资产。所以我们会发现第一类资产——生产性资产在向第二类资产——生活方式、生存方式转移。而第二类资产是非常重要的，整个人类都会迅速地关注这块。所以大量的资源往乡村走，是因为它的第二类资产，而不是生产性的第一类资产。

如果从资产的认知再往下剥离，回到它的根本价值，特别是那些存在的、积累起来的、历史的遗产，我们要守护住它、认知它的意义，并且这种意义是可以以某种方式往后传递的，这是它的遗产价值。这个遗产价值我觉得非常难归纳，但可以简单地说是一个"源家园"的概念。"源家园"是最直接的、根性的安全感和最根本的尺度、空间共同合成的生命场域，它是历史的、积累起来的。进入乡村之后，它其实是一种"溯源"，是对生命"源"的一种回溯。在这种前提下，这种遗产是共有遗产。比如中国的农耕是中华民族的共有遗产；在贵州，是西南民族的共有遗产，不是城市的，也不是乡村的，是人们共同拥有的。那么就会发现，共有遗产是存在遗产价值和遗产利用的，而遗产价值是在利用中产生的，遗产利用可以分开、分类。这个遗产对城里的人意味着什么？对乡里的人意味着什么？我们讲的"源家园"，我不叫它"诗意栖居"，我把它叫作"安全栖居"。

我们可以看到第二类资产和现在城市化的关系。比如城市病的暴发，最近住建部也十分焦虑这个问题，或许健康的乡村才是我们最后的"逃生之地"。至少可以看到两者之间已经产生了联系——逃离城市，回到乡村。这种逃离不是说找一个更好的环境，其实就是"回老家去"，回到人类的那种空间状态、那种和大地的关系中去，这种状态和关系是永远的、永恒的，是基因里面的。在这种状况下我们讲根源的安全感，中间有一个概念是"健康的乡村"。因为我们有很多城市是不健康的，有很多乡村也是不健康的。其实是因为在乡村没有安全感，所以导致村民的背离和逃亡，导致所有权问题和土地关系问题。他们祖祖辈辈守着的东西能不能守得住，还是不得不被挪来挪去？就像刚才副县长讲到的，其实你是来打扰我的，你要我这样，你要我那样。我前天有点儿酒喝，喝得很高兴，你就说"你懒，你笨，你蠢"，但其实这是我的一个文化。中间唯一的一条路就是理性地认知、理性地自我管理和理性地发展。什么叫理性呢？其实就是启蒙，也就是说回到乡村价值的认知上去，是和乡村共同完成一个启蒙，用真正的理性态度认知它，才能得到它的价值，才能得到这些价值和资产的对应关系，才能分门别类，共同来面对乡村。

杜晓帆　好。我觉得几位老师对遗产的价值各自都有一个很深刻的评价。现在请李主任讲一下。

李　松　因为所有的价值都建立在核心价值体系上，全人类的价值体系就是建立在文化多样性这一基本判断之上的。未来文化多样性和价值之间的关系意味着什么呢？这需要一层一层往下"剥"。

我上次在贵州的一个村做田野调查，一位80多岁的寨老跟我谈文化多样性，着实让我吃惊。保护文化多样性的唯一手段就是搞旅游，这是贵州的当下。第一个问题，我说的多样性，从外部环境来看，是有没有认识到发展目标的多样性、发展方式的多样性和文化选择的多样性。比如我们对佤族进行扶贫，他们住在山顶上，我一直在想一个词——游耕，按我们以前社会发展序列的演变来划分，佤族属于"直过民族"。

我在佤族聚居区考察，县委的领导跟我介绍说这里的经济在中华人民共和国成立前如何如何落后，20世纪50年代以后实现了跨越式发展。我说以后你们不要这样介绍，你知道在这大约70度的山坡上养活人养活了多少年吗？至少500年。国家二级以上保护植物在那个区域是最多的，当时斯皮尔伯格拍《侏罗纪公园》应该去那儿。这文化落后吗？价值何在？但反过来说，让佤族住在茅草房子里面。反正让我住我不住，生了孩子我也不让他在那儿住。其间的纠结怎么解决？理论？没有。思考？很少。有没有价值？当时的生产方式和生产技术是我们批判最多的刀耕火种，是原始落后的生产方式，但凭这个就在佤山上养育了一个民族。而在怒江这个三江并流的区域里，政策要让佤族、怒族住在河谷里，但是他们被迁走后自己又迁了回去，变成了一轮景观扶贫。他们副省长抓了一个项目，把山底下一个村子设计得很漂亮，远看像小别墅，就建在怒江对面，中间一个溜索就能过去。新村还在盖房子，老百姓就自发形成了一个市场。本来老百姓出3万元，政府出4万元，一共7万元拿去建别墅，挺好的一件事。老百姓一算账，五六万一卖，我的钱收回来了，政府给的补贴还挣着，又回佤山顶上去了，在那里他们自由自在。在他们的文化体系里可能自由更重要。因此，我觉得这是一个需要探讨的问题。在不同的区域、不同的自然条件下，这是不一样的，差别非常大。这是第一个问题。

第二个问题，关于价值。我们刚刚是从国际的角度说价值，此外还有国家的价值、地区的价值、省里的价值、县里的价值、乡村的价值、个人的价值。所有关于文化多样性的价值认知，从国际走到个人一路都在变化。国际顶层设计一点儿都没错——保护人类文化多样性，人类之间学会互相尊重——有助于建立一个好的国际秩序，但国家一定要有国家认同。日本和韩国在单一民族的条件下把这件事做到极致了，他们认可的价值和联合国的已经不完全一致了。我们再回到省里，省里要发展，县里也要发展，政府这个体系要求必须让老百姓过上好日子，人均收入必须涨起来，所以花钱投力也没错，文化更多地被转化成一种资源去利用，使其具有经济价值属性。

拿老百姓来说，他们就想改变生活。我会唱歌，没错，但是我想过好日子，排在唱歌前面，如果唱歌能帮我过上好日子，我就唱，不管用什么方式。这时候，文化资源就要往后放。在我看来，这种价值认知的产生源自经济的差异。贵州跟北京和上海的经济差异太大，村民看电视、上网都行，出去打一圈工带回来的手机都是全球通，这种生活的差别在感受上太明显了。"我是在北京站不住脚，站住了，我就瞄纽约"，这种现象很正常，这都是发展诉求，是基本人权，谁也不能挡着。在贵州压垮整个文化遗产的最后一根稻草可能就是经济要素，就是钱。我国基尼系数那么大，这是特别好理解的。所以我特别理解所有的民间艺人都要为生存去奋斗，这时候你去批评他"你怎么不在村里唱？"这是捣乱。因此，在这种经济差异非常大的情况下，学者进行文化保护的时候，一定要把发展放在非常重要的位置。在我内心中，发展要放在比保护还要重要的位置上。这在保护界是不被认可的，我们很多保护界的专家总说"别跟我谈发展"，那就出问题了。

这些文化要素，或者说文化核心价值体系，或者叫文化体系，在发展中有价值吗？我们现在利用的是它的表演性价值、表面性价值、外在景观性价值，其实都是旅游价值。那它对社会发展有价值吗？这种传统文化要素有价值吗？在我看来，我同意孙华老师的一个基本判断：它最大的价值是在处理关系上。我认为它一点儿不比现代的社会落后，而且更加高级。第一是处理人与自然的关系，第二是处理人与人之间的关系，往下处理个人内心的问题更复杂，在此先不说。

就在这两个关系上，乡土文化的整个价值体系不比现代社会落后，尽管在这100多年来的风云激荡之中，它被左打右打，但还是非常顽强地保留在那里，或多或少地发生着作用，都还在血液里。所以我建议用一个词——激活，激活这种传统文化要素。天人关系我不用多讲，贵州有传统的信仰系统，当然其中还有国家的文化认知在起作用。一看老百姓点香就说是迷信，其实这是尊崇自然，它约束人类无止境的发展诉求。在贵州，这样的文化非常发达，各民族都有。所以我当时为"多彩贵州"节目提了个意见。原来的节目里，岜沙最后一个火枪手出场，他个头非常矮，穿着一身黑衣服，头剃两边，扛着大火枪，最后从舞台上一闪而过，灯光转暗。这样表现有什么价值？说这原始古朴，有文化奇特性价值——这是最肤浅的价值。我觉得应该在舞台上表现出整个岜沙是一个从森林里获取生存资源的部落，是苗族的一个支系，他们每个人出生以后必须要养六棵以上的树。有一堆民俗没人去考察，但是核心价值全在里面。当然，舞台上的确难以表现，但是旅游也没有对这种价值作解释，所以我说这是把金子卖一个铁价。这种价值很高级，比"绿色GDP"早，又古老又实用。你到岜沙一看都是参天古木，是最好的地方。这种核心价值就是处理人与自然关系的技术手段和生存智慧。在我们西南的道德文明系统里，共性是尊崇自然、和谐发展，应和了天人合一的基本道理，运用的技术各种各样，表面上看起来丰富多彩，但是核心价值是不变的。

另一个就是人与人之间的关系。我觉得可以凝练出来的比较好的价值就是

"共享"，这是道德文明的特点，从插秧开始就必须协同。我说个案例。我让人类学的学生在村里待了40天，他们说没感觉，我就让他们数板凳，三口之家到四口之家会做多少板凳，结果没有一家是少于40把的。我问："你理解什么意思了吗？"学生说："这个村从来都把所有的事情做大，有高兴的事就共享，有麻烦的事就分担。"这就是核心价值，后现代的核心价值。这个价值在发展中有作用吗？在我看来，如果盲目地引入各种各样的竞争机制，就会使得原本和谐的老百姓去竞争；我们认为自由市场是灵丹妙药，把所有的东西都货币化，把现在的经济模式盲目引入村落，彻底把"约束"和"共享"的体系摧毁之后，就变成了"穷乡僻壤出刁民"的情况——这个约束一旦打破，村民就各显其能，进行博弈，互相争斗。在这种情况下，乡村原有的文化生态遭到了破坏，社会关系恶化，村民无论做什么，首先考虑的都是经济利益。同时，这也使得政府的管理成本越来越高，管理效果往往事倍功半。为了经济利益本不该被批判，但是在做这件事的同时怎么能够使每个人的利益协同，使利益最大化，这才是解决问题的本质。

当然，乡土社会在20世纪六七十年代走了人民公社的路子，现在在贵州有时候还能看见大食堂留下的痕迹，我在调研时就看到过书记家里的墙上写着当年的口号。在我看来，真正的乡土社会是公、私中间有一块共享但不可以被私人处理的核心社区，在此意义上的社会发展和组织管理能力被削弱得很厉害，现代社会治理中的"公共性"并未得到有力伸张。部分农村的凋零与这种公共性的消失密不可分。由于"公共性"的缺失，村支两委有时候是想干事但难干事，因为他手里头公共的资源很少了。这样，所有外来的经济体系都得去面对政府，政府把资源集中，这使得核心的利益相关方就是村民、政府、资本，可以加上学术——有时候学术也带着资本色彩，变成了一个博弈的状态。在这个博弈状态中，人们没有认知到协同共享的价值，而这是中央协同发展所要求的，老百姓也是有传统的。所以，学术界应该尽快通过实证研究帮助和组合这种协同共享的发展机制。现在的乡土社会开发中过红线的事太多了，侵占了老百姓的利益，而且不透明不公开，违背了社会公平发展的基本原则。

回到价值的主题上，我们说为什么保护大熊猫能成功？因为国际国内两个顶层设计对得上，既是承担国际任务，为全人类保护生物多样性，同时熊猫也是中国的象征，是国宝，保护好大熊猫是国人的共同愿望，这问题就解决了。但是一个村落可不是这样，村里的老百姓扛着这些文化，你让他唱歌，这是开玩笑。这时候我倒觉得人与自然的关系很好理解，重点要保护的是村落共享、协同发展的集体主义精神这种核心价值，这跟中央号召、当下的发展都是相关的。只有村落集体协同商量出来的事，运转起来才是最有效的，不然就算是政府的事也没有用。我觉得可以这样做，不会出大错。

杜晓帆　我觉得李主任中间说得还有一点儿纠结，我们下一步再讨论。他后面提到的"协同共享的集体主义精神"可以作为凝练出来的核心价值。

李　松　这也是一种旅游资源，用来教育城市里的人不好吗？这是高级教材，但得表现出来。

孙　华　刚才李松主任说到谈村落保护必须谈发展，我们保留下来的拥有较好的文化遗产的村子实际上在过去都有一个经济支撑，比如这个区域的有些村落以前是靠木头生意支撑其经济发展的，所以它的村落风貌和基础设施都比其他村落好，一旦失去了经济支撑，它就会衰败下来。现在一家一户零零碎碎的小农业只能保证温饱，不能保证发展，而只有经济发展才能支撑村落的发展。我认为这是一个问题，我呼应一下李松主任。第二个问题是，过去村落都是自由组织，你这样做，我那样做，那是多样化。现在过多的自上而下的行政干预导致基层活力不足。全国不可能按照一个模板来做，这样多样化的土壤就没有了。有的村委现在只起到了一个上传下达的"传声筒"作用，这样不可能多样化。多样化的土壤没有了，再想要恢复极其困难，但还是要想办法恢复一点儿。虽然我们很悲观地去保护，但还是要知其不可为而为之。

另外兆丰说到村落的三个层次——作为存在的乡村、作为资产的乡村、作为遗产的乡村，我想尤其是作为资产的乡村和作为遗产的乡村这两者不太好分，资产里面包括了遗产，资产包括祖辈传下来的经典性、稀缺性的东西，当然我们把它当成遗产保护了。祖辈创造并传下来的，或者自然中没有的，具有稀缺性、经典性的东西我们可以当资产来消耗，所以资产包含了遗产。

杜晓帆　我们的讨论越来越深入，有越来越多出彩的东西，而且能总结出很多有意思的内容。刚才谈到发展，好像我们做遗产保护的人怕发展一样，其实最怕发展的是一些搞旅游的人，他们就想一成不变，让村子停滞在那个地方，所以才会造假。

李　松　这就是说，我有一个村，要保持原生态，但不是为了这个村，是为了更广域的范围，从世界意义上，保护完全静止在某个时代、相对比较静态化的一个标本。

杜晓帆　这是后面的问题，我们先不谈怎么保护，还是回到价值。王厅长对遗产价值有什么看法？

王红光　顺着刚才第一个阶段的话题来说，从事这项工作 10 来年，我在第一线组织学者、协调政府，发挥自己部门的职能，不断推进这项工作。10多年做下来，我的确感觉到对价值的认知判断是保证遗产保护工作方向正确的最重要的指导性因素。我们在座的各位，包括我在这 10 来年村寨工作的经历当中，跟我们的同人在一块儿共事的时候，基本上没有人否定村寨的发展和变化。但是政府推进村寨保护的时候，包括旅游部门和村民，很多时候在遗产保护中都提到了"修旧如旧""一成不变"的保护理念，实际上这个理念发生了一些错位和偏差。就变化来说，如果借用文化人类学中"文化变迁"的概念，目前有几种变迁模式：主流是强制性变迁，由政府主导；还有引导性变迁；当然也存在自我主导的选择性变迁。我为什么要说这个事情？实际上它对价值的认知选择是有影响的，而且对变迁的速度和时间也是有影响的。强制性的变迁是非常快的，大家从这个词就可以看出，而且这种变迁来得迅猛，里面的问题会很多，而且很主观。强制性的变迁当中有没有对价值的认知呢？也有。站在地方政府的角度来认识村落的遗产价值，为了行政效率，在有的情况下排斥了村民作为文化主人对价值的自我认知，忽略了村民和遗产的关系。引导性的变迁可能来得更加民主一些，还加入了社会各界对村落遗产的价值认知，比如学者的、社团的、技术派专家的，也可能包含村民作为文化主人、文化群体对自我的认知。当然，我们最希望看到的是自主的选择性变迁。因为变化是必然的，文化是流淌的河流。我们学辩证唯物主义知道，变是绝对的，不变是相对的。但是我们最希望看到的变化是村民自我的文化抉择，这就要求村民对自己的价值有自我认知。

但是现在来说，在现实条件和目前的历史阶段下，要实现村民自我主导的选择性变迁几乎是一种理想状态，不太可能实现，包括我们目前在推进村落保护的过程中遇到的情况也是这样。所以对于村落文化遗产的价值，我们应该站在文化遗产的角度，从两个层面来梳理一下，一个是站在国家层面的中华文化的构建角度，另一个是站在文化主人的自我认知的角度。千万要注意旅游及其他一些部门是站在游客的角度和其他一些角度来观察和梳理价值的。刚才兆丰也说到了"逃离城市，回到乡村"，这些从城市逃离到乡村的人群对乡村的价值认知和乡村人对自己的价值认知是完全不一样的。我们作为遗产保护的队伍，我觉得还是要把这两者协调好，一个是站在国家的角度，另一个是从文化主人的角度来认知。

价值判断是很主观的，是一种情感认知。价值本身是客观存在的，包括物质层面的、精神层面的、制度层面的价值，包括生存智慧、艺术审美、历史价值，但是孰重孰轻，进行排序的时候完全是情感层面上的主观判断。站在政府的角度，贫困地区这个阶段可能对它的经济价值看得更重，站在旅游的角度可能对艺术审美价值看得更重一些，或者对建筑的价值看得更重一些。有些村寨——就像刚刚李松主任说的——是一种生存智慧的价值。肇兴也好，西江也好，这么窄的地方有这么多人聚居在这。这种传统农耕社会的生存智慧，如果从大的历史发展角度来看，可能这种生存智慧更是今天我们要学习古人的。要知道在农耕社会，精耕细作只有发展到一个相当高的程度才可能在这么小的生存空间集聚这么多人。但这个东西没有人去梳理，只觉得鳞次栉比的建筑堆在那儿好看，只把它的建筑价值体现出来了。

李　松　"不在坝子修房"大概是西南整体稻作文明的基础文化，现在全突破了底线，政府都控制不了。

杜晓帆　汶川地震之前，老百姓的房子全部在山上，现在把农田都占了。

王红光　现在的技术支撑已经越过了以前的时代，但是那个时代提供给我们的精神价值和文化价值的意义是世界性的。所以说，站的角度不一样，对文化遗产的价值认知——孙老师说的这个排序——就不一样，最后体现出的结果就完全不一样。

我们做文化遗产工作的，包括它的物质文化、非物质文化，在梳理的过程中都要有一个出发点。一方面是从专家的视角来认知，就是从技术的角度来认知；另一方面要从学者的角度来梳理。做文化遗产研究时，我觉得不要对村落遗产价值有太多的延展，因为村落文化遗产本身有很多东西都可以进行梳理。我们做文化遗产，还是要遵循《世界遗产公约》和中国的《非物质文化遗产法》《文物保护法》所界定的一些内容来对村落的价值进行梳理，而不要过多地、泛化地来梳理村寨的价值。对村寨价值的泛化会使我们在工作的路径上出现一些偏差，在村落建设的角色扮演上出现错乱。比如，我们本来是遗产保护的技术专家或规划专家，最后却变成了一个社区发展的经济专家，甚至是管理专家，现在经常会出现这个问题。包括我们今天在讨论的时候，我发现很多专家说着说着自己的角色扮演就出了问题。毕竟我们的能力有限，我们的知识范围和权力也有限，就应该紧紧地依靠《世界遗产公约》和上述国内的两个大的法规对村落的遗产价值进行梳理。我的想法就是这些。

杜晓帆 任馆长也准备好了一段。

任和昕 我分享一下过去 10 年我们地扪博物馆的实践与探索。很多人都在问我这 10 年到底做了什么，我回顾了一下，其实我做的就是怎么发现乡村的价值，怎么重估乡村的价值，怎么输出乡村的价值，怎么重塑乡村的精神。我在这 10 年来有三个不同的角色：第一个是最早作为政府的顾问，到乡村去研究乡村保护发展的问题；第二个是作为一个博物馆的馆长，思考生态博物馆这样一个舶来品如何在中国乡村落地生根；第三个就是我"久病成医"，发现问题、解决问题，国家文物局来做传统村落保护工作的时候，我作为一个专家来配合推动一些这样的事情。

从价值的角度来讲，乡村的价值相较于文化的价值是否有不同的定义？单说乡村的价值，有物质方面的价值，有许多物产可以输出；也有文化方面的价值，有很多文化的内涵和界定；还有精神层面的价值，其实"告老还乡""乡愁"这些东西更多的是人们在精神层面的思考。站在不同的角度，从不同的切入口，会有不同的体会。

我在乡村这么久，最大的感受就是我们讲的"乡愁"，其实是城市人的"乡愁"，不是村里人的。村里人的是"城愁"，是怎样进城，怎样富裕起来。在我看来，很多人回到乡村，其实是消费价值的体现，体现了到乡村来消费文化，消费所谓的"原生态"，消费物产。对于村民来说，其中产生了一种价值交换，他的演出和物产可以产生一个交换价值。当然，这种价值有很多专家学者去界定，我没有什么太多的思考，只是一个感觉。我是一个博物馆的馆长，在过去的 10 年里，我们一直在与村民"抗争"，就是我们怎么被"村民化"。比如，一方面，我们该捐钱、该做活动的时候都会去做；另一方面，收水费的时候永远都是村民收一元，我们收两元。我就一直在问为什么要收两元，最后我们花了三年时间实现了跟村民同样的价格，用了 10 年的时间把博物馆变成了新寨，变成了村里的 12 小组，这是我们不停地抗争和融入后的结果。这个过程中我从一个博物馆的馆长变成了一个回乡生活的人，变成从村民的视角来看待这些问题。很多来到乡村的人都会问我："任馆长，上次来的时候都没有这么多砖房，现在有好多不锈钢门窗。"把我问急了，我就说："老百姓为什么不能修砖房？哪条规定不能修砖房？他为什么不能装不锈钢和铝合金门窗？"这是我完全作为一个当地村民做出的这样的反击。当然，作为政府的顾问和所谓的专家时，我不会这样做，我也会指出有什么问题，提供一些策略。

当我跟很多来访地扪的人分享乡村的价值的时候，我感觉有两种人群会被真正地震撼到：第一种是来拍照的人群，这些人非要保持一个唯美的天际线和唯美的乡村外观，总是嫌电线杆和其他东西有碍美观。我有时候就在想，确实这些景观都是乡村的价值，包括建筑的价值，但这些价值难道就是为了你来拍照我就要保存吗？第二种人群是以建筑师为代表的专家学者。最近两三年来，侗族的粮仓变成很多人非常喜欢的地方，他们把小的粮仓改成茶室或者酒室，把这样一个小建筑变成非常重要的研究对象。但我在想，这是建筑吗？这是文化吗？其实这最早体现的是村民的生存智慧，因为木房子太容易失火了，很容易被烧掉，房子烧掉了可以慢慢建，但是粮食烧掉人就会饿死。所以村民在长期的生活中萌生了智慧，把粮仓剥离出村寨，建在离村寨有一定距离的地方，建在田上和水上，其实这是一种生存智慧。现在有很多人研究它为什么建在水上，我问过村民，其实原因非常简单，就是为了防火。我在荔波也见过这样的吊脚粮仓，通常用一个反过来的瓷碗垫在柱脚下，这样只是为了让老鼠、蛇虫不容易爬上去，没有其他理由。但是我们现在对文化的想象非常丰富，赋予了它非常多的内涵。当然，它确实有建筑的价值，但是我们也赋予了很多想象的东西在里面。

我在村子里这么多年，当我真正变成在乡村生活的人的时候，我想这些东西可能更多体现的是一种生活的常识。现在很多"80后""90后"来到我们这里工作，他们对二十四节气特别有感触，惊蛰的时候真的会有虫子爬出来。我的助理小朱到这里来，想学文化遗产，她也是"90后"，在贵阳长大。我让她做一个农耕纪事，我告诉她二十四节气申遗成功了，你就把它作为主线，把相关的生产和生活记录下来，然后她有了很多全新的感受和对当地的认知，但其中有很多其实是常识性的东西，而我们给它贴上了文化的标签。对当地人来说，他们察觉不到自己身上的文化，当他离开乡村的时候，这种农耕的东西也许已经从他身上消失了，当他回来的时候可能还会在。

很多时候文化其实就是生活的常识和公共知识。包括现在我们把刺绣和造纸搞得很神秘，很多人到了地扪就跟我讲侗纸，我很奇怪什么时候有侗纸了。这些留在当地的知识很多在《天工开物》里都有记载，他们非要赋予其一个"侗族的"标签，变成侗族的鼓楼、侗族的花桥、侗族的纸。我在地扪的调查中发现，50年以上的房子都不是地扪的人建的，都是湖南人、汉族人建的，很多技艺都流传得不好，只是简单地传承而已。

我觉得生活的常识、生存的智慧、生活的方式感染了许多来寻找"乡愁"的人。比如，最近有二三十个建筑专业的老师和学生来到茅贡，设计了很多房子。我之前就跟王红军老师讨论过，很多人在设计房子的时候都希望创新，希望有空间格局的改变和跨越。这里恰恰有一个问题，就是来到这里的人只想创新，却忽略了非常重要的问题：他们其实对材料和技术——这些基本的审美尺度——没有了解，一来就想创造。更多的是，我发现很多学建筑的人没有办法在现场建房子，一定要回去建模型。但是这样的房子设计完之后是没办法建出来。周老师设计的堂安专家工作站和最后的成品之间相差了50%以上。房子怎么跟当地的自然联系在一起其实也是一种智慧，也可以把它看成"文化"。我在乡村生活这么多年，我感觉到乡村的价值是有很多很多的，也可以有很多不同的认知。

杜晓帆 和昕馆长从他亲身体验的角度回答了这个问题。我觉得今天好几位学者……我现在不敢说学者了，王厅长对学者和专家有了新的定义。

王红光 你们是学者，文物部门的实际工作者是专家，但是他们经常冒充学者，你们又很想当专家。其实你们应该当好学者。

杜晓帆 其实大家殊途同归，都回到了生存智慧和人与人、人与自然、人与事情的关系上，我有时候用的是人与物、人与自然、人与人、人与事这样四个关系。现在请意大利的专家谈一下对价值的认识。

Matteo But I'd like to shift a little bit the perspective, looking at value more as a method to approach, I would say cultural landscape.

王红军 他还是先提了一个文化景观的概念。

Matteo And I'd like to recall not an Italian but an Israel professor. Of course Italy is close to it, but I like this professor very much. And in the 1990s, he wrote about the holistic approach: cultural landscape. Holistic approach means the more values we consider, the higher total value we can reach, we can obtain out of this analysis. It means, when speaking and working with value assessment, it's very important to work with multidisciplinary approaches. So, each discipline can contribute to a sum of values.

When we consider either man and its rural context or other cultural landscapes, it's important to collaborate between different disciplines, such as architecture, urban planning, landscape, ecology... many different disciplines. And each discipline should find and assess a specific value belonging to its own discipline.

So, if you sum A plus B plus C, the total amount of this value is definitely bigger than what we can find by one or two approaches only.

王红军 他的意思是文化景观应该是一个综合的概念，它可能包含了不同的方面、不同的专业领域和规则，比如建筑、规划、景观和其他文化领域。每个领域可能会从自己的角度来认知文化景观的价值。最后综合的价值认知可能会超出单一领域的认知，是一个非常综合性的东西。

Matteo One example in Italy, in the south of Italy actually, which comes from not architecture studies but from biology. Recently they started planting tomatoes. You know, tomato is very important for Italian food. And they researched the ancient local tomato, which is much more tasty, which has much higher nutrients.

And it's definitely has a higher quality and higher value compared to normal tomatoes. So, thanks to this, they can place this kind of tomato on the market at a much higher price, therefore they can grow this tomato also in very difficult land where is not possible to use big machineries. So, they shifted quality versus quantity. And all these processes were like a tribute in the evaluation of one of the values of the cultural landscape and also contributed to the conservation and maintenance of that rural area.

杜晓帆　他举的这个西红柿的例子，其实还是回到了经济价值上。

王红军　但落实到最后，他可能希望通过这个新的西红柿种植去保护乡村农业文化景观，使价值得以保留，不至于完全丢掉，我猜测是这个意思。可能新的一代还会选择新的品种，可能数量不多，但是有更高的品质，通过这些新的发展保留住这样的文化景观。这是我的理解。

杜晓帆　在欧洲可能没有这样的困惑。因为他们的观念已经形成了这么多年，就觉得应该这么做，不会去想为什么要做这件事。所以，我想这是我们的困惑。王老师谈谈你对价值的认识。

王红军　我的理解可能比较狭义。我非常同意孙华老师和李主任之前提到的，从大的范围来说，乡土的价值首先是文化多样性的体现，同时也是身份的自我认同，这是一个大的原则。具体来说，也可以借用常青老师的一句话，提到"风土"要拆开来看，"土"可能是土地，最简单的直接认知是土地、人和地的关系。但其实"土"包含了很多，包括地质学的概念，以及气候、土质和产物。同时，"风"是习俗、风俗，偏向于文化的层面。我觉得它的地域性还是很关键的，脱离地域性，换了一个地方，人和自然的关系遭到破坏之后，它的价值也会遭到很大的损失。

我的一个看法是，价值演变的可能性超出了我们的想象，特别是最近一段时间，当然历史上也是这样。中国的乡土社会从人类学角度来说是一个"内卷化"，即"involvement"的状态，农耕文化的聚落形态其实改变得非常少，是比较稳定的一种状态。中国的乡村发展到目前的状态，从农耕文明一下子跨越到当代的工业文明，甚至是后工业文明，这中间断裂是非常明显的，不仅是物质条件的断裂，也是文化的断裂。其实从历史上来说，即便处在一个内卷化的社会状态里，它的演变也是非常明显的。比如，侗族和汉族的文化交流太多了，很难界定，也没有必要界定。比如侗族的木头房子，三开间，两头是堂屋，后面是楼梯，其实这明显是从汉族传过来的。传统意义上从原来的百越地区，从侗族的历史迁徙路径上来说，没有三开间的概念，更多的是一种长屋的形式。在历史发展的过程中，它本身的价值和状态也在发生改变，这是很明显的。现在我们回过头来看老百姓造房子，他们抛弃了原本的木头房子，觉得这个不好用，他们采用了新的方式——用混凝土来做结构，但是上面还要搭一个木制顶棚。其实他们对这个木制顶棚的木头部分有一个文化的心理认知。比如，最后"上梁"有一个仪式，对他们来说还是很关键、很重要的一个东西。所以这个也是它价值的延续，在很长时间内依然会持续下去。还有就是从当地的气候条件来说，木头房子有它的优势，村民自己有时候也情愿睡在木头房子里，虽然底层可能有一些混凝土。他们依然保存着另外一个层面的延续，虽然变化非常大，但总归有一些基因会延续下去。这方面我觉得不用过于悲观，总归有一定程度上的发展吧。

杜晓帆　好，这一阶段基本大家都发过言了。我想，因为价值太形而上，有时可能落不到点上，但我觉得这个又特别重要。所以我最近给市里、县里的领导干部讲课，讲文化遗产的核心价值，每次讲到最后我只有两句话，"人是文化遗产的灵魂"和"文化遗产是人类的精神需求"，这个我们不能忘。不论文化遗产有什么价值，首先它要满足的是人类的精神需求。如果我们在精神上对文化遗产没有需求了，那肯定保留不下来，也没有保留的必要。其实这种价值在我们现在的遗产保护包括展示中没有得到很好的呈现。乡村的价值可能不仅仅存在于房子、农具等物质形态的东西上。所以，我想下面针对刚才有些不同的意见再进行讨论。刚才是周老师第一个发言的，您对他们现在提出的观点有什么不同的意见？

周　俭　首先李松主任说的我肯定赞同，但不是全部。乡村社会也好，乡土社会也好，传统村落也好。什么是乡土社会？就是熟人社会。和昕做了10年其实还没有真正融入其中，就算他的儿子继续在这里，也很难融入，到孙子才有可能。因为他们不是同姓，根源不一样。乡村就是这样一个社会，跟城市不一样。所以，我们很多的措施和做法，不管做旅游也好，做文创也好，"城市的后花园"也好,"中产阶层向往农村"也好,这些都不是传统的乡村了。说消费也可以,或者他看得起你,来尊重你也行。但如果我们都变成这样,那就没有乡村了。即使乡村的公共设施、服务都做好了,乡村的生活水平提高到跟城里一样,原来说的那种协商和共享可能就不是一样的属性了,说得通俗一点儿,味道就变了。

我从这个角度再思考,希望更多的传统村落留下来而不是更多的新农村留下来。传统村落每个国家都有,我也相信我们国家的传统村落不保护也不会完全消失,只是我们现在在研究它们怎么跟文化遗产和乡村景观结合得好一点。不要把乡村的文化都变成博物馆、标本和旅游景区,而使真正的乡村又和这些东西脱离。这个可能在下一个话题中会继续延伸。这个要怎么去做?到底要不要去做?这其实是个民族意识问题。我们国家是个多民族国家,我们国家到底要不要这样一个文化景观?前年我们请了一些农业和农村的专家到同济进行交流。在法国山区的农村就要消失了,人都走光了。法国为此举办了一个会议,讨论到底要不要留下法国山区的农村,结论是要保留,这是法国的一种特色、一种文化。所以政府就补贴山区的农民,让他们愿意在山区里面继续放牧、继续种地、继续种林子。当然那里人口不是那么多,不需要这么多人;因为应用了许多科技和机械,它的产业也变得多样化。这个区域也不是大旅游,而是一种休闲旅游。这个地方的农民农忙的时候农忙,不农忙的时候就当导游,没事做的时候就在家里休息,或者去城里看看亲戚,是这样一种生活方式。关键还是政策,就是我们要不要保留乡村。要的话怎么办?当然我们还可以说要多少。贵州到处都是,黔东南要不要?黔东南哪些地区要?这些就要作为研究和学术问题来提。我就补充这些。

杜晓帆 我特别赞同孙老师中间说的,跟我想表达的一样,这些智慧都是从历史中得来的,从来没有人能从未来获取知识,人类能发展到今天都是从过去习得的。但是说到保护历史,大家都觉得跟自己没关系。我想我们刚刚这一阶段的讨论还是有意义的,如果我们谈乡村的保护却对价值没有明确的认知的话,我们采取的手段肯定是有问题的。现在很多村子做的所谓保护,其实跟遗产保护一点儿关系没有。比如,肇兴组织人在砖房上贴木,跟遗产保护有什么关系呢?我们保护的就是核心价值,工作量没有那么大,不需要对贵州的发展负责，去解决他们的产业结构问题，这不是我们的工作。我们只能帮助他们把核心的那点儿东西传承下去。刚才几位老师讲的这种价值，将来如果能保留几个村子，旅游者来参观的时候能够把这些价值展示和灌输给他们，能够从这个角度来做，那就够了。

任和昕　像地扪博物馆，可能 100 年后人们才能认识到它存在的价值。有一户当县长的李家人，当地人就把他们称作"客家人"，叫"ka"，很长一段时间都没有人家愿意和他们结亲，觉得娶他家的女儿都是一件丢脸的事。这种排斥到今天还存在，这就说明要融入当地是很不容易的。再就是说到村落文化的价值，其实这 10 年来我发现当地人一直在坚守的有三件事：第一就是生儿育女，这是动物性，是生物的本能。第二是造一栋房子，这是社会性，作为一个社会角色，要养育小孩了，成为一个独立的社会元素。第三是做一副棺材，安排后事，这也是所有人来帮忙的。有人去世那天，地扪所有人都拿着一个小的篓子，装着纸钱和香去祭拜死者，所有人都会到棺材面前和死者讲半天话。有一次一个女作家来到地扪，跟我说："我刚从珠海过来，那里的精灵都往我身上钻。我到地扪怎么这么平静呢？"她问我这个问题，我就突然想到，说："这里的人喝酒之前一定要拿筷子点三滴酒在地上，吃饭的时候永远不会关门，甚至除夕吃饭之前要把所有的坟墓招待完才来吃。"她感叹道："原来他们把亡灵照顾得特别好。"这当然是很唯心的，但是乡村价值在他们身上就是这样的一种体现。

杜晓帆　其实对城市人来说，这也是需要的，只是多年的教育把这些抹去了。

任和昕　有人跟我讲，"馆长，我有上亿身家，但我不快乐。这里的人为什么这么快乐？"我想，是因为这里的人欲望没这么多，心里就这么几件事。

王红军　Matteo 对刚刚周老师说的问题想做一些评论。

Matteo　Of course, it is impossible to pretend to preserve everything, but some should be preserved because of their cultural diversity.

For example, I don't refer to Italy, but I'll refer to Japan. In Japan, in 2005, the new category of cultural landscape has been recognized by the law as the cultural properties. So, the government, together with different ministries, they made a list of about 400 cultural landscapes to be studied somehow. And out of this list, some important cultural landscape should be listed, so far they managed to nominate about 50 cases across the country.

周　俭　我们国家名录公布了，但是制度还没有出来，规范还没有出来，法律还没有出来，然后项目资本就来了。

李　松　但是社会发展前置于法律，这是对的。

杜晓帆　Matteo 说日本 2005 年把文化景观列入了《文化财保护法》，但是据我了解，积极推动文化景观的人却认为日本的乡村最后会消亡，很难进行保存，他们也很悲观。即便如此，我们依然不能放弃乡村遗产的保护，而是要加强。我们用李克强总理 2015 年说过的一句话来结束这一阶段，这是当时让我非常感动的一句话，他说"保护文物实际上也是在推动文化事业的发展，来滋润道德的力量"，这个我觉得是核心。它可以带来经济利益，但那是衍生价值，不是真正的价值。

第四部分　乡村文化遗产保护与发展建议

杜晓帆　今天上午我们又增加了一位新成员，来自北京工业大学的李华东老师，他也长期为住建部做传统村落的保护工作。上午时间还有点紧张，下午我们就不做讨论了。李老师，我们昨天上午做了对三个传统村落的评估和监测的报告，是关于风险预警的一个评估，当时是同济大学、复旦大学、安徽大学和清华大学的一个联合团队做的，包括北大的孙老师也都同意发起做这个评估（详见附录4）。

这几个村都是中国传统村落，有的还是全国重点文物保护单位，过去也做过各种保护规划和项目，这次主要是对这些项目的实施做一个评估，包括项目实施过程面临什么样的风险，存在什么样的问题。总共做了四本报告，上午主要讨论这个事情，对报告提些意见，之后根据大家的意见再完善，将来好给黎平县政府提供一些可操作的建议。我认为国内是第一次做这个，之前没人做。当然这次评估的方法不一定多么好，我们考虑到的项目评估标准及有些指标还需要完善，但我觉得第一次做这个事，不容易，而且这次也算是示范性的，其他的村庄如果都这么做的话，对以后的发展还是有影响的。

昨天下午我们的话题转向乡村遗产的未来，因为人很多，时间赶得很紧，晚上7点多才结束。昨天针对两个话题进行讨论，第一个是对乡村遗产保护现状的基本认识，第二个是乡村遗产的价值。在今天的话题开始之前，先请李老师就乡村遗产的现状和价值讲10分钟。

李华东（北京工业大学建筑与城市规划设计学院副教授）

我也没什么准备，好在是很随意、可以自由发挥的会议。总之，挺感谢主办方和晓帆老师，让我有一个学习的机会。我从 2012 年开始跟着机关做传统村落的保护工作，说到大的题目是乡村文化遗产的未来，其实我个人是比较悲观的。现在有这么几个问题，至少我是不清楚的。第一个问题，咱们站在什么立场来思考这个问题？是站在祖先的立场上，还是今人的立场上，还是后人的立场上？是站在局部，还是稍微中观一点的立场，还是说站在一个更宏观、整体的立场上？是站在政客的立场，还是理论研究的立场，还是产业的立场，还是站在外来人的立场或村民自身的立场？所以要讨论乡村遗产的未来，应该是一个比较综合的问题，各方面的考虑都不一样。比如，我们听得最多的话就是村民说的"你要你的保护，我要我的生活"，而他们所要的生活——刚刚和任馆长谈到的——就是城市里面现代化的东西，这是势不可挡的。

最近我在做一个什么工作呢？就是想在浙江做传统民居的低成本改造，想办法把改造成本降到比出去新建房子的成本还低，改造过后的房子的基本居住和生活环境又能让村民接受。我和六七个研究生在那儿待了几个月，全部很受挫折。因为无论每天把方案说得再怎么天花乱坠，几乎没有一户人家或者一个人愿意在老房子里生活。为什么老人还留在村里呢？一种可能性是被儿孙抛弃，"反正我行将就木，七老八十了，还有几年就没了，我也不想折腾这个破房子了"。他们实在没有经济能力，哪怕政府把村子旁边的宅基地给他了，他也没有那十几万元去建房，但是他的心始终是向着白瓷砖的楼房，向着楼上楼下、抽水马桶这个方向奔的，所以这是个立场的问题。

现在之所以出现那么多的方法，就是因为立场不同造成的。举一个比较有争议的例子来说，有人觉得应该把乡村的东西用机制以外的资本做出一个示范，比如一个网红式的酒吧、咖啡馆、谷仓客舍之类的。那么这些是站在哪个立场上去评价的？现在某些方法以我们某种立场的观点来看是不太合适的，但是它带来的直接效果是什么？所有人都很高兴。当地政府官员很高兴，"我们有了一个上媒体的作品"；村民也很高兴，"我们这破房子扔在这儿本来没用，来了一个傻乎乎的城里人，给了我 8 万块钱，把房子租过去了"；有的搞保护的人也挺高兴，"这个地方本来要倒塌了，我们把它引入了新的业态"。像浙江，有很多创客空间、基地。怎么评价它们，这是一个立场问题。

　　第二个问题，传统村落的定义是什么？传统村落和文化遗产是什么关系？官方有很多定义，学术上也有很多定义，我们自己在实践过程中听村民说、听村干部说、听县里说——县里也分很多职能部门——农业部门怎么说，旅游部门怎么说，文物部门怎么说，各部门的说法都不一致。为什么说难？因为它实在太特殊了，以至于最近有一位大师提出了"第三类遗产"的概念：我们有物质遗产、非物质遗产，传统村落是第三类遗产。为什么？传统村落如果是文物就好说了。地里挖出来一个青铜器，放在恒温柜子里，它的价值就在那里展现、研究。可是传统村落始终是活的，它肯定不是文物。前几天开会还提到要提炼出传统村落的价值，想简单点儿，就按照那一套写——历史价值、科学价值、艺术价值。目前传统村落或者文物的保护规划、价值评估都是按照那个标准来的。但是深想一步，好像答案又不知所在。传统村落肯定有文物和文化遗产的属性，但是它又真的是需要发展、变化的。所以，在根本问题没有解决之前，在基础的理论性问题没有解决的情况下，我们在现实的细枝末节上遇到各种各样的障碍和困难，包括怎么看待在传统村落里开民宿、做旅游等情况，甚至怎样修缮一所房子。媒体爱说"修旧如旧""原汁原味"，实际上都是理论基础混乱带来的问题。

　　我为什么刚刚说充满挫折感？刚刚兆丰老师也说，这几年工作下来挫折感很大。实际上我们面临的问题是什么？是因为我们现在在逆向地做一个工作。什么叫逆向？这些村子产生的时代背景，无论是生产关系还是社会关系、道德伦理等一整套体系，都在百年来的社会变革中遭到了巨大的冲击。我们现在有时候就是在逆势而行，想要把一个垂垂而死的人救活，又不想做过多的改变，好比把心肝脾肺肾全换掉，他可能比原来好一点儿，可是我们恰恰认为原来的心肝脾肺肾反而是重要的、要保护的东西。所以在这种情况下，我们看到的大量的情况是，无论是专家学者、民间研究团体，还是政府部门，都在耗尽心血去做传统村落的保护工作。但实际上，我个人感觉越努力，有时候负面的东西呈现得越突出。

我原来学建筑设计，后来又做文物工作，始终围绕着"物"这个区间，尤其是我们考虑问题，一谈到传统村落，就是格局选址、整体风貌、传统民居、历史建筑，牵扯到非遗的话，无非也就能想到非遗的传播场所、路线、实物器具等。但是最深的体会是什么？如果我们把乡村比作人，所谓相由心生，现在看有的村子这么漂亮，实际上它是过去的文化和人心里的东西的物化，但是，我们现在的保护，国家政策也好，基础设施建设也好，更多的是对"肉身"的保护，停留在物上，停在那些有抓手的东西上，包括水路、电气、房子，我自己搞搞垃圾、搞搞污水、修修房子。但是真正在文化这方面，我们学技术出身的人感觉没有抓手，很多政府部门也没有抓手，而且还有体制的问题，"我为官一任，要让人看见我的工作"。十年树木百年树人，搞文化工作怎么考核、评比？看不到。我们现在的村庄因为文化变化了，外貌自然就会变化。大家都不种田了，就不要留了，不留了，牛栏就改成了咖啡屋。最后的结果是什么？乡村的未来，我个人的判断，最理想的状态就是国家花大笔钱留住一些"形"，做成影视基地那样，那样房子也修好了。

我在浙江一些富裕的地方看到有些重点村一年能砸到1亿多元去做所谓的保护发展之类的工作，这样的结果就是留住"形"了，但是那个"魂"基本上就失去了。有些韩国人曾嘲笑我们的文化，这个李主任知道。我去过韩国，在韩国读的硕士。一些韩国人经常污蔑中华文化，但不可否认，韩国有些文化很实在，比如端午节那些习俗，我们很多乡村其实不知道怎么过端午节，但人家从实物器具再到各种繁文缛节、各种细小的礼仪都还留着，可以理直气壮地拿江陵端午祭去申遗。我们大量的文化其实是在不停地流失掉，所以最坏的结果，或者说更普遍的结果，就是传统村落保护来保护去，最后形神俱灭，因为没有支撑它生存的生产环境和人的文化精神状态。比如说没有那些繁文缛节，没有祭祀祖宗的那些东西，其他都成表演性的了。现在很多村子里也祭祖，但那是做成一个旅游项目，本来是很神圣地对祖宗表达敬意，去祈求保护的这样一个仪式，变成嘻嘻哈哈、游客围着一个地方，表演的人穿着莫名其妙的衣服在那里装腔作势。祭祀祖宗的真正含义已经完全失去了。所以，乡村在未来如果不重视文化的作用，传统村落肯定就会形神俱灭，因为没有一些内在的东西，外在的物化就会发生剧烈的变化。农民是肯定要住在白瓷砖房里的，你可以强行留住一个博物馆，或者留住一个民居群组，它是实的。这是我最大的感触。

杜晓帆　回到价值谈谈，您心中觉得乡村文化遗产最核心的价值有没有？有的话是什么？

李华东　最核心的价值就是刚刚说的，跟立场有关。我们一直以来说服自己努力做传统村落保护，是因为它的什么价值？因为它是构建整个中国人文化身份认同的文化基因里最后的一点点人气。再往后的发展要有文化自信、文化自觉，最后达到文化自尊。所谓可持续发展，必然是文化的发展，文化的发展必然要创造新的文化。创造新的文化，唯一的途径是返本开新，在我们的传统基因或者香火血脉之上创造出适合当代和引领未来的新的精神文化。

　　传统村落的价值在哪儿呢？它把我们所说的香火、血脉、基因，哪怕是支离破碎的，也多多少少地保留了一些。当然，像贵州这样的少数民族地区，说不定还比较系统地留存了最后一些东西，好比我们传统文化的脐带血、干细胞库。如果把这些东西真的丢掉了，中国人是不足以成为中国人的，因为失去了文化身份的认同。比如我们做建筑设计，造房子要考虑地域性质、民族特色，这些从哪里来？现在还有一些老房子可以作为模板去学一下、参考一下。从这个立场来说，我们觉得传统村落最核心的价值，就是它是中华传统文化的最后一点点容身之地。鉴于这个意义，就必须把它保护下来。这是第一个问题。

　　第二个问题是什么？比如我们怎么样看待一个谷仓被改造成咖啡屋的事实？从刚刚说的核心价值延伸出去，就是我们要发展和提升传统村落在当代社会和未来社会的价值。大家都知道英国有一个挺著名的史学家汤因比，他在20世纪70年代就说过，能够引领人类未来的可能是东方文明。西方的科技在某一时代会超越东方文明，成为强势的一方，比如我们看见美国的航空母舰会感到震撼。但是再往前走，在进入所谓生态文明时代的时候，到底是东方文明的元素还是西方文明的元素，或是一种混合的、更优化组合的文明引导整个人类呢？这个不好说，但是东方文明先天具有发展生态文明的优势，我们善于和天打交道，善于和社会打交道，善于和人自身打交道，这是东方文明比较核心的东西。如果我们抛弃了这些，因为短暂的困难而否定自己的文化，迫不及待地觉得自己的老房子不如旁边人家的瓷砖房漂亮，哪怕专家给我低成本改造得更好我也不住，就因为住老房子，我娶不到媳妇，人们还是看不起我，认为这人没出息，那么这实际上是文化不自信的体现。

从时间上算，近代以来的历史导致了这种文化不自信的心理，但是这个心理因素现在得不到重视，反而在朝着相反的方向发展，文化自卑、自我矮化、自我丑化的现象不可小觑。在我看来，传统村落最核心的价值就是它的文化价值，它留存着中华民族优秀传统文化基因的核心，起着基因库、干细胞库和脐带血仓库的作用。我们做保护和发展的工作，包括刚刚谈论到的怎么开展旅游、乡村怎样发展，实际上我觉得也应该发挥它干细胞和脐带血的作用，围绕这个作用来展开工作。如果说这是一个比较清晰和肯定的方向，我们再思考怎么样开展旅游、怎么样开展产业、怎么样开展文创，我相信就会有一个比较明确的指引，不至于感到彷徨或者迷惑。

杜晓帆　谢谢李老师刚才的开场，正好和我们下面要讨论的问题也接上了。其实今天上午重点要讨论的问题是怎么做，昨天谈的是对一些概念的认识。我们这次会议的核心目标，也是希望大家在理论上有一些想法，到底价值在哪里。刚才李老师也讲了，如果我们对价值的认定没有比较一致的认识，可能在政策的制定或者措施的设计上就会出问题，这也是我们现在在乡村文化遗产保护和它的可持续发展中产生问题和困惑的主要原因。昨天下午在会议快结束的时候，周老师就迫不及待地想讲怎么办，但是因为时间的关系没有继续。正好刚刚李老师已经开了这个头儿，提到了它作为一种基因或者是干细胞的作用以及怎么去发挥这个作用，当然这是李老师的意见。

我们现在先请周老师顺着昨天的话题接着往下谈。昨天我们只是对乡村文化遗产本身的现状和价值做了一些评价，那么，我们现在先针对乡村文化遗产的保护和可持续发展情况谈一谈，包括对现在的一些措施或者是各地开展的保护工作做一些评价，之后再提出我们应该怎么做。我想我们今天时间稍微长一点点，人少了一些，每个人 8 ~ 10 分钟，因为两个问题是放在一起说的，我怕要是三五分钟没法展开。

　　周　俭　我重复讲这个大势，这个大势就是说，我们讲传统村落肯定不能离开乡村这个话题，如果中国以后连村都没有了，哪里还有传统村落？那就是物质景观，就是一个模型。讲简单一点儿，大家也可以判断，没有一个国家会没有乡村，很小的国家我们不去说它，比如摩纳哥。像中国这么大的国家不可能没有乡村，这是第一方面，所以乡村不可能消失。我是研究规划建筑的，也是研究物的，但是我们谈传统村落的价值时，不能不看到物形成的背后其实是社会经济的机制在起作用。

　　乡村社会，昨天李松主任专门讲的，我非常认同这个概念。以前想得模模糊糊，没有这个概念或者没把这四个字说出来，昨天李松主任说的时候，我一直在想，一直在记，就是觉得它还是可以覆盖我们现在讲的很多问题的。也就是说，村不会消失，乡村社会也不会消失。我们的传统村落，现在公布的4000多个传统村落，不可能完全消失，也不可能全都会保留下去，而且即使能留下来，也肯定和现在的不一样，这是我的一个认识。只不过这个"不一样"，大家会觉得很伤心。但是我在想，以后肯定不是我们现在看到的这个样子。我到过湖南遂宁的上堡村，那里保存得还可以，但是还是要变。为什么要变？因为村民有了新的建房需求，就是这么简单的问题，不到现场说不出来。村委会在哪里建？建成什么样？他到底有什么需求？我觉得这是一个问题。

　　第二个问题要说乡村在变化。回到我们的角色，简单一点儿说，我们对乡村来讲就是外部的干预，不管是知识的干预、舆论的干预，还是项目的干预、理念的干预，都是干预。这个干预实际上就是去干预物质景观的变化，我们不能用对待城市的方法对待乡村。即使一个古城，比如平遥古城、丽江古城或者同里古镇，都不能用这些方法。为什么？城市里的人可以离开他的土地，可以搬到新区去。这个地方保护好，谁愿意住就住，谁不愿意住就住到隔壁去，谁都没有意见，这个景观不会变化，或者说是可控的。像农村，人们听到这里要保护，这里的地要保护，在山背后划一块地让老百姓搬过去，这房子不要拆，要建新房到那边去，老百姓是不愿意的，他不能离开他的土地。土地就在这里，你让他到其他地方找一块新的地，除非移民搬迁，这是另外一个概念。因为移民搬迁可能会说这块地以后要建水库，不住人了，这里面没什么价值，所以我搬了，这个地方也就消失了。现在在乡村是这个地方我还要，它是活的，死了就没有意义了，所以搬过去本身就是错的。当然老百姓还在，这个地方他肯定不愿意离开。城市的方式肯定不能运用于乡村，因为乡村是活的，村民有他们的习惯，有对土地的依恋，他们祖祖辈辈在这里生活，换一个地方肯定不愿意。就像地扪一样，这个寨子只能在东边，那个寨子只能在西边，这都是约定好的。你说在村边规划一块新地，那块地可以建房，让五个寨子的人都住到那里，不可能，他们不去的，因为村民选址会考虑他所在的家族在村寨中的传统空间区位因素。

怎么干预呢？我觉得还是可以干预的。所谓活的干预方式，可以让村子继续演变下去，待会儿我们再说其他的，这种我觉得还是可以继续干预的。比如，我们那个时候跟王老师，或者搞建筑的华东、兆丰讨论说能不能建些示范？之后看来示范不行，在村里面没用。我 2004 年的时候在同里镇就做了一个教科文组织的房屋改造项目。那个房子有 90 年了，住着一对低保户，我从教科文组织申请了款项，做了个课题，只花了 8 万元就把房子全翻修了，厨房、卫生间都做好了。那个时候最贵的就是整体厕所改造，花了 4 万元，其他都很便宜，改造好了，很舒适。做完之后给老百姓看，说"你不要去建新房了，这挺好的"，最后没有一个人去住老房子，连镇上都没人去住，更不要说村里了。我什么都不图，给钱还帮忙弄好了。房子就在街上，这户人家本来一直住着的，自己还做点儿小生意，后来这家人也有点儿钱了，就在外面租了房子，把自己的整个房子租了出去。现在这个房子还在，但没有人去。老百姓就说，"你能不能再搞点钱把我家也弄一弄？"但他自己是不会花钱的。所以，我觉得这个干预很难很难。

其实我们还是可以做另外一些事情的。第一，我们有个设想，就是乡村每家每户不是天天要建房的，建房也很慢，一建要建两三年，不是三四个月就能建成的。我们作为外部的干预力量，上海的也好，贵阳的也好，还是有可能到乡村去跟每家每户商量建房这件事的。我们就说，"你们要建房，好，村里统计一下"。先不说建在什么地方，地村民都选好了，这和土地政策有关。他们选好地方，我们给他们做一个新民居方案，再让他改，甚至建个模型，做个真实的木头模型给他们看，顺着他们的意思建。我本来是有这个想法，后来看建房不仅仅是个体的问题，还有布局的问题——哪个地方可以建，哪个地方不可以建。刚刚我们讲了土地问题，现在村民就在自己的承包地里建，但是这个位置是不能建这类房子的，它破坏了整体的山水格局，再怎么设计也没用，这是个格局问题。

第二是规模的问题。村民说我要建 5 间、我要建 4 层，你再给他设计好，也是 5 间 4 层，可是这里建 3 间 3 层是最好的，但是建房的大政策在贵州不是控制，而是放开。在放开的情况下，怎么干预都不能解决根本问题。其他很多地方，比如在江浙一带、上海，甚至在山东，农村建房管得严，宅基地是多少就是多少，住房面积都规定好了，多建 1 平方米都不行。农村建房地也规定了，家里有几户人口就给多少地，连层数、建筑面积、高度都是有规定的，控制得比较严格。

李 松 在施工工地会挂一个牌子，那些东西都在上面写着，盖一半，政府部门会来查。

周 俭 所以我们用刚才那个方法也是不行的，也是达不到我们期望的底线的，更不要说高线了。在这里建个 6 层楼的房子，过两年有钱了再建个 10 层楼的房子。怎么办？再设计怎么设计？在广东，一个宅基地建 14 层楼，怎么办？我觉得，刚才华东说的，有点儿失望或者有点儿没有信心，这个其实也是一个综合复杂的事情，不是靠某一个专业能解决的，即使所有的专业都在，都在贵州了，也还是不行。李主任做的那个水利村我没有去看过，有可能水利村到一定时间村民也想建房，因为这是放开的。我的意思是，即使位置是固定的，房子可以建 10 层，没人管，这种情况也是有可能而且是有问题的。现在贵州还不像广东那么富裕，潮汕地区建 14 层、15 层、20 层的都有。所以在这种情况下，对于贵州的传统村落保护，如果省里没有一个强制性的关于农民建房的规定和规则，就没法保护。因为这是失控的，这个村建 20 层，那个村建 5 层，另一个村建 8 层，那以后就不是一个侗寨了，就失去文化特征了，这是政策决定的，所以我在想这个问题。

具体怎么办呢？从大的格局讲，我昨天也跟王茂才书记说，我们传统村落那么多，包括黎平有 93 个，还是要分级分类。所谓分级分类是什么概念？就像我们经常讲的，对不同的状况应该有不同的判断，包括现在的乡村社会是什么样的，它的凝聚力怎么样，是不是已经解体了。老百姓建房子没有制约，相互之间没有规定了，那就是解体的一种表现，但这只是一个假设。昨天参观了述洞，述洞村委会还可以，建房就控制得比较好，当然还有其他因素在起作用。怎么判断乡村社会？分级保护后，对它的要求是不同的，不能所有的村子一样，都面面俱到。当然以后有一些村落会消失，这是另外一回事。

然后就是分类，分类是说发展路径要分类。做民宿就做民宿，看它的位置；像堂安以后肯定要开发旅游。如果要保留一些文化的基因，有的村子就要采取文物式的方法来保护。这样的话，乡村以后就没有社会了，只剩文物保护，这个大家以后可以再研究。老百姓住在村子里面是为政府服务，为专家服务，他不种地，这里也没有社区，只有几个工作人员在村里，20个、30个人都可以，我觉得以后可能是这样的。我就大概先说这些。

杜晓帆 你还没说具体方法。

周　俭 这就是方法。比如这里我就跟茂才兄说，"这93个传统村落就应该做个普查"。普查就是分级分类，然后再往下做，没有这个总体规划——叫策划也好——没有一个大的格局是不行的。

杜晓帆 周老师提到了一个分级分类的方法。记得在华东召开的那个会上，我说我到复旦最想做的就是文化遗产的功能性分级分类。你刚刚说的其实就有个功能的视角在里面。我们的遗产已经有那么多级，有那么多类了，但是没有抓住问题的关键，没法解决实践中的一些问题。我们现在正在设计这个体系，到时候希望大家也能参与。

周　俭 这个名字可以随便说，一个是分级，它的保护要求是不同的；另一个是分类，它的发展路径、发展方向是不同的。我的分级分类是这样一个概念。当然也可以用另外的文字，不要重复原来的分级分类。

杜晓帆 所以我希望加个"功能性"，因为一开始我们没有加，有些人不理解，说"国家已经分了那么多级了，你为什么还要分级？"所以后来加了"功能性"。其实就是刚才周老师说的，一个是分级，另一个是分类。分级分类不仅针对村落，也包括其他的文化遗产，要从不同层面考虑遗产在未来社会发展过程中的价值和功能。

周　俭　因为村落和历史街区不同，城市不消失，这一片街区就可以永远保住。这也是用分类的方式，城市街区的发展路径和村落不同。

杜晓帆　我就说老祖宗的东西，就像周口店这样的遗址，它对北京、对中国的发展到底能发挥什么作用？它肯定不能带动经济发展。尽管房山区一直在抓保护，但到现在遗址一年的参观人数从来不超过 15 万人。很多时候我们不关心生死，不关心人从哪里来、死了到哪里去，就关心怎么活在当下。

周　俭　我们来看一个很简单的现象。堂安这个村还算好，下面的厦格村，我们 2010 年拿着世行的项目第一次来的时候，到村里去看，只有四栋两层楼的砖房，还没有三层楼的，你看现在有多少，70% 都是砖房，而且都是三层楼以上的，我们怎么去干预它？

杜晓帆　分级分类还是要做的，起码给一个县做。原先我们想做一些试点，但是没有县愿意。

周　俭　当然分级分类还要跟村民商量，他们愿不愿意往这个方向走，愿不愿意执行这些措施，否则是没用的。那个时候我们做世行的项目，规划都帮村民做了，然后按着规划给老百姓修房，还跟老百姓签约，说 10 年之内不要改外观，还没修完他就把它拆了。

李华东　原来有个粗浅的设想，就是分级分类有很多切入点，其中一个是以保存状态为切入点。我原来自己划分过，比如原生态的村落，保存得真的很原始，而且人心很原始。像我在重庆看到的村落，村民很穷，但是不愿意出去。"穷"不一定和"苦"相对应，人穷但是内心可以感到祥和和幸福，这个很有意思。所以分级分类有很多方法，一个是根据它的保存状态或者说文化存活状态进行划分，包括原生型的、变异型的和彻底消失型的。比如"空心村"，一般我们提到"空心村"，脑袋里面反映的就是人去物空的一个村子。其实我觉得还有另外一种更可怕、更要注意的是文化"空心村"，巷子里面照样人来人往，很拥挤，但是文化变调了，不拜祖宗了，也不知道二仙奶奶是谁了，吃的是麦当劳，听的是意大利歌曲，这种文化空心的村子如果说要分级分类的话该怎么办？

还有，我们有一个口号叫"以村民为主体"，刚刚周俭老师提到了要和村民商量，但是我觉得这个问题真的很复杂。以村民为主体，我没有统计数据，但我相信绝大多数村民是像周俭老师和晓帆老师说的那样，他想不通，他会说"传统文化那东西和我有什么关系？"很多时候只有通过某种途径变现，比如通过维持寨子原汁原味的风貌，大批游客来了，村民赚到钱了，这时候他才会慢慢产生一点儿主动去保护传统的意识，而这种意识仍然局限在两个方面：第一个就是保护皮相上的宅子，比如现在一些地方政府投入重资在皮相上花功夫，把白瓷砖敲掉，做仿木瓷砖，涂点黄泥，维持所谓的风貌，在皮相上做所谓的保护；第二个就是在非物质文化遗产代表性项目上下功夫，这个当然也可以理解，在财力物力都紧张的情况下，要保护也只能走这样的路。

周　俭　外部干预只能做这些事情，其他做不了。

杜晓帆　我估计李老师有不同意见，李松主任请讲。

李　松　大家在这里讨论的实际上是一个文化传承的话题，这是主流社会的判断。文化传承这事对个体的老百姓来说没有那么强烈，只要生活舒适、惬意就行。当然人在传统里生活比较惬意，哪怕这个传统只是近 10 年的传统。这就是一个人的常态，传统是一种约束，但是他会求变求好。

我想调整一个思维，就是也别把乡村的文化传承作用说得那么重。一种文明的传承，我个人认为第一是通过典籍，第二是通过物质文化。关于基因，典籍里太多了，我所在的中心近 40 年来就做典籍，把失传的歌记下来。所以，说文化干预，孔子那个时候干预了没有？他下去采风，采风完再整理，记录的不是老百姓纯粹唱的。孙老师是研究历史文献的，文化很多是在文献中传承的，这是一大方面。

再一个就是大家做的文物和文化遗产保护。我们现在说的问题是，进入新的世纪或者说近 100 年来，人类对文化遗产的认识有了深化和扩大，有了非遗的概念，强调对生活文化的传承，这就比以往复杂得多了。当然，在现代社会里，还有一个特别重要的传承渠道就是现代教育。咱们现在坐在这里谈论这些的，大多数都是现代教育体系教出来的，不是在农村里面唱侗歌唱出来的，从小也没那种精力，我们都是旁观者，但那就是生活传承。生活传承特别复杂，我经历过以前的时代，我就对八个样板戏熟，全国其他 300 多个剧种我就不知道，上千个戏版我也不知道。我昨天说那个时代我就听郭兰英，这里的村子可能就听侗歌。这样一来，生活传承就显得非常复杂，干预生活传承是我认为最复杂的事情。因为你干预他生活，你要改变他的生活方式，你跟他说"你要传承文化"，这个太复杂了，所以非遗就显得异常复杂。复杂的时候就只能做比较简单的工作，简单的就是做目录、传承人、项目，实际上全世界都在这么做。

刚刚提到一个"文化失真"的批评，这件事在文化界早就不讨论了。现在的保护有表面化、碎片化的趋势，这是一个值得警惕的现象，这会让我们保不住遗产的"魂"，而只保住一些皮面上的东西，包括城里背四书五经，穿长褂，开学要行开学礼，那种外在的东西会比较多。整个非物质文化遗产的项目也是，它可以管跳舞怎么跳，唱歌怎么唱，可过日子它就没办法详细地管。传统节日我们做了 8 年，可以说，中国人过非常传统的端午节的人口超过韩国至少 100 倍，不用担心，而且韩国只学了一点儿，因为它是单一民族，所以能聚拢、聚焦。非遗保护不是商标注册，拿走它没关系。中华文化往外传的东西有很多，越南的宫廷音乐、日本的琉球音乐都是从中国传过去的。尽管去注册，你把汉字注册了我都不着急，因为中华文化就是这么往外扩散的，它有个传承脉络，不是谁能否定的。

所以这里面有很多观念就出现问题了，我们到底在保护什么？昨天讨论价值，我觉得这个话题很有意义。首先讨论非物质文化遗产的价值，说到核心价值的时候也容易，实际上是因为描述这个事情本身太难了，说它容易是因为它特别容易被简单地抽象成——这是我的基因库。其实这是个抽象概念。基因库是什么？一个汉字，一句史话，还是一个符号？一件刺绣，一间厨房，还是锅里的一道菜？全是。比作基因群、基因组，那就漫无边际了。说到血脉，血脉是什么？哪根是血脉？早晨起来，哪个时间、哪个空间构成血脉要素，这个没办法说，凝练不起来。所以昨天我提到，整个文化体系如果构成一种文明传统的话，它在协调人与自然的关系、人与人的关系上有高明之处，否则不可能在这样的生产力条件下延续这么长时间，至少在农耕社会是如此。那么问题来了，你说乡村文化遗产好，那现在什么都不变，就变生产力。这些东西不是在农耕文明里创造的吗？我现在变农耕，如果农耕没有希望，附着在农耕文化土壤里的东西去哪儿找希望？得让老百姓先过日子，要让他打工求学才行。

　　我同意周老师的一些观点，就是村落的规模可能会缩小，这时候要分类，可以分很多。当然我还是说外部社会，因为我们今天讨论的是外部社会语境。外部社会——从政府到主流社会——主要不是在保护，而是在利用，是在消费这种文化，希望它能促进地方的生产，在转型过程中减少一点儿国家的负担。国家现在很多文化领域的发展成了"短板"，给出很多主流社会的观念，既要消费它，又要利用它，然后还要让老百姓把好的文化在人们满意的情况下保存着，就是这样一个格局。因此，利益诉求是多元的。这方面，我不批评任何进入农村的力量，这是肯定的、自然的。所以一个原生态歌手，一定至少有九只手、十只手指着让他干这干那。其实农民很无辜，会唱歌，然后想过好日子，别的什么都没想，但是这人说"你往那走"，那人说"你往这走，这个流行多了"……最后把歌手丢在那里，让他自己想办法，这是自由市场经济下的结果，它是多元的。

　　我们知道社会发展的一个根本道理，是人类自己的意愿。非物质文化遗产产生于人类的生活实践过程，这个实践过程的主体是人，是要发展的那个人，这个本位不能丢。其实文化尊重就是尊重人的发展诉求。我个人认为如果外来的人是善意的，在消费文化遗产的时候，对老的传统，刚刚说的血脉也好、基因也好，最好能利用好它，能激活它，让它有生机。因为它面对工业文明和自由市场的时候立刻显得无能为力，最终土崩瓦解。因为它的博弈能力的确太弱了，用什么方式让这种文化能够与现代社会和自由市场继续博弈就成了关键。

　　因此就需要有一个负面清单，要有禁止事项。如果是来保护的，就别继续削弱它的博弈能力，削弱它的传统文化的基本要素。我做的事不会削弱它，而是增强它。我进入一个社区，一定是外部设计吸引来的。我们的国家和社会现在正处于千年未有之变局，但是老百姓不一样，他没有传统知识来应付这个情况。你在我这儿放了一个叫博物馆的东西，种田的地方怎么会冒出一座博物馆来？他用什么知识来应对它？他只能用利益关系来算计、来看待这件事。当然这也跟外部进来的力量太多有关系。这种情况是很多的，至少在西南地区，因为旅游资源好，有很多外部进来的力量。那我们就开始说方法，一定要有一大堆负面清单列出来不可以干什么，应该先清除掉那些恶的因素。我觉得学术界的任务，因为我们今天还是在学术界的语境下对话，主要是我们得有话语权，我们做的事尽量不要恶，现在我们可以通过慢慢地研究列出一些负面清单。

分类我很同意，分类一定是多角度的，不是一个类型解决所有问题。从功能、存在空间出发是一种分类，从内部社区情况出发是一种分类，从社区意愿来看又是一种分类，从周边市场定位来看也是一种分类，分类一定是多元的。这些多元的分类放在一起最合适，只要不冲突就行。可以做一个分类的筛子，筛来筛去，筛剩下的就是核心利益。负面清单在这里主要针对的是外部力量，比如我们批评的旅游就可以开很多的负面清单：仪式不要拿来表演，文化不要造假，居民生活不要被过多打搅……这些都是文化碎片化、肤浅化的表现。

要尊重社区，尤其是社区里那些有组织的活动，不要把公有的文化遗产知识货币化、私有化。昨天也在谈这个事情，有时候是出于关心爱护去做的，结果一做，发现不保护倒好，一保护就出问题了，因为文化干预本身就非常复杂，它会干预生活。所以，各国的非物质文化遗产保护都有这种问题。比如，法国曾经把一项个人资产注册为法兰西文化遗产，当时关于公私的问题讨论了10多年，官司打了很长时间。房子的主人认为，"我在这住得好好的，房子里突然来一群人，说这是国家遗产，有价值。一挂牌，我不能动了，我修一修都得向文化局申报。""房子是你的，但文化是法兰西的"，这样一个理念讨论了很长时间，最后把公私权益分开了，房子变成公共文化遗产了。大量的非物质文化遗产都是公有知识，怎么可以把它私有化？它是一个社区的整体性存在。

什么叫碎片化？我从社区里划分出传承人，给他点儿钱去唱歌，再划分出另一个人去跳舞，最后歌也没法唱、舞也没法跳，因为其他人不参与。但是手艺可能就可以。这需要有社会评价机制。一涉及社会商业活动，情况就变得非常复杂。这里面要提醒的一点是，首先要关注大众生活。这是一个文化的概念，我们现在做干预的时候，要关注本土生活的律动和节奏，做的事要符合村民的生活流程。我注意到许多监测机制已经有一些指标了，比如监测老百姓对拆房的意愿，这个我觉得就是在往前走的表现。麻烦的是，目前在资本方面的主流价值体系是利用和消费，不是保护。这时候怎么调整？把纯消费的价值拧到有点儿保护的内涵上，这的确需要一个过程，在我看来主流是这样的。我们做100个古乡镇保护，不管是国家花钱还是基层申报，核心的价值一定会凝练成利用的价值，在这个过程中，基层是看上面能来多少钱，老百姓是想能分多少钱，这套价值体系还需要完善。当然，要想所有利益相关方能达成一致，其实也挺复杂的，我看住建部任务也不轻。我有时候说，特色小镇的核心要素是什么？想做好，从我的角度回答就两个字——人心。说这我不会做，不会做就别做。哪儿来的人心？生活好了，还和谐，这是最难做的。钱有了，人心散了，就只剩下皮囊了。这个时候生活还在继续，灵魂还活着。如果灵魂是恶的，那还不如没有，比没有还令人厌恶。

在我看来，这种价值体系在乡村的延续或激活，或再利用，能够进入现代社会生活，比在城市做要方便得多，可能性要大很多倍。比如在上海恢复一个里弄，各种条件都不存在，所以上海的社区建设不能光看政府文化行政部门。我们在一个社区门口做一个拼车站都做不成，多少 NGO 做城市社区做不成。为什么？极端点儿说，社会已经疏离，谁也不求谁，不但如此，谁都防着谁。城市已经不好做了，乡村还存在这种可能。所有进入村落的事项对整个文化生态一定会产生扰动，因此我会关注扰动是正面的多还是负面的多，这方面可以做一个评估标准，所以我很认同预测这件事。一件事一定有两面，没有百分百的好事。晓帆老师说我太宽容了，我说他想做总是一点点往前做，有时候做到百分之百，挑出来百分之九十的错，这也是很可能的，事情就是在矛盾中前进的。因此，对文化生态可以给出一些评估体系，分一些类型，慢慢地试，进行比较。

我喜欢中国的问题，就是因为它复杂，因为它的多样性，所以有的时候我做科研就主张大家一起做。比如周老师做景观的时候，他在西南有心得，他找到了这一区域的基本自然文化特质，那就在这个区域做一种评估体系。但这种评估体系一旦放到内蒙古草原上肯定不合适，差别太大了。放到丹麦文明里，又是另一种情况。所以要多了解，大家一起做，多比较。同时我主张对文化多做深刻了解，不认知怎么保护？在学术研究方面，我鼓励大量的人类学、民族学的方法进入，其实就是去认知，而认知程度是靠时间磨出来的。但是我们认知完以后完全是一种悲观的态度，我倒不至于这样。如果知识分子没希望了，那就去赚钱算了，一个国家的理想又何在？所以还是应该有希望的，只是我们现在的很多做法非常不合适。关于这个，我更主张长时间的身体力行，参与式地帮助更切合实际，然后多一点儿具体案例。拿贵州的生态博物馆 1.0 版来说，昨天跟任馆长谈2.0版，肯定将来得到5.0版、7.0版，一点点走。而且我觉得实践的过程中基本没有小事，全在细节上。为什么这么多细节？就是整个生长方式发生了变化，实际上是社会组织关系发生了巨变。这个地方原来是村民的生活空间，可是进来一群对居住空间、招待要求完全不一样的另一群人，村民说"我就愿意屋子撒气漏风，我就愿意围着火塘"。我们现在去改变原来的空间时又太纠结了，想要拿这样的空间去招待一个美国人，去产生更多的消费，可是，原来的文化跟现在的空间里摆的黄油有关系吗？跟挂在墙上的酒杯有关系吗？但我们必须要想到这件事，为什么我们要这么干？因为我们遇到了全球化，文化要交流，我们要正能量地去解释我们的文化，还要实现一点儿价值交换。其实核心意义还是消费，我们希望为这个地方的老百姓找出一种不种田也能挣钱的模式，挺困难的，慢慢摸索吧。

旅游在贵州、在整个云贵川都没有问题，因为目前想不出别的路。但是我觉得用旅游替代一切过于狭隘，昨天已经有很多人提过。所以，我觉得倒不如将旅游当作文化发展、文化交流的媒介，把它放在文化意义上来看待，不要光看其经济价值。我们建的这些生态博物馆，进入比较多的是学者，学者关注它的文化意义，希望它的文化能良性地发展，但是游客不管这个事情，游客是来消费的。当然学者也不能有太多的游客心态，更多的应该是来讨论的，起到文化引领的作用，这样做本身就是正能量的。同时，学者的进入的确能够给村里带来实际的帮助，通过这方面慢慢摸索。我觉得这是方法之一。

我比较看重本质上的方法。前面是一堆方法，太泛泛了。本质上的方法我比较看重村民自组织、村民的意愿表达，就是回到前面我刚刚说的方法的原点上。如果非物质文化遗产保护导致一个村落没有组织和动员能力，让村民成了流民和彪民，那这个地方也别保存了，保存下来也没用。如果唱歌是特意做给别人看，是换钱的，其他时候没那个心情，过节的时候大家都没有心情组织斗钱过节了，文化就已经空心化了。所以，我们如果保护一个村落，那我们进入的方式，我们做的所有事情，目的都是一点点地激活这个村的内在组织能力，否则就别轻易进来，要实施的项目就一动不动，想不好这个就别做。实际上这个事情很简单，非物质文化遗产就存在于一个有组织的聚落中。说得简单点，它有组织有秩序，而且秩序良好，在里面很惬意，那叫"共同体"。外部力量进来了，非要把聚落拆散，盲目地引入市场竞争机制，给村民的所有事项都让他们去竞争，谁做得好就是谁的，或者我跟你竞争，看看谁争过谁，这都会产生很多的问题。因此，外部力量要慎重进入，进入的时候要评估自己的每一步举动。它一定有两方面的作用，但是正能量的一面要大于负能量的，比方说看到明显的问题要一点点尝试去正面解决。我觉得这个就是另一个方法原则了。

杜晓帆　李主任超了一点儿时间，昨天没允许超时所以今天就允许超一点点。李主任说了一个很重要的点，做村落应该是一件长期的事情。如果按照李主任的工作方式，我们在现实中很少有这样的团队。

李　松　长期是为了做案例，有了案例才能让人家照方抓药，这就快了。肯定有个过程，因为这是一个复杂的问题，那么多人付出辛勤劳动，都是在这里做实践，多一点实践总比空论好，实践出来的纠结更实在。

杜晓帆　李主任之前提到"共同体"这三个字，兆丰两年前在复旦"亚太地区历史遗产与文化景观保护之路"的会上发表的论文就和它相关，你接着李主任的这个话题谈。

刘兆丰　我昨天讲的时候其实还是持悲观的态度。但是专业工作者必须保持乐观，并且有乐观的理由，好歹有些事是可以做的。有几个前提，我们现在讨论的对象已经叫作传统村落了，处于保护的视野内，所以说其实它已经被分类了。

杜晓帆　我们的话题不是传统村落，是乡村文化遗产。

刘兆丰　那就再分一下，其实只有中间需要识别出来的某一类村落在遗产的视野下，即使在这个中间，它也会被进一步分类。如果是在这种分类前提下，我觉得我们要做的是面对它现在的困难。以贵州为例，先是看到了乡村的经济价值、农业价值，包括征收农业税、土地资源利用这些，随着社会的转型，一些村庄没有更多的资源可以奉献给社会，也没法变成一种所谓的优质资产。接下来就是如何管理它，最后乡村变成了一个问题，可能成为了社会发展的一个负资产，要脱贫，要别的资源反哺它。因此，很多的新农村建设采取了一种"治病"的态度，有时候不可避免地会"居高临下"地进入。在这中间找来找去，找到的唯一抓手就是乡村旅游，社会各界都认为乡村未来的主要价值是旅游。我觉得这样的情况其实是一个非常大的困局和陷阱。这个时候再谈乡村的遗产保护，从昨天的价值说到的，我觉得还是一个大的结构，我们可以分几个层次来看乡村的保护。第一个我们认为乡村最大的价值是空间的、物质的结构，第二个是它的社会结构……

李 松 这个我同意，但我觉得应该把社会结构放在前面，空间结构放在后面。空间结构太不重要了，乡村的空间结构未来发生的变化会非常大，关键是文化——那些核心的价值理念。这个我觉得一定要扳过来，否则最后我们只会保存一堆物质文化。

周 俭 文化的结构肯定是最重要的，但是它和空间结构是有联系的，好比侗族以鼓楼为中心，即便后面发展出了新的文化，也还是会按照原来的一个文化组团或几个文化组团扩展，而不是完全独立发展的，它们是有关系的。

李 松 都重要，我同意。但内容一定是第一位的，文化的载体是人。

刘兆丰 但是我的观点还是认为这个结构首先是大的物质结构。

李 松 我不排除有些村子就是将空间结构作为文化遗产来保护。这种结构将来人可以慢慢退出，只留下里面最重要的物质形态，将它作为一种遗产保留。我刚刚一开始说了，传承有典籍、遗产和教育这三种形式，最难的是有人的传承，需要人回到那个地方重新学习，再去体悟、去传承；然后是物质文化遗产，包括博物馆中可移动的和不可移动的物质文化遗产，再加上大量的典籍和现代教育，这几个体系使得文化得以传承。因此，话分两头，不排除在某些点上就是通过物质文化遗产来传承的。但是更重要的是，所有文化保护的核心都是人，是这人看什么样的书、享受什么样的物质文化遗产和过什么样的生活，形成的文化是被他自己判断的，也被杜老师判断。

杜晓帆 先让兆丰讲自己的。

李 松 只是插话，插话。

刘兆丰 我个人把乡村区别成一个大结构和一个小结构。我们识别真正的乡村靠什么？其实主要是大的自然环境、生产生活方式和聚落依附的空间结构，包括它们相互之间的关系。比如我们说聚落一定是可控的、可感知的、熟人社会的、乡土社会的这样一个感知场域，在这之上有一个更大的生产空间、自然空间，然后包含了这么一个可感知场域，并且形成了一个级别上的对应关系。那么，只有有了这么一个大的环境，它和中间的文化关系才能产生互动，才是我们定义的标准的乡村社会。

李　松　你说的是自然环境。我们说天人合一，什么事是天定的？那是由一个更宏大的自然环境决定的，包括气候……不是我们理解的建筑和景观环境。

刘兆丰　我的理解是另外一种。虽然自然是地球表面的呈现，但是人类的文明就是寻找如何定义它、使用它、用文化去展示它的过程。

李　松　这没问题，把保护体系延伸到自然保护，那就理顺了。

刘兆丰　不是自然保护，还是人与自然。

李　松　还是人与自然。但你拿什么学术语言来描述村落布局的抽象含义？没有，它就是一个村落，说简单点儿，老百姓就在这儿生活。什么聚落、什么超级对应、什么维度、什么场域都没用，老百姓就在这儿过日子，在这么大一个空间里形成了自给自足的小圈子。

杜晓帆　让兆丰先说完。

李　松　大家对不上号。

刘兆丰　我们对这种单元的识别有几个方面，比如我们生活的空间，基本上就是聚落空间。接下来是生产空间，生产空间差不多就是村域空间，如果进行一个简单的对应就是这样。我交易，我读书，还有一些开放性的活动，往往能够达到乡域空间。我们在做空间识别的时候肯定是有这样的大结构的。所以我认为，首先是对空间结构的保护。

李　松　空间识别太技术化了。我不知道孙老师怎么看，我们做标准源数据体系的时候，民族空间、国家空间，都是空间。你这全讲物理的，如果失去了文化，连民族认同都被忽视了，只讲多大空间，有什么意义？

刘兆丰　您让我讲完啊。我有一个所谓的源建筑学模型，从族群到民族共同体、到民族国家再到全球，可以将这个模型展开，并且我有一个"完型率"，任何一个家园尺度不能完型，下一个家园一定不能成立，也就是说现在地球这个样子是全球的问题，是最高的一类危险，但这是另外一个话题。现在我们局限到今天讲的村落文化遗产，我个人认为我们保护的思路应该是这样的：

第一是大结构。这种山水田园的聚落空间结构是我们首先能够划定的、相对稳定的一个保护对象，我们肯定要先识别保护的对象是什么；其次才是大结构中的文化结构。社会结构背后最主要的是文化结构，文化结构又与制度结构联系在一起，这个在相当程度上是不可控的。之所以不可控，是因为我们忘了人是变动的，是人导致了文化的变迁。我们讲村落文化景观的主体是人，先不说文化在变，一代代的人就在变，今天死亡多少人，明天出生多少人，人不变是不可能的，所以一定是变动的体系。一边要识别哪些是稳定的、可以固化的对象，另一边要识别哪些是变动的对象。我们首先去识别它，然后考虑以何种方式维护它、保护它，我觉得这是两个方面。这是第一个，关于大结构的。

第二是小结构。在小结构中我们才会讲到村落的格局、建筑的建造形式、人与人之间的邻里关系，它的活动、它的节日，怎么组织、怎么筹钱，以及其他文化事项，等等。那么我认为回到第二个小结构，就会有比较多的分类思路。一定要分类，比如哪些保得住，哪些不必保。很多东西不是保不保得住的问题，是根本没有必要保护。按照我的想法，大部分村庄应该变动，在小结构上就应该变动，因为它的文化是发展的。变动中特别值得关注的是现代性的植入，从血缘的束缚和辛苦的传统土地劳作状态里产生的一套文化事项和一套社会生活一定要改变，也应该改变。所以，我们保护的是这个框架结构，而不是改变这个结构里面具体的某一点。

杜晓帆 你把框架结构说得明确一点，我也有点儿糊涂什么框架什么结构的。

李 松 这是物化的、外部景观概念，就是哪儿留稻田，哪儿留神祇。神祇都不在里面，神祇在你的结构里是一定要改变的。

刘兆丰 作为表象的空间结构相对稳定。

李　松　人也相对稳定，他在这传宗接代，他唱什么歌一唱唱千年，他怎么组织节日，这些比物质稳定多了——物是人非，刚才强调了。你却反过来了，变成只要物在，咱们的任务就算完成了，好像大结构在就行了。大结构是什么呢？山川秀美？这特别像画家的概念。

刘兆丰　不对，我们今天讲村落文化景观，有两方面的含义。

杜晓帆　我们今天不要讲那么抽象，你谈结构和框架的时候，我感觉一会儿是物一会儿不是物。

刘兆丰　我讲的就是大结构里分两种。虽然这种划分是粗暴的，但是要表述只能分开，本来是合在一起的，大结构肯定还是以物的空间结构为主。目前乡村受到的最大的冲击是对它空间结构的冲击，这种冲击是非常明显的。比如在村落蔓延的过程中，宅基地的划分方法和自我建设的态度，都已经在这个结构之外了。以前的结构有乡土的一套规则维持，比如我要建房，需要全村都同意，寨老是有一套程式和价值观的——什么地方能建，什么地方不能建，绝对不可能去占田。比如在贵州传统村落里，那些田是赖以生存的根本保障，所以不管怎么样建房都要往坡道、荒地上走，这才会形成紧凑的、我们认为美的传统村落。现在这种无序的蔓延不是由社会进步造成的，而是因为这种结构破裂了，没有结构的约束了，包括寨老制、协商制和共同体的相互关系都受到了冲击。所以我认为这个结构是极其重要的，目前我们要从这里入手。

今天讲的遗产保护是一个广泛的概念，昨天红光厅长就特别强调了这个问题。我们今天是不是应该聚焦到遗产保护专业？我的意见是不能这样谈。我们面对乡村，要先把中间大的东西弄清楚了，才能找到我们的具体工作，这时候再来分你做哪一部分、我做哪一部分。在这样的情况下，我第一个讲的是物质的、空间的、形态的结构。这个结构是千年积累、百年积累、几十年积累下来的，并且会接着变化，但它是相对稳定地在变。第二个就是文化结构。文化结构受到的冲击是非常大的，昨天它还在，今天可能一下就没有了。举一个非常简单的例子，比如贵安新区，原来有400多个传统村落，有一天下了文件——这个地方要变成贵安新区，然后就全部变了。这些村落全部社区化，集中成8个社区，原来的结构都没有了。所以其实我们会发现，文化结构面对制度的冲击是极为脆弱的，而我们说"留得青山在，不怕没柴烧"，所以空间的概念相对要好控制一点点。我不知道我有没有说明白。小结构在概念上一定要分。就我们这个专业，从严格意义上的保护来说，长期做传统历史文化村落保护，总是不加分别地用一套三板斧做保护，其实没有一个是保得住的。分了之后，我们会发现保的是它的结构，村落可以变，甚至民居也可以变。大量的村庄之所以形成了所谓的民居美，是因为它的建设遵循旧式，用地方材料，符合村民的生活要求。结果会发现，遵循旧式可能不变，但是地方材料在变。村民的生活在变，要适应村民的生活，所以村落很可能是变的。大量的村落都是这样。所以我们要允许它变，鼓励它变，只要满足了这几个要求。所以第一个就是说，我把村落的这种基因识别多列几条，列得越多，边界就越完整，村落就越固化，但所谓的"固化"仍然是动态的，这是一类，时间原因我只能点到为止。

　　第二个是说，只能依靠国家的力量，针对那些历史见证物和可以作为文化资源库的东西进行保护，包括李华东老师讲的基因那些东西，要动用国家力量进行保护、固化，也就是我们说的"泛博物馆化"或者"准博物馆化"手段。现在的问题是，我们到处投资，不是为了文化保护，不是为了遗产保护。在不少人的观念里，贵州的村子实际上是一种负资产，除了扔掉之外，唯一一条生路就是让它搞旅游。这是一种失去理性的、功利的思路。这样投了资之后，把所有的村庄都祸害了。包括贵州当地政府官员讲得很清楚，说只要戴一个帽子就毁掉一个村子，呼吁不要给他们那些村戴帽子，一戴帽子村庄就乱了。这是我关于分类的一个建议。比如我现在做的泉州的泛村落生态博物馆系统，我只需要做50个，但一定要把用在1000个村庄的资源放在这50个里面。真正的文化保护不见得不可以搞旅游，但是这里的旅游必然会带来真正的文化旅游和遗产旅游。

　　第三个是关于文化事项的保护。我只讲一点，中间有一个重要的切入点是"文化保育"。专业的乡村社会工作才是解决畸形、混乱现状的一个最主要的切入点，而不是在座的我们的工作。昨天讲的价值和乡村的衰落、离散现状，各方面的情况我不重复了，但是有一点，一个民族、一个族群、一个村庄，它内在的文化渴望是一直存在的，遗产保护工作如果能上升到重新去搅动它、激活它，让它明确地感受到自我身份、自我尊严，以及文化家园的保障和安全感的高度，这是非常有意义的。我们讲两大安全感：生存安全感和文化安全感。

在这种情况下，遗产保护工作一方面激发了村里本身的活力，另一方面吸引了大量外出的人、放弃村落的人，他们会回流。

李华东　从国家层面来说，文化安全已经写入《国家安全法》。

刘兆丰　对。所以从这个角度来说，乡村虽然是小小的，但一个国家治理得好不好要看乡村，因为它是最基础的小细胞。其实很多国家政策的实行都是从乡村开始的，那么这种激活有个最主要的特点是"自下而上"，是从乡村本身，而不是通过外在的强加干预进行的。进去的人是协助者，这是个绣花功夫，要非常细腻。从这种角度我们可以思考一下遗产保护工作的范围、方法，从人、从文化的角度出发，要走另外一条路，这条路会重建国家最基本的细胞，建立自下而上的自组织，实现文化自信、文化识别、文化的启蒙。

杜晓帆　其实兆丰和李主任的观点没有根本上的不同，只是先后顺序问题。

李　松　我是担心太过注重外在的、物化的东西了，因为物化的东西好花钱、好落实，但消耗的社会资源是巨大的。

李华东　物化工作有抓手。

李　松　对，有抓手，而且有大量的社会资源进入，不做软工作，因为软工作难做。

杜晓帆　孙老师，两手一起抓，孙老师或许也有一手。

孙　华　昨天说了一些传统村落的问题、性质、价值之类的话题，今天说到传统村落的保护方法。我想，现在中国传统村落存在的基础、环境都已经不存在了。大家都通过出去打工、搞副业或其他方式来谋生，再加上外部环境的巨大变化——城市化、工业化、全球化，加快了这一进程。有时候一些地方经济发展得比较好，也认识到了这些问题，但是它变了，回不去了，再做保护也来不及了。所以，现在经济不发达的村落仍然没有保护和发展的经济支撑，而经济发展好的村落已经全被破坏了。东部地区很多村落经济发展非常好，给每家分一栋别墅都可以做到，但是过去传统村落生长的整个土壤连同物质形态都发生了变化。

李　松　经济发展快，景观结构和物质变化最厉害。

孙　华　对，外部环境一变，传统村落就居于刚说的这两种情况下了。保护传统村落是天下第一难的问题。过去说计划生育是天下第一难，我想传统村落保护也差不多。虽然难，但还是要做。尽管比较灰心，但还是要保护。我想在保护的时候要注意几点：首先，我还是想说，传统村落是依托土地存在的，土地问题不解决，不要说村落保护，连古遗址都保护不了。对古遗址保护我也灰心丧气，觉得若干年后靠近城市的重要的古遗址会全部丧失。殷墟——世界遗产，在它的核心地带小屯村建别墅，市长也管不了，报纸上画着漫画，市长拿着《文物保护法》到村里，村支书说："你把我关到监狱里我也要修别墅，别的村发展了我为啥不发展，小屯村落后了。"

李　松　这是公有、集体所有还是私人所有的问题，所以法国人争那么长时间。文化最后变成公有财产了。

孙　华　我去年还专门写了一篇大遗址保护的文章。我的第一个问题也是土地问题，土地问题不解决，遗址保存不了。今年考古所把这篇文章当作"两会"提案提上去了，政协代表也认识到这是最基本的问题。所以，我们在目前的产业制度和物权制度的设计框架下肯定是难以做到传统村落保护的。

周　俭　文化景观的形成就是对土地利用的结果。

孙　华　这个问题我觉得非常关键，所以我们做保护的人——我们自己，当然我们主要是做文物的保护、遗产的保护的，这是我们的本行，但是也要思考相关的问题，并且和有关的专家进行讨论，与政府衔接，在现有的制度框架下做一些力所能及的事情。比如，国家现在在住建部设立传统村落的专项保护资金，住建部肯定要做建设的事。

李华东　那是财政部的事，从财政部到环保部，又到发改委。

孙　华　住建部在执行，文物局只做全国重点文物保护单位和省保单位集中成片村落。

李　松　孙老师，土地问题能不能归纳为权利与权益的问题？

孙　华　当然。我们说土地问题，为什么遗址保护不了？管遗址的《文物保护法》跟《土地管理法》《土地承包法》《物权法》在某些方面是冲突的，怎么去保护？怎么去执行？这是一个问题。另一个，文物保护、大遗址保护有专项资金，世界遗产光是展示就能投入一两亿元，大遗址、遗址公园也是一两亿的投入，但这些钱全都花不出去，老百姓不让做工程，因为文物局的钱就是工程钱，基础设施不管、土地不管、移民不管……

李　松　生活不管。

孙　华　不管就寄希望于政府的行政责任，现在政府越来越谨慎了。以前政府把居住在遗址范围里的人全部迁出，现在不主张采用这种方式了，但是做的规划有整治的要求，怎么办？现在国家文物局也不怎么抓规划，现在抓规划执行，不再抓规划立项了，为什么？做不了。画个圈圈有什么用？有保护专家问我，那你说怎么做是理想的？我说理想就是在图纸上画个大圈圈，简单得很，在遗址范围外多少米画两个圈圈把它保护起来。但是画了也没用，做不了还不如不画，不如在重点范围内购置土地。

杜晓帆　孙老师讲到土地的问题，我就一直在想孙老师每次都强调这个事，我们这次能不能写一个什么东西，通过人大或者政协给一个提案？

孙　华　如果有这个，当然应该，考古所在政协已经有大遗址的提案了。

杜晓帆　我们这次就争取做一个提案，这个待会儿再讲。

孙　华　如果国家设立传统村落保护专项基金，其中一项主要基金不是用来修什么东西，而是购置土地，购买传统村落的土地，将虚化的集体所有土地变回实际的国有土地，将土地的利用性质从耕地、宅基地转化为遗产保护用地，国家再租给村民种，这样在传统村落里农田的耕作、利用行为就是保护。这样这个权益就变了，就让村民种田，给村民补助。

李　松　美国对黄石公园的管理机制讨论过很长时间，最终国家、所在州政府保留不了黄石公园，直接关掉，所以美国黄石国家公园就是一个您说的这样的案例。

孙　华　我们有些专家也提过建议，我跟他们说，国家考古遗址公园根本就没有达到国家公园要求的三道基本立法程序。美国国家公园有三个法、一个信托基金，是整体统一的管理，政府、执法都是统一的。如果做不到这一点就不要设置，冒国家公园之名。所以我非常反对国家建考古遗址公园，要么就不要用这个名称。从保护的角度出发，遗址上的耕地当然可以继续耕种，传统农业不会损害遗址，因为种了几千年了。但变成现代农业，挖鱼塘、建蔬菜大棚肯定会损害遗址。现在很多遗址都毁了，因为蔬菜大棚。所以我觉得进行遗产保护的时候，在土地利用性质问题上要有一个根本的改变，要加以调整和控制。

有些地方早就意识到了这个问题。文物系统介入传统村落保护比较早的，一个是贵州，还有一个是福建。福建 1995 年就批准了 100 多个传统村落，他们还争取了省里的一套政策，就是给每个传统村落调整了 15 亩建房用地。虽然调整了 15 亩，但这 15 亩没用好。村里太拥挤了，真正该迁出来的村民有些还没迁出来。有些上级干部说，我给你们村里一个工程，给你个水利环保治理工程，你给我这个新建的房子做交易。15 亩地中很多用作这个交易了。尤其是村里出去的干部有这个诉求，他拨工程给村里修路，他为村里做这做那，但是他要村里的这套房。但是福建也想到了大的调整不了，至少先调整 15 亩。现在土地使用性质比较乱，该作为基本农田保护的还没有保护，很多地方的山地全部变成基本农田了。因为当时基本农田每亩有 20 元的国家补贴，很多地方就把所有的山地都改成基本农田了。现在去做很困难，这是其他话题。这是第一点，我觉得要做调整。

第二点，我觉得是关于城市和农村政策的改变。现在说到要取消农业户口，31 个省市自治区都要这么做，很多省还要率先做。城乡一体化当然是趋势，但这里面又牵扯到制度设计的问题，现在没做好安排，发改委不敢动，只有想方设法先保留现状。但是一保留现状事实上就不公平了。比如养老保险，城市里面的保险制度如果推广到农村，农村里一个特殊的情况是，土地是农村最后的保险，城市的保险制度里没有这个。农村 1995 年以前出生的人有土地，1995 年以后出生的人没有，很多的深化改革都是摸着石头过河，走一步看一步，没有做全盘的制度设计。但是如果农村和城市的关系不做一个很好的梳理，那么很可能对农村到城市里来的人就要做限制。怎么样才能不做这个限制呢？就说农村教育，城市里的人如果要向农村回流，农村的基础设施就要改善，教育要改善。乡村学校给乡村教师的待遇应该大大提高，提到比城里还高。别看村落小，它是一个系统，牵扯到制度设计的各个环节。乡村学校都没有了，回来我的子女没有好学校上，我怎么能回来？不可能回来。现在谁都关心下一代子女的教育，所以大家拼命买房，到教育状况好的城市。我老家绵阳教育产业做得好，连广元、遂宁的干部退休了都过来买房，就是为了后代的教育，买了房可以在那里就近入学，不用再交高昂的择校费，这个投入就划算了。我想，做传统村落保护，我们的专家也要对城乡关系的制度政策进行讨论，不能不关心，很多问题源于制度设计的不配套。

第三点，我们的专家学者，包括一些非政府组织、学术机构到村里往往都强调社区、强调传统村落的自治，这当然好，很理想。传统村落早就没有自组织了，它发挥不了作用。依靠现在的传统村落自组织、依靠外来非政府组织进行保护，肯定不能做好传统村落的保护和发展。必须还依靠政府，政府是主导，政府的力量很大——城市周围的农村把土地全部流转了，政府通过调整规划把土地都变为建设用地，再引入资本来挂牌。但是乡村本身没有太大的吸引力，如果说有一些村落是我们真正要去保护的话，我从保护的角度坚决杜绝资本进入，除非是国家资本。国家要保护就是国家责任，政府的责任是政府的考核指标。

洱海我经常去，那里以前是北大的干部下派的地方，我现在在那里当民间组织的保护理事长。现在当地政府的第一责任就是考核有没有排污到洱海，新来的书记上任第一件事就是设立举报信箱，谁举报了就核查，谁排污了就核查。政府的力量是很强大的。所以，还是要靠政府的力量、靠国家的资金去保护，政府改变考核的目标，考核文化的传承。至于村落的发展，包括它的传统农业、生态农业，可以想些办法，但还是以保护为主。政府可以扶持其他的产业，但是这是政府的责任。所有的一切都是围绕着保护展开的，做旅游也是。所以在真正要保护的村子里面要分出层次，比如就要坚决保护那一部分，传统村落连同它里面活态的东西都要保护；或者只保留物质外壳，人迁出去；还有人住的村子是另外一种类型。保护是多样化的。

而且，如果要保护一个村落，还得有一个保护系统，比如有婚姻关系、血缘关系、兄弟关系的那些村落。怎么在一个山沟里面、在一个自然区域里面去保护它？保护下来，还不能变得太突兀，不然一比较，别人都住在小洋楼里，我住在传统村落小山沟里，生活在封闭的文化孤岛里，也不行。要把村落里面的设施建设得非常好，也就是基础设施、教育设施、医疗设施各方面都搞得很好，这就是最好的美丽乡村。这是最高的目标，成片保护，保留一个小体系、一个小山沟。实在做不到就去保护村落的物质外壳。另外一种保护就是古今结合，中间的区域保留最核心的传统，逐渐往外辐射的时候，传统可以减弱，现代化都可以。要想办法，不能只有一个模式。

李　松　我同意孙老师的基本观点。资本的门槛是不是太高了？如果有规矩，门槛合适的话，社会资本可不可以进入？当然现在国有企业——有政府背景的资本力量在这一轮的经济改革中力量非常大，也是可以详细讨论的。再者，在基本要素里面——政府和村民两方面，我不主张二元对立。其实我们批评的是政府采取的一些措施，咱们说政府这样做不行，因此我主张在孙老师的基本要素里加一个社会组织——学界。我这里有个词儿叫"智慧集成"，智慧集成对学界来说——刚刚周老师说了，这个很重要。然后，包括社会上很多组织，都是里面特别重要的要素。我觉得基本上就由这四个方面组成：村民、政府、学界、资本。我认为在方法上要让这四个要素在一定程度上形成一个共同体，达成共识。多样性的问题可以商量。

孙　华　国有企业就要承担社会责任。

李　松　对，应该在这方面更积极一点，这没问题。

孙　华　我国有这么多个央企，100多个央企。

李　松　在这里面最容易出问题的是四个要素不全，比如某两种甚至某三种要素结合，缺一个都会有问题。比如资本和政府结合了，外部监督村民说了也不算，这种情况出现问题的概率极高。学者与资本结合，没有政府支持，也没有老百姓的支持，两头难受，做得很纠结，落实的概率也不高。所以，四个要素应该齐全才好。

杜晓帆　正好话筒在李老师那儿，华东你接着讲。你是代表住建部官方的，在座的都是自由地、而且是自发地在做，你那边有很多工作不是自发的。你代表住建部来说一说传统村落的一些政策，当然你也不可能完全代表，你讲一下你的方法。

李华东　各位老师讲得很真实，这不是一个虚头巴脑的会，我大概给晓帆老师和各位老师报告一下。我也不能代表谁，如果代表保护传统村落的官方机构，我今天就谈一下成绩，说我们的遗产得到了基本的保护，村民生活得到了基本改善等。今天我从各位老师那儿学了很多，我也只能讲讲个人的观点。

我们是遇到了困难，但是对我而言，我做事的态度就是"尽人事，听天命"。尽人事是放在前面的，所以头发白了还是要做。天命怎么样咱们也管不了。

我们讨论措施，用周俭老师的话来说，第一个我觉得是文化的干预。为什么？我觉得这是最难但恰恰是最重要的事情。李主任最后总结，任何事情，不管长期还是短期，宏观还是微观，都要落到根本性上。如果不解决这个问题——人心，李主任说的这个问题——我们做什么事情都没有特别的意义，包括刚刚提到的内在的组织能力培育、文化共同体的保护。实际上现在说保护，应该是说要更多地去做修复和重构乡村社会的工作了。再有问孔子，人多之后这地方该怎么治理，孔子说先"富之"，生活好了，大家都有钱了，再"教之"，给他讲点儿道理。我觉得对有遗产存在的乡村，这恰恰是一个逆向的过程，首先应该"教之"，组织村民解决人心的问题，这是我们最核心的任务，或者说是对整个国家建设很重要的问题。

给大家汇报一个真实的例子。我今天很高兴得知孙老师也是我们四川老乡，我是雅安人。我们故乡的一个镇长有一次见到我，他说最近被一件事情弄得很心烦：农民找他要赔偿。什么事情呢？村里面的道路晴天一时土，雨天一时泥，他看不过去，让镇政府出钱修了村道。村里面的人袖手旁观看着别人干活。路修完以后不但没人说好，还有老头儿来告状："第一，以前我的牛走泥巴路，牛蹄子不受伤，现在我的牛走你的水泥路，牛不好了。第二，我过去走路腿脚不灵便，摔到泥里头没事儿，洗洗泥巴就行。现在你给我弄个水泥路，摔伤了你要赔钱。"这是什么问题？不是说"富之"，带动村里经济发展了，人心就会变好。

在富起来的那些地方，这个现象特别明显。我去广东、福建那些有钱的村子，真的是像各位老师说的那样，有的村民在自己的一块小宅基地上把房子建到二十几层出租，生活极度空虚，各种社会问题就开始滋生。所以，人心的问题、文化干预的问题我觉得最重要。就像刚才主任说的，我们一定要增强村民在经济上和各个团体、各个利益方的博弈能力，还要增强他们文化博弈的能力。但是这个工作做起来很难。

而且我们的领导本来也是推选的。比如刚才也提到，其实我们从政策方面、技术服务层面上想的很多的是怎么样把村民迁到村外去。比如土地指标，怎么落实耕地占补平衡工作。表格上基本耕地还有，但是肥沃的耕地都变成山边、山顶的边角料了，都成了这些了。所以我们无论通过思想引导、政策措施，还是采用一些具体的方式，先看看怎么合理地从正向促进和刺激村民。抛弃自己传统文化中的优秀部分，抛弃原来的生产生活方式，说到这个现象就骂村民，说他们文化不自信。有一个人说过一句话，"精英分子的堕落是从骂基层的百姓开始的"，指着人家说"你不爱惜自己的传统"，但是我们又没有给他找出路。

所以我觉得第一个是文化干预。从国家的层面、个人的层面、团体组织的层面，一定要把这个事情提到特别重要的高度。没有人心，只能保一堆皮相，其实皮相也是最不能保住的。我们说传统文化这么好，是基因或者其他，有时候我会从建筑学的角度去看这个基因。比如有个成语叫"拐弯抹角"，说人不直爽，但是在建筑学上，它指在造房子的时候把墙体的 90 度直角抹圆，就是"抹角"，方便人车拐弯。过去人们有这个意识，所以村子相对比较和谐。现在农民盖房子，给他批了一块宅基地，一层没有办法多建，政府会监管，他在两层、三层挑出来。我在云南看见过像倒金字塔的房子，为了尽可能地多占面积。所以人心变了，组织不起来。我们在乡镇召集村民开会，想跟村民讨论村里某块地应该怎么办，村民觉得这关我什么事。给他五元钱，或者发一桶牛奶，或者请他看电影，他还马马虎虎来开这个会。带领这样一帮人，怎么建设美丽新农村？所以这个事情要抓人心。但是抓人心的过程中还有很多困难，我们要为"人心"或者他们的诉求找出路。当然，找出路的过程就是大家群策群力、共同完成这件事的过程。我是怎么看待我们的传统文化的呢？我写过一篇感想，题目叫《不要在迷恋过往中死去，应该在创造未来中重生》。我们这些基因库或者脐带血，把它放在那里，实际上也没有什么用，我们现在是要在它的上面展示符合新时代需求的东西。别的领域我不知道，比如我自己熟悉的建筑规划领域，所谓的继承传统，现在只是在继承皮相，做一个旧屋顶，找一些乡土材料，还在这个层面上。实际上还有很多东西是可以继承的。怎么样营造乡村，怎么样修房子，怎么样修建排水系统，这些本身是一套很有智慧的东西。现在我们不去做这些，反而把西方的一套东西拿过来，这都是问题。所以，我们要在优秀的传统基础之上给传统文化找出路。比如刚刚提到的农业问题，像大面积的东北、华北平原，按照一些干部理解的所谓农业现代化的形象，觉得应该是老年人坐在屋里喝着咖啡，拿着 iPad，十几公里以外联合收割机在收割。他们觉得那就是农业现代化。可是传统村落，像堂安这样自然的小农传统耕作方式，从国家的层面来说，是不是可以作为一种相对特殊的遗产进行保护，就像文化部提的文化生态保护区？

李　松　也没有找到方法，只是概念型的。什么叫文化生态？文化生态过于抽象，具体措施有的太大了，怎么落实？

李华东　所以要找出路。这方面有些小伙伴、各种团体还在努力，比如把传统的铁匠集中起来。铁匠过去打的锄头、犁头没人要了，人们都不种田了，现在想把它做成文创，这个做法好不好不好说，但是最起码在努力地给他们谋出路。在浙江和福建的小团体如果引导适当，还是能够在维持传统手工艺特点的情况下为传统的匠人创造一种新的可能性的，如织布的、做侗布的。但第一个我们要抓人心，这很难。

李　松　这就是两个类型。我再插句话，对不起。其实富裕地区的回归……

任和昕　已经开始了。

李　松　就是"80 后""90 后"的回归，向往传统，有这种现象，而且效果还比较好，包括他们回归后去做村落的自组织。

刚刚不是在谈类型吗？我个人觉得长三角、珠三角差别很大，长三角的文化回归会比珠三角快，四川盆地的文化回归会比其他地方都快，这就是历史文化传统，源于它养育的那种文化精神。比如我们想象将来的田园生活，我一直认为成都平原是最快到来的。四川为什么最先引领了农家乐？为什么它可以让城市的消费往广域的农村跑？为什么自驾游四川是最多的？为什么各种营地也是在四川？这是由四川的生活态度决定的，这是有悠久的历史的。所以刚才我们说这种类型、这种地方都得仔细研究。但是要放到贵州，我觉得第一要务还是发展。在发展意义上，让农民先有尊严，让农民的日子先有尊严。贵州跟浙江不一样，是两回事儿。虽然都是新农村，但两者的保护方法、做事的方法差别非常大。江浙那边已经在恢复宗祠、恢复工艺，在江浙沪湘的很多地方，传统都在，而且年轻人、年轻企业家大量进入，还有很多中产阶层回去。这跟贵州不一样，贵州老百姓的收入水准和全国整体的水准还有差距。至少从类型的视角看，社会生产情况不同，要扶贫的村子和已经富裕起来的村子是两大类型，是两端。方法上我觉得要考虑，我们做非遗保护也没有用这样的方法，住建部也没有见到这样的政策。真要仔细研究起来，这是学者的任务。

李华东　保利的院线基本全国的大剧院都管，除了北京、上海，因为区域的优势和人员的对接不会亏本。另外两个不亏本的省一个是四川，另一个是湖南。

李　松　湖南的串烧节目很奇怪，但是它在湖南经久不衰。谁都研究不透是怎么回事，抓不住规律。

杜晓帆　华东第一点还没说完，让他接着说。

李华东　第一个是抓人心，再难也得想办法。在方法上肯定要有具体的摸索。比如住建部曾经想做一个什么工作呢？——传统村落的谱系研究。但是这个工作量太大了，我们这帮做规划、做设计出身的人没有一个能谈知识结构、智慧集成的问题。农村里各种人走来走去，做规划的不懂民俗，做民俗的不懂农业，做农业的不懂旅游，做旅游的又不懂文创……只能大家各干一摊，最后整合到一起。所以博物馆的这个形式我觉得特别重要。博物馆无论用什么方法，都是在给文化找出路。所以第二个是要找出路。在发达地区，文化这种东西是给幸福感添砖加瓦的。而在贫穷地区，就像刚刚主任说的要区别对待，要让老百姓通过传统文化的保护和传承能够有经济上的收益和生活上的获得感，并且受到尊重。比如昨天杨书记提到，他小的时候出去说自己是少数民族，说自己是农村娃，觉得很丢脸，藏起来不说，现在说是侗族的很得意。

第三个，刚刚各位老师也提到了，要有一个比较宏观的上层设计。但是我感觉很多事情不是哪一个个人能拍板决定的。比如说了很长时间的多规合一问题，要一张蓝图干到底，但真正实行起来的时候，困难也是不少的。各级政府、各种职能部门都有自己的诉求，农委强调美丽新村要刷白，文物局说不能刷白，要保持原始的样子，交通局来了说要打通、要修路，水利局来了说这个自然湿地我也不懂，我就要考虑防洪。大家都自己做自己的。

李　松　我尝试跟地方政府说清楚，在县级政府，县委书记就抓一个村，别求大的。刚刚我说智慧、政策集成，在这个前提下后面几个集成才有可能。

李华东　比如我原来提过，我们现在有一个比较别扭的事情，对于传统村落保护是把它当作一项公共文化事业来做，还是把它当作一个产业来做？还有人提过文化遗产保护产业化这个概念。

比如全国范围内的传统民居，我们初步估计了一下，4000 多个传统村落里面可能有 50 万到 60 万栋值得保护的传统民居，但是个人保护不起，地方政府、中央政府都负担不起，这是一方面。另一方面，有大量的社会资本。能不能建立一个比较好的输出制度？习总书记说传统文化是一个重要的战略资源。同样是战略资源，稀土都能够控制，传统的民居为什么不能？

李　松　民营资本有收购的，整栋都买了，把徽派建筑都拆了。我认识的一个人存了 100 套民居，已经存了 20 年了。

杜晓帆　我们把华东的思路全打断了，插话要少一点。插话太多把别人的思路打断了，他就说不下去了，以后整理也很难。

李华东　刚才说到第一是抓人心，第二是找出路，第三是顶层设计。我们虽然是一群书生，慢慢地往前推还是有效果的。比如最近土地政策不停地在松动，像同价同权，农村宅基地可建设、可出租用房诸如此类的政策出台，国家还是会慢慢地看到实际需求的。我最喜欢跟乡村干部打交道，他们的做法很实际。晓帆老师刚刚有个提议说咱们这个会最后能不能多留下几条建议，哪怕不停地说不停地说，总有一天能传到有关领导的耳朵里，他在力所能及的部门职权范围内也许就解决了。

所以顶层设计和制度干预很重要。还有一个我觉得特别重要的就是人才。

别的领域不说，4000 多个传统村落规划——这个兆丰老师、孙老师可能知道，严格来说，没有一个规划是我觉得很好的。一般来说，我们学建筑和规划的，第一种是学城市规划和城市建筑学的。第二种，学术血脉实际上是从国外来的，当然学得好的人学到一定程度去乡村是一种帮助，学得中等的人去乡村里面反而破坏非常大。现在一说乡村建设，什么都缺，缺资金、缺制度……我觉得最缺的是人才。现在浙江反应过来了，推广乡村规划师制度，成都也在推广。乡村规划师年薪 14 万元，我都有点儿心动了，这比我在学校教书工资还要多一些。我认识的一个成都的乡村规划师，就住在镇里，给他配了一辆小摩托。规划做完了，审批完之后规划师就走了。

李　松　政府把这个事情想透了，让规划师扎根在乡土里。

李华东　对。还包括志愿者团队，也是乡村需要的一类人才。

杜晓帆　乡村规划师是政府出资？

周　俭　政府出钱的。开始的时候是单位出钱，每个单位派几个人，是一项义务，我们单位也派了。

李华东　但是最大的问题是，这些乡村规划师是不是真正地尊重乡村、理解乡村，以及具备相应的知识结构和技能。

所以我觉得最重要的，是像任馆长所在的乡土生态博物馆，应该起到教育的作用。我国的乡土教育与日本和韩国相比还是比较滞后的。有一种人才我是特别重视的。哪种人？村干部。乡镇干部是党指派的，今年他是书记，明年他就可能到哪个局当局长了。村干部不一样，有的村支书一干十几年二十几年。所以依托这些人，其实能解决很多问题。没有村干部想把自己的村子搞坏，主流还是想把自己的家乡搞好的，只不过他缺乏必要的眼界、观念和知识，而观念是其中最重要的。规划师再留下来，哪怕是驻村的——一般大的设计单位还驻不了村——也管不了那么细。

李　松　我以前遇到过一个村干部，跟我和另外一个教授谈一小时的话收费一万元。这个人很能干，他所在的村三年整体上市。他是在外面成功后回去做的村支书。我印象很深刻。的确有你说的这样的村支书。

李华东   人才强化，也就是李主任说的智慧集成。把一个村搞好是一个系统，不是一个单纯做规划的、做建筑设计的、研究民俗学的能把这个村子做好的。最可惜的是政府往传统村落里投资了将近 150 亿元，按照财政制度全部投资在砖头、水泥、瓦块和胶皮管子上，没用在人身上。用这笔钱的零头把 4000 多个村的村干部轮流培训一遍，也就两三亿元，得到的效果比花在砖头水泥上的效果还要好。冬天东北还在浇混凝土，为什么？财政资金 9 月份才拨到，11 月份就要考核审计了，能不这么干吗？所以人的问题是最大的。

还有一个是强力管制。刚刚大家都提到资本的问题，我最近遇到两件特别伤心的事情。一件是在最后的佤族村寨翁丁，我请了 3 个学生在村里待了 3 个月，帮村民梳理他们的家谱、神谱，想通过这些抓人心、抓文化。结果做了一段时间被赶走了，因为某个集团进来了。这个集团出资 20 多亿元在村子旁边盖了一个新寨子，说是佤族村寨，却做成了一个傣族的竹楼彩钢顶的新寨子，还说解决了村民的现代化生活的问题，然后要把原来的村寨开发成"中国最具原始风情的村寨"。这就是刚刚主任说的，资本与当地政府结合，没有学者、社会团体的介入，最后的结果可想而知。要说他们有什么坏心，倒也不见得。他们只是缺乏相应的知识和观念，想不到把寨老和小姑娘留在寨子里才是更好的旅游资源，品质会更高。所以人的问题很重要，各种人的问题，包括投资商、资本、政府官员、村民，在这里面教育是最重要的。

我能想得到的就是这些，当然还是很虚。做实怎么做我自己没办法，我就努力编顺口溜，编村干部都能看懂的顺口溜。我不给你讲什么道理，就告诉你修路怎么修，整修所谓的风貌该怎么整。实我只能实到这里，虚的方面我始终觉得人是最重要的，不抓人，怎么搞乡村建设都达不到理想的效果。超时超时。

杜晓帆   今天总是在打断您的发言。做实的人在那儿坐着，他一直斜着眼看我们。任馆长，谈点儿实的。

任和昕   我回乡已经 15 年了，在地扪待了 10 年。过去的 10 年里，昨天也说了，我们基本是在想怎么去发现乡村价值，怎么重估价值，怎么输出价值，其实这跟今天的话题是有关联的。

过去我做博物馆，首先是政府顾问的角色。作为政府顾问的角色，要解决传统村落走向何处去的问题，要提出解决方案。这个问题有两个方面的思考，第一个是乡村怎么保护利用发展，这应该是一个可持续发展的整体思考，第二个是传统村落往何处去。

我觉得在中国，昨天王厅长也在讲，大家角色错位非常严重。现在有两类人在乡村出现的频率比较高，要么就是设计师，要么就是所谓的专家，可是决定权不在他们手上。比如现在我们和周老师在做茅贡整治规划，最后的决定权不在设计师手里，也不在周老师手里，而在施工单位，是由工匠、由一个农民决定的，他会告诉你，你这样是不能做的，只能按照我说的做。就像你要修一个厕所，村民说他要这样修，最后可能你就屈服于当地的某一种传统或习惯。表面上看起来好像谁官大谁说了算，但现场建什么东西他一句话就决定了，在具体落实的时候通常会以最粗暴和最简陋的一种方式去完成。比如我们在传统村落里面改造道路，村民的想法很简单，他希望把水泥铺上去，他不管什么专家、什么方案，没人理会。开始做事时有政府、有专家讲的很多东西，而后是官员说了算，最后真正做的时候是农民说了算，或者说施工的人说了算，他做出什么样就是什么样。这是一个问题。所以，第一个问题是在施工上。

第二个是尊重和认同的问题。我感受到外来者缺的一个是敬畏，另一个是尊重。其实很多时候双方之间是没有认同感的，村民对外面的人没有认同，外面的人对村民没有认同，互相尊重和认同的关系没有建构起来。这是我自己在怎么办这个问题上遇到的一个难点。过去的这么多年，我觉得我们一直戴着一个枷锁在乡村推进一些事情。地扪博物馆开馆的时候是 2005 年 1 月，那时候我们的开馆仪式是把寨老请到主席台上就座，然后由寨老宣布博物馆开馆。当时其实是一个很形式感的东西，所有的官员，包括文化部来的、省里来的、县里面的，还有记者，都坐在下面。有个问题一直在拷问我：谁是文化的主人？一直到今天这个问题还是没有回答好。这个问题来的时候也迎合了最早我们对生态博物馆的定位，就是我们认为村民是文化的创造者，他们是文化的主人，他们决定着文化发展的方向，他们有优先发展的权利，都是这样讲的。但事实上在这个过程里，在外界的干预中，村民没有什么主导权。要怎么做，村民到最后都没有发言权。这个定位最后变得很好笑，没有经过村民决定的项目进来了，或者项目怎么进来完全都是外部力量根据自己的主观意愿决定的，而到了真正做的时候根本就没有达到我们想要的目标，原因就在于村民全都被异化到另外一个维度去考虑，被忽视了。这是我觉得另外一个很重要的问题。

第三个问题是，现在乡村里面，包括地扪、堂安，人们讲的文化实际上很多时候是创意文化，是为了迎合旅游、迎合上级的一种文化，为了迎合外面的人进来。文化变成了创意，这个创意有政府的创意，有专家学者的创意，也有文化掮客的创意，很多很多的创意会变出很多很多的东西来。像地扪，我们去的时候，当地就硬生生地编出"千三侗寨"的传说，类似这样的一些故事有很多，而且大家乐此不疲。到最后，村民很乐意去传播的这些文化其实是一些很虚无、属于创意的文化，有的也是专家学者提炼和总结的标签式文化。不管是侗族的还是苗族的，都被打上了很深的烙印，都要把这些符号添加在上面，都是这样的。以至于很多的后来者来到乡村，比如看到地扪的纸就说是侗纸，非要加一个"侗"字才觉得它具有地域性、特色性。

第四个，我做了10年，开始我以为自己很懂他们的文化，后来我感觉实际上我对文化一无所知，或者我发现在村民身上的文化才是真正的文化，文化是跟着他们走的。他们的那些生产生活中的文化慢慢地塑造了他们的性格、他们的眼神、他们相互之间的关系。一开始我们为了让村民做节日的传承，每年会给他们几千、上万元让他们过节，村民杀头猪吃完饭就走了。突然有一天，你发现村民会自己斗钱过节。这个村和那个村吃饭是不计成本的，吃完以后按户头或者按人头算钱，这个时候没有任何人赖账，但是村里面连两元的垃圾费都收不起来。像这样的一些文化，其实在他们生活中一直还在延续，但是很多时候我们进去以后是看不到这些文化的，我们看到的都是建筑的、标签的文化。

其实很多时候我们的乡愁——我非常赞同李主任的说法——其实是一种消费。但是，我们把自己的想象一直留在这种消费里，我们想保留这些东西，希望乡村、所谓的传统村落成为文化的孤岛，让人们都来看。事实上，后来我发现没有任何一个人可以改变，包括政府也改变不了，最终这些东西还是按照村民的意愿，按照文化主人的意愿往前走。谁都阻止不了这些，这个孤岛根本就没有可能存在。特别是在互联网时代，村民现在在地扪吃碗米粉都可以用微信支付了。现在地扪有三个阿里巴巴旗下的农村淘宝。之所以有三个，是按人口来算的，是国家政策扶持的。村民原来要到镇上去赶集，现在哪里会去镇上赶集，全部都送到家门口。再加上现在政府对农村大量投入，农村基础设施得到了改善，所有的东西都非常容易进入，网上的淘宝什么都可以解决，存在这些东西的情况下再想去把一个村做成一个孤岛是不太可能的。我觉得这是我们在这里真正能看到的一个现象。

另外还有一个很重要的就是大家的呼唤，呼唤返乡农民、返乡农民工、返乡大学生。其实 2005 年博物馆开馆的时候，我们就期望把刚刚大学毕业的老县长的侄子、也是村支书的儿子留在那里当馆长，许以他很高的工资，但是根本没有一个人愿意留下来。到今天为止，地扪大概有几十个大学生在外面，他们宁愿在城市里很辛苦地工作、生活，也不愿意回到这个地方来工作。恰恰相反的是，城市里更多的年轻人愿意到这里来。乡村的年轻人再来到这里是根本不可能的。为什么？早知如此，何必当初。如果他要回来，他是会被笑话的，他所接受的教育是让他进城的，让他向往外面的生活，不是让他回来种田的，或者在乡村里做点什么事儿。这是一个很实在、很基础的问题。

李　松　如果你们在村落中选人做定向培养呢？

任和昕　也没用，没人愿意来，当地的村民不愿意。

李　松　村里考不上大学也走不出去的人，我培训你，让你变成大学生，但你必须回来，有希望没有？

任和昕　我们博物馆现在的副馆长就是博物馆培养的侗歌传承人，出去后回来当的馆长。这种人不是说没有，有，但是她心里很不甘。我现在就在准备两年以后她就回城了。为什么？她现在有了钱，在县城买了房，她的小孩要读书，她绝对不会让她的小孩在地扪读书，一定要到城里去。不到两年，她的小孩上了中学，她肯定会走的，举家搬迁到城里。所以现在在地扪，已经有二三十户人家在县城买了房子。他们相当于"两栖动物"，放假的时候回来，大部分的时候在县城里住，基本上是为了小孩、为了医疗、为了生计。他们不愿意回到村里，尽管村里有熟悉的环境，但他们没有我们所说的告老还乡、衣锦还乡的感觉。这是我们看到的这样一个体系。另外，政府现在也在扶持很多产业，让村民回来。也有村民尝试回来，但最后都仓皇而逃。为什么？政府的优惠政策好到牛啊、羊啊，要多少都免费送，但是村民养出来以后全部卖不掉，不知道卖给谁，最后又贫了。

李　松　体系没有构建。

任和昕　体系没有构建起来。

周　俭　医疗等环境都没有构建起来。

任和昕　所以像这些东西没有构建起来的时候，我觉得没有回村的可能性。对于我们来讲，博物馆通过这么多年的摸索，过去的 10 年一直在做四项工作：

第一项是记录的工作。我们在想，村子过去的 100 年不知道是怎么过来的，如果有了博物馆，是不是可以让后人知道未来的 100 年是怎么发展的？所以我比较赞同李松老师说的——记录，我觉得我们根本赶不上它消失的步伐，唯一的办法就是记录。所以我们过去做了很多口述历史，做了很多东西，跟各个大学做。

第二项是传承。我们从 2003 年开始做了一个百首侗歌传承的计划，到现在为止，我们统计了一下，大概有两三千人参加过。但是我从头到尾都说这是作秀，我不认为这种东西有任何的价值。当然也不能完全这么说，它终归是播了一粒种子，会不会发芽我不知道，但这个种子是个变异的种子，不是原来的种子，播的这个种子没用到原来的文化的载体。这个问题我跟我们负责这个项目的馆长说，我说这个事怎么做呢，就把它看作作秀，但是也要认认真真地作秀，所以我们秀到白宫去了，就是这么一个概念，做了 10 年，影响了 2000 多人。

李　松　传统生活的表演性，这是人类学的一个话题。

任和昕　我们每周六做这个事情。

李　松　真正在做仪式的时候是很具有表演性的，这个话题细究也很麻烦，但是可以分一下类，像周老师刚刚说的，很多事情从学理上、从方法上还是要分类。

周　俭　我一直在想，不管以后传统村落会不会消失，这不是我们保护规划决定的，而是要看大的局势。我们现在看传统村落保护无非就是两大类。第一类是政府决定、国家决定传统村落怎么保护。如果是这一类就不要纠结了，可以做旅游，可以做考古，可以做文创，反正是自上而下地决定。第二类是村子自己决定，其中有两种，一种是自组织决定，另一种是他组织去做，也有可能是二者联合在一起。我们把它分成两大类，目的在于到底要怎么结合，保护和发展这件事情才能做成。我们不要说这里面每个东西都让市场来决定，不是这样。最主要的是这两大类下面的决策机制就可以形成制度，包括政府统一建公寓房，配套相关资源和措施，村民都回来了怎么办，精英回村了怎么办，这都是制度安排，公共服务也是。

那么这件事情谁决定开始？谁决定怎么干？利益怎么分配？要看决策机制。比如堂安以后的发展到底是由县政府决策，还是由州政府决策？拥有决策权就意味着责任，决定了怎么做就怎么做，去跟村民商量，这是一类。另一类就是村民自己决策。如果我们把不同的类型混在一起，提出同样的要求，是不可能实现的。

任和昕 所以我们做的第三项工作就是公共服务。乡村里的公共服务是缺失的，政府有时候来一些项目，最后都没有了下文。比如垃圾桶做完了，谁去运？日常的运费谁管？谁去收集？我们从 2009 年开始做了一个村寨垃圾的清扫项目，博物馆每年大概要花 10 万元扶持村民做垃圾收集。很多人去村子里问村民："博物馆是干嘛的？"村民想了半天不知道，博物馆在做什么也不知道，最后说："哦，扫垃圾的，扫地的，就是负责打扫卫生的。"现实就是这样。所以一直以来，博物馆做过这样的一种工作，但是慢慢地我们也尝试建立一个特殊机制。

第四项工作是社区发展，就是一些产业的发展。过去我们做社区发展，想办法怎么输出当地的产品，包括种红米、养猪的计划，这些也是博物馆做过的几件事情。但是，从 2013 年以后，我们就开始反思：博物馆在社区发展中应该是一个什么样的角色？就是说有一些东西我们不可能越俎代庖，或者说我们要怎么看待做这件事的性质。我们就在想，博物馆的定位到底是什么样的。我们想，它对内应该是能够提供公共服务的，生态博物馆建在村镇里，它实际上是为当地服务的，不是为外面的人服务的。

我们过去做了 10 年的记录，但是后来发现记录的都是文化碎片，怎么组织起来将会是个大问题。所以从 2015 年起，我们开始重新建立村寨的社区档案，包括家庭档案和公共档案，开始系统化地收集、整理资料。我们现在想从三个层面来做：第一个是记录村史，通过口述历史寻找文化记忆；第二个是记录现在还保留的遗产名录，包括自然遗产名录、物质遗产名录、非物质遗产名录，看怎么把现有的这些东西构建起来；第三个是做档案——面向未来的家庭档案，博物馆未来可能会变成村寨的一个档案馆。这是一个改变，记录成了博物馆最重要的工作。

第二项传承的工作慢慢尝试走向社会化。我们与当地政府、社区建构了一个公共管理体系，成立了运营管理的委员会，形成了由镇政府、村寨和博物馆构成的三位一体的社区运营管理机制。每个机构都会有一些资金或者其他资源投入进来，去推动公共的活动，包括文化传承活动、公共服务活动和产业发展的工作。我们渐渐地就把文化传承变成公共社区服务，博物馆是参与者，记录变成了最核心的工作。

再就是社区发展工作的改变，我们把这项工作从博物馆的运营中剥离出来，变成新的产业发展的一个机制。比如我们成立了"创意乡村"这样的一个运营机构，由它去思考和实际解决怎么输出地方资源、怎么构建产业的问题，博物馆以后就专心作为一个非营利机构、民办非企业机构，为当地社区提供文化服务，慢慢地去融入，成为社区的一员，逐渐往社区组织的方向连接发展，这是博物馆未来发展的一个选择。

另外，作为政府的顾问，我们也参与了黎平县传统村落的保护工作，有这样两个不同层面的思考：第一个，像堂安这种地方，就是一个旅游区，旅游是绕不开的，这么多年来我们发现旅游对传统村落的影响是不可逆转的；第二个，旅游不能够给黎平全部的村落带来产业化的发展，村民的受益度还是有限的。我们不能最后让旅游变成唯一的选择，旅游救不了很多村落，不能真正完全改善村落的产业，没办法把它的经济发展起来。所以像这类村落，我们给政府的建议基本上就是不要把旅游作为它的支柱产业。很早以前我就跟周老师讨论过，到底是社区旅游还是旅游社区？我们比较赞同的是，不希望变成旅游社区，把整个社区变成旅游的地方。但是这个社区里面肯定会有游客来，怎么面对？怎么去做？这个是我们在思考的一个问题。

所以在堂安，我们要积极地回应旅游。现在肇兴每年有 30 万游客，其中不少于 10 万、20 万的人会到堂安来，堂安村民看到这些游客来了只留下垃圾，其他什么都没留下，着急得很。村民也做了很多，包括节假日的时候把进堂安的门拦起来，要收门票、收卫生费。搞了几次，最后被政府制止了，因为钱太少了。怎么办？有一次红光问我怎么办，这个地方做什么产业好。我说什么产业都比不过旅游产业，现在游客、买家都到门口了，但是村里没东西卖。所以第一个，我们曾经想要建一个集体酒店。现在这个村里虽然大概有 5 家客栈，但是经营得不一定很好，很多事情没有做起来，它们的运营能力不行，所以我们现在一直在跟镇里面协商建集体酒店，让政府出一点儿钱，村民出一点儿钱，有必要的话再进来一个外面的企业。但是外面的企业不能控股，要由当地人控股和参与，外面的人可以分红。这是我们在堂安试图找出的一个解决方案，希望有这样一个集体酒店进行统筹。第二个，我们希望把肇兴做成一个销售市场。我们把堂安生产的很多手工产品、农村产品，或者用当地井水酿的啤酒，放到肇兴和周围的市场去卖，这样去盘活它。

周　俭　甚至在肇兴也买不到这样的啤酒，要到制作的地方，要到这个村里才能喝到这样的啤酒，做成"堂安啤酒"。

任和昕　也可以这样，采取类似这样的一些做法。我们在堂安要做的就是积极地去回应旅游、积极地融入旅游这个市场，考虑怎么利用旅游把它做下来。这是堂安的一个思路。但是在地扪，那就是另外一个思路。地扪要跳出旅游来发展旅游，这是第一个。第二个要避免一种"只见树木不见森林"的心态。其实类似这么一大片的传统村落保护区，如果我们定在地扪做旅游，周边都没什么机会了，反而是一枝独秀。我们和周老师最早讨论时，认为最重要的是把整个商业服务区前置到茅贡镇，最早的规划是这样的。后面我们进一步设想，把茅贡建成一个区域性的中心城镇，通过它辐射和带动周边村落的经济发展，聚集乡村的文化创意产业，来重新构建乡村的城镇化和城市的乡村化进程。通过在这里聚集，创造新的产业升级方式，让城市的创意集成可以到乡村来，让乡村的人可以从传统农业中抽离出来，让手工艺和其他的商业在这个地方聚集，从而产生出一个新的产业模型，然后带动周边的发展。

这个其实得到了县里政府的高度支持和配合，而且现在就变成了形式上的一"动"一"静"。肇兴是动的大众旅游，观光性的旅游；茅贡是静的旅游，它也会做旅游，但是它是一种慢生活的旅游。在它的北部区域，未来有很多乡村是要保护的，那个区域大概有50多个传统村落，我们可能就会根据杜老师说的分级的概念进行划分，有些可以免费开放，有些是设限进入的，这样的话，那一片的发展机会还是有的。王茂才书记也是有这个意识的，他和我讨论过几次，说把茅贡变成传统村落的一个集散地。但是怎么样让这个事情动起来？我们也讨论过很多次，这个事情看起来有一点点曙光了，我们在往这个方向走。堂安和地扪，我们想用两种不同的方式往前走。这是我们目前的一些思考和实践。

周　俭　界限模糊不清，就会很迷茫，而且它发展起来会四不像，特别是在这个过程当中，不管未来会怎么样，都有这个问题，所以我们还得想。当然我们还是要以某一个类型为主，或以某一个类型为辅去做工作。这就决定了传统村落保护的一个方向，或者是保护的路径，最后的结果肯定是不一样的。同样一个村落，肯定不一样。这是补充的一点。

　　第二个说到茅贡，茅贡这样做是对的，成为这样的区域中心。但是乡创只是起步，或者说它只是激活这个地方的一种业态，它不可能变成永久的东西，它肯定会离开。如果光靠创客，茅贡这里也发展不起来，百分之百是这样。全世界没有哪一个地方是创客一个小镇，他也待不下去的。所以这个一定要想好，我们争取做五年，最多做10年，后面怎么走还是要想。如果只是创客一条路，那肯定走不成。很多乡村现在搞精品客栈，我觉得这是对的，但是从我的判断来说，它不可能是永久存在的。我们希望这些东西，包括肇兴的旅游公司，进去之后能够激活乡村，让它从原来一个默默无闻的，或者说连村民自己都没有认同感的、外面的人也不愿回来的地方转变过来。它最后不是要永远走旅游这条路，走不通的。肇兴收门票，100元的门票钱堂安分10元，不行，它要20元、30元，最后门票涨到200元它也不管，它只管要50元、要100元，所以关于这个事情，其实还是刚刚说到的是一个机制的问题。我们现在引入的乡创也好、精品客栈也好、"洋家乐"也好，都只是激活乡村的一种方式，但是这些东西最后变成由一个主体替代它或者说永久存在在这里，可能性不大，即使有也是孤例。某些地方可能存在，但是大部分地方会消失、会离开。

我就举个例子，和昕，你说要融入村子很难，我看除非你儿子娶一个村里人做老婆才有可能，否则最少要经过两代人。

李华东 问题是为什么要融入村里？

周 俭 到底是外部干预决策还是自己内部决策？如果是外部干预的话就不用管了，反正都是自上而下决定的。村民原来什么都能决定，现在能决定的范围越来越小，小到他自己的家里，房子以内都是他的，房子以外都不是他的，跟城市差不多。外部决策如同城市，讲简单一点儿，房子里面的东西有财产权，外面的都不是他的。但在村里，原来这里什么都是我的，每一块地都是每一个人的，每个空间是不一样的。但是外部决策介入以后，这些就没有了。这是村里面的集体选择，不管是寨老还是大家商量，都是乡村内部决策的模式，和外部的决策是不一样的。我刚刚为什么讲这个概念？不是说哪个好哪个不好，是我们要想清这个问题，两者都可以做。

任和昕 我要补充一点，在茅贡，现在就是外部的决策机制来做、来引导、来发展，有四大产业。第一个是以当地传统材料和工艺为支撑的木构产业，第二个是传统农耕产品的再加工，第三个是手工产品的聚集中心……

周 俭 这几个事情都有希望，创客不太可能。

任和昕 第四个是度假旅游。这四大产业是乡村发展的新业态，大概是这样的一个模式。

李华东 所以追本溯源的话，还是一些小问题，但是非常关键，如果我们想不清楚，其他都是旁支。比如堂安、肇兴、茅贡、地扪全都变成了阿尔卑斯风情的小木屋，人们在里面喝着咖啡，用英语等外语去交谈，游客来这里各种体验，文化的、精神的、物质的需求全部都能满足，也就是说整个侗族的文化和它的生产方式在这里都消失了。那么我们到底损失了什么？问题在哪儿？

周 俭 什么都没有，全部损失了，这是肯定的。不是说所有的侗寨都可以这样做。堂安可以这么做，如果损失一个，还有其他的村子。我们现在讲黎平县的 93 个传统村落，每一个都不让它消失，每种文化都能够传承，包括物质的、非物质的遗产都能得到传承，不可能。在这样一个快速城镇化的发展阶段，全保住不可能。我的理解是这样的，比如有的地方要保护一个壳，保护下来之后它也是一种文化；有的地方可能全部都要保护。假设核心价值有三个方面，这个村子保护这一方面，那个村子保护另一个方面，现在能够做到这样已经是非常好的一种情况了。但如果93个村子里真的有那么一个村子，各方面的价值都保护下来了，那是非常理想的。我们不要求每个地方都做到理想的状态，即使在讨论村落的价值时，我们也达成了共识，不可能每个地方都做，这是我的看法。

李华东　所以分级分类是重要的。

李　松　跟非遗保护道理是一样的。比如我们要保护劳动号子，劳动号子在我看来很简单，保护方法有记录、保存、传播。我从来不鼓励老百姓唱劳动号子。非要让他坐在汽车上喊劳动号子，节奏不对。借用劳动号子创造出《黄河大合唱》，有这么一个记录，专家也说这种叫保存。其实所有文化遗产的保护可能都会有各种各样的方法，肯定要分类。

周　俭　不同的类别实施不同的保护。

李　松　目标就在那里。

杜晓帆　先这样，我们转入最后的环节。大家用3分钟的时间对乡村文化遗产的未来做一个阶段性的总结发言，后面自由讨论环节再说。我最后讲，先从兆丰开始。

刘兆丰　我们一定要知道，政府把大量的资金投在乡村，乡村的基础设施建设在往里面走，每年的中央一号文件都是关于农村的，治理乡村是国家的责任。关键是我们缺乏一种制度、一种架构，使这些力量在乡村里形成真正的现代治理和建设的体系，所以我认为最关键的问题是现代乡村的治理。我个人认为传统的智慧也好，传统的寨老也好，传统的自组织也好，我们最需要推动的一个事情是实现现代乡村治理制度的建立和转换。而在这个治理的过程中，我觉得除了公司的角色，还有一个角色。根据我的接触，像现在我和中国扶贫基金会合作做的反排村项目给我的一些启示，中间有个非常重要的杠杆，就是建立一个真正的属于村民的合作社。所以我说合作社是一种模式，基金会是另一种模式。刚刚和昕介绍的生态博物馆，这种角色也可以是一个认真思考的模式。但是不管什么模式，除了合作社，其他机构在这个过程中都是协助者、培育者的角色，最终的决策权要还给村里。

我刚刚没讲清楚，乡村在制度上应该形成一套完整的现代治理体系，从顶层设计到微观实践都要有，主要靠村委去实施。同时也应该有类似合作社的这样一种制度，作为延伸和补充。这两种制度必须是村民自己的，也就是我们讲的自组织。这是我对刚刚讲的内容的一个回应，乡村的发展必须要有这两者。我对乡村遗产的发展是怎样思考的？在乡村发展的过程中，要把那套保护的价值体系和我们要保护的对象，包括分类的方法嵌进去，同时把这个思想和我们的理念、方法提出来去推动它。今天如果让我提建议，我提的第一条就是推动立法，从中央到地方形成一套完整的法规体系。政府有这个意愿，其实是我们缺位了，没有做好共谋。比如月亮山的梯田，当地人大就确立了一个大概有二十几条的立法保护条例，但是这个条例极不专业，并且是抄的，所以前几天他们自己开会就没有通过。这个事情是可以做的，并且大家有共识，关键是我们没有做或者没做好。

孙　华　我接着兆丰的话说。第一个关于国企、央企的进入问题。这个我认为，国企本来就是全民的，就有这个责任。各地都在反映，说央企过分强势，因为它级别高，不光是在村落里强势，在地方做工程也很强势。问题的关键在于我们允许它进入，但对它是有要求和考核的，就是央企做坏了是要承担责任的。我们要有相应的制度设计，不是说投入了钱就是主人了。因为现在进入的国企和央企都是地方政府招商引资引来的，把它当作资本看待，而不是国家下派的责任，这是两个概念。我们说国企的责任，是说国家给你这个任务和要求，你必须得承担。

刘兆丰　但是它本身的衡量指标还是盈利情况。

孙　华　不，这个是你的责任，没有任何盈利的考虑，只是花钱。比如像三峡总公司，让他拿 5000 万元做调查保证是拿得出来的。

李　松　这叫国家规定性社会责任。

孙　华　就规定央企修一个博物馆拿出多少钱，定多少个指标让它去完

成，资金从上交的利税里扣除，只要它的报告董事会通过就完成了，非常简单
的设计。另外，它不能是被地方政府邀请过去的，这样地方政府会处在一个弱
势的位置。这是国家的要求，不是地方政府的要求，更不是村里对它的要求。
我想只要是国家责任，国家就可以把其中的一部分责任交给企业，实际上还是
国家责任，少收了点儿税而已。

第二个就是刚刚兆丰说的，加强立法的问题。立法也是一个系统过程，保
护的法规不要把其他内容放进去，就像《文物保护法》一样，只谈保护，不
谈别的。现在世界遗产都要求有地方法规，但很难执行。因为很多时候，这块
土地到底是用来种田还是用来保护的，这个问题没有想好。在这种情况下去跟
村民说必须保护梯田，还不能种其他的，只能种水田，这实际上损害了他的利
益。他需要花很多钱，投入很多的劳动力去种水稻，保护那块梯田。

李　松　在长江上留一段水道，不许开船，只能拉纤，道理是一样的。

孙　华　国家目前没有一个相应的、系统的扶持政策，那么扶持的经费是
怎么来的？是从地方政府吗？地方在分税制的前提下财力有限，现在虽然要提
高比重，提高到 50%，以前就连 20%、30% 都不到，但是地方政府要做那么
多事情，它哪里来的钱？所以说这个遗产是全民所有的，那就是国家责任，要
由中央财政去扶持，这样才做得了。

李　松　分级保护也是这几年的事，国家财政的事权和财权也是这么规定
的。文化遗产是国家项目，事权和财权就是门槛，没有办法，任何国家都是这
样的。

孙　华　我就补充这么多。我觉得实际上应该立法，但是立法也是一件系
统的事。

杜晓帆　挨着讲，每人 3 分钟。

任和昕　晓帆讲的这个主题是关于乡村文化遗产的未来，刚刚说要做一个
总结。我觉得第一，文化遗产怎么去记录？对我们来说可能是一个记录性的问
题。文化遗产会消失、会变化、会变异，未来我们可能通过记录形成乡村知识
体系，通过博物馆保存，再建一个乡村书院，把这些做成可传播、可传承的内
容。第二是利用，就是利用这些文化遗产造福当地人。这里我觉得更多的是一

种乡村价值的输出，去和城市做一个交换。第三就是发展，文化遗产要顺应时代发展的潮流，它一定会产生转向。未来乡村会产生新的生产方式，文化遗产会有新的载体、新的发展的可能性。比如一个村子，变成旅游村寨后，可能它将来的发展就建构在这个旅游的商业业态里面，形成一种新的文化现象；它也可能会慢慢变成一个其他的样子。所以我在想，未来发展的方式不同，呈现出来的结果也不同。

杜晓帆　好，谢谢。我们昨天一直没有让年轻人说话，听了两天了。侯实也有 3 分钟发言的机会。不要客气，直接说主题。

侯　实（复旦大学文物与博物馆学系讲师）

我确实是来学习的。第一，我特别认同李主任说的，可能乡村近期是城市的后花园。我们前天也在讨论，把它叫后花园也好，田园也好，但是什么样的田园才能够吸引人？我们现在所在的博物馆可能是可以吸引人来的后花园。但是下面的村寨，它的高密度的人居环境是很难吸引城市里面的人再回来的。在旅游大众化的情况下，乡村人居密度太高这个问题怎么处理？这个我没有想好，是不是以后可以把它的密度降低？

第二，也是杜老师一直跟我们说的一个问题，在一些村里，建筑本身其实没有那么重要。我个人觉得这个要区分对待，比如富裕地区那些非常有历史沧桑感的大宅院，可能建筑本体是非常重要的，是必须保护的；但是像西南山地村寨的建筑，我最近的感觉是它应该是可再生的。比如今天建了砖房，过了20 年审美变了又拆了，或者再盖一栋房子，虽然未来可能一直在建设，但它在整体上还是一个文化遗产，因为这种建筑其实并不复杂。平原地区的、草原地区的、山地地区的建筑肯定要区别对待，有些区域的建筑是可以再生的。

第三，就是前面大家谈到的回归乡村的人。很多的汉族村寨是有耕读传统的，很多人年轻时不会回来，到了老年的时候才会回来。回来之后再反哺家乡，其实大多是从教育入手的，主要抓的是教育，所以我觉得乡村的教育在未来可能是很重要的。而且互联网时代的到来，包括淘宝，提供了更多的可能性。因为如果回来后能有比较好的田园生活，住得也很好，各种物质需求都能够得到满足，我觉得回来是有可能的。年轻的时候确实不太可能，但是老年的时候是有可能的。

第四，我觉得邻里关系，包括乡村的组织很重要。在贵州的尧上我们去调查过，在村镇两委下面自发地建立了一个组织，把各种关系协调得很好，包括旅游资源的分配等。人与人的关系很和谐，我们采访的人都是笑脸。其实很简单，就是村民自己讨论出一套方法，有一个自发的组织，我觉得这个是有可能的，也就是说重新构建乡村的组织和邻里关系。

第五，适度商业化的事情，我觉得也是一个重点。要控制商业或者资本进入的速度，这很重要。在上海有这样的案例，有个古镇做了十几年的保护，浦东新区政府说我们政府花 30 亿元肯定能做出来，但是它慢慢地做了十几年，一点点地做，非常好，叫新场古镇。外面进入一点儿人，变成一个邻里社区，大家关系很好，再进入一点儿人，又达成了新的邻里关系，我觉得这个可能也是比较重要的。我就说这些。

杜晓帆　其实你说的新场已经有资本介入了。王红军老师，你也有 3 分钟。

王红军　简单地说，其实上午几位老师都讨论过了。首先我赞成杜老师提的一个很重要的观点，就是分类。因为只有分类对待才有可实施性，这是一个可执行性的问题。其次是关于几位老师今天早晨讨论比较激烈的，就是物质结构和文化结构的问题。其实这两个方面我觉得都难以保持，它的变化是不可避免的。就像我们这里的乡村，比如地扪村，它原来山水的结构关系、大的结构关系是这个样子的：平坝是农田，缓坡是住宅。其实随着人口的增加，人们对农田的依赖性减少，慢慢就会把平坝占满。

然后再看社会结构。以前村民有农耕社会的经验，他出去一看天气就知道什么时候该播种了，村民在这个事上是有话语权的。但是，到了现在这个社会，村民已经没有话语权了。而且随着农耕系统被破坏，有时候它不可能再回来，是不可能再生的，也没有必要再回来。有些东西不可避免地慢慢会被淘汰、会被改变，这个社会结构有时是很难维持的。所以保留样本是非常重要的，有时候哪怕只保留了一个物质性的空壳也是有价值的，但这个数量非常少。比如宗祠，我们进去后通过前人留下的信息能够了解到千百年来一代代人做的事情，我觉得这种物质本体是可以被保留的。有些就像乌镇，包括像周老师举的例子周庄，它的那种发展方式本身没错，它就是奔着那个方向去的，社会也需要这种东西。它是可以分不同类型和不同方式去保留、去发展、去演化的。我觉得李主任提了一点挺重要，有时候文化是需要被重新激活和塑造的，地方的自组织建设也是一种方式。我感觉有时候没办法把它保留下来，可能需要重新去塑造和发展它。

杜晓帆　周老师。

周　俭　最后就说一句话，今天讨论的乡村文化遗产和传统村落是两回事。乡村文化遗产永远有未来，传统村落可能有不同的问题、不同的结果。我们在这里谈，希望为传统村落，也不说乡村遗产，怎么去做一点事情。我说怎么把房子修好，你们说怎么把社区搞好，他们说怎么把非遗做好。因为是从不同的角度，只要没做错，我们都应该鼓励。因为现在的社会，不可能大家都统一思想，也不可能所有传统村落的状况都是一样的，更不可能社区的老百姓的想法都一样。所以多做一点儿没关系，只要没有大错，没有把它弄消失，没有让它的本质属性都没有了，文化遗产本身的属性没有了，传统的痕迹都没有了，那都是可以实行的。即便是法国，50 年前和现在也不是完全一样的。

我们应该用尊重的心态去看待。批评也要批评，但是批评可以分很多种。别人都做错了？有的时候也不是，别人也是想做好事，不管村民也好，企业也好，政府也好，都想做，只不过我们要看在这个村里这样做合不合适。不能说这件事不能做，什么都不能做。是有做得不好的事情，但是很多事情他们是想做好的，路铺一铺，把环境改善点儿，让老百姓赚点儿钱，搞搞旅游，然后再给他分一点儿，这都是好心。不能说他做的都是错的，只不过有的可能是程度的问题，有的是下手太重的问题，有的是不尊重村民诉求的问题，有的可能是在不合适的地方、不合适的位置、不合适的村子做不合适的事情。同样的事情，在这里做不合适，在那里做就合适。

所以我们应该从这个角度去思考，讨论也是从这个层面去讨论。我们一开始讲乡村社会、乡土社会，其实这个是最核心的，但是恰恰这些在我们这个时代很难做到，那我们就不做了？就这样空谈？不可能，一步步来，做多少是多少。兆丰要做建筑，就做点儿建筑，做一点儿是一点儿。都还没做这个事情就说不能做了？但如果说我的一个方案、一套方法就可以把乡村救活了，可以说，没有这样的人，也没有这样的事情。

杜晓帆　一句话挺长的。李老师。

李华东　3分钟的时间，只说我最想说的。不管是传统村落的价值问题，还是我们现在保护工作中遇到的各种困难，村落未来的一线生机在哪里？我觉得都在于软的东西——在于它承载的文化，价值在于文化。我们今天工作的困难点也在于文化的流失与变异，将来的一线生机也是靠它，要在文化基因的基础上长出新的东西。其实我们从国家的层面、专家的层面来想，大家为什么看中乡村文化遗产或者传统村落的保护？最核心的问题，包括我们在保护中碰到的所有问题，其实都是人心的问题、软的问题、文化的问题。比如农村里的垃圾、污水搞得大家都很头疼，垃圾、污水不是一个技术问题，不是一个生活方式的问题，而是一个文化的问题。我外婆的那个时代，农村不可能有多少垃圾，那么为什么现在垃圾围城成了一个很难解决的问题呢？包括刚刚提到的资本，它进入农村可能会搞破坏，还有旅游对乡村结构的冲击。各种各样的问题归根结底是文化的问题。所以，虽然这个工作很难做，但是我觉得要把事情做好，要实现整体和长远的目标，要体现它的价值的话，就必须要抓软的问题。具体的办法肯定要群策群力，但是我们一定要把这个问题重视起来，一定要从政策上、技术措施上、机制保障上、人才构成上重视起来。我觉得目前的状况远远满足不了这个需求，甚至从观念上都还不认为传统文化那套虚的东西很重要，大家一保护就保护物质环境，在那上面花很多的心血。

但是保护传统文化我们也不是说要固步自封。其实遗产界有一个比喻叫"忒修斯之船"，就说我吧，2岁的李华东身上的那堆细胞、那堆物质、那些肉肯定不是42岁的李华东身上的那些了，但2岁的李华东是李华东，42岁的李华东就不是李华东了吗？所以它是在不停地发展变化的。借用习总书记的话，我们怎么搞传统文化呢？——"以古人之规矩，开今人之生面"，这样我们才有生机。而且我们把中国的传统文化留存下来，要以生态文明的立场，以整个人类文明的立场来看待它。这种东方式的智慧，刚刚李主任说了，非常善于处理人与自然、人与社会、人与人之间的关系，这才是将来保证我们可持续发展的一种力量。这样，我们才有一个可以期待的未来。我觉得今天所有的问题都可以归结为文化的问题，既不是技术问题，也不是政策问题。就是这么一点儿小的感想。

杜晓帆　李松主任。

李　松　讨论很有意义，这是第一。如果想沉淀下来得出一点儿结论，我个人觉得还是要鼓励在乡村做各种实证研究，当然，是在相对清晰的理念指导下进行的。实证很重要，并且可以通过优秀的案例来影响制度设计乃至顶层设计。尤其在乡村这个问题上，千万要避免纯理论的方法，或者简单照搬案例，否则会带来非常多的麻烦。而且，学术界私底下都觉得个人的那一点儿创造性的思维能够包揽天下、决定一切，要避免这种倾向。乡村谁也决定不了，别说我的方法好，它太综合复杂了。因此对于我个人，我一直努力实践着，空谈的我基本不理，实践做得不对对我也都有帮助，而且我也不忙着进行批评。如果您有能力，您也可以参与这种长时间的实践。这是我的一个基本理念。

当然，因为是多方进入乡村，各种案例的主导者不同，有的主导权很多。而且我们也以各种身份进入，有很多人还要以此为生，把它几乎当作一个职业，是以职业身份进来的，不能断别人的生路。所以这方面要开放一点，多鼓励大家进入。因此，我只希望各种案例的主导者越来越开放。我是学术背景，所以刚刚为什么要提政策集成呢？多方进入的情况下，我认为要有一个开放的心态。我们都是做这个的，你做的对我有启发，咱们一起讨论讨论，甚至咱们一起进入。如果你进入乡村的是综合团队那就更好了。但是都要拿你的实践结果来说话，千万别说在某某宏大理论的指导下我们又出了什么。所以有人问我说你是做什么的。我讲理，但我绝不说理论。昨天我们讨论学术是做什么的，没错，你要回到宝塔尖儿上，就别拿宝塔尖儿上的学问来指导乡土设计，因为多样性和随机性，问题太过复杂了。我最近读的一本书——《国家的视角》，批评德国，写得特别好，讲的国家视角的计划，但是都没有给出答案，都失败了，这就是个矛盾。我倒觉得我们也不要回避这个矛盾，一碰到矛盾就心灰意冷。

周　俭　它的副标题是：那些试图改善人类状况的项目是如何失败的？

李　松　它的失败跟规划设计包揽一切的观念有很大关系。你们看20世纪50年代的大城市规划，里面有大量的规划，规划要决定一切。德国的规划最被推崇，包括森林怎么种、间距怎么规定，现在都在反思、批判这个观念。这些方面就千万别只靠我们想象，所以刘总在这一说"景观什么"，我特别激动。慢着点儿，千万别往那个方向靠。人的活动是活的，它一定会非常随机性地变化。非物质文化遗产跟物质文化遗产保护的重大区别就是：非物质文化遗产更多是动态的。这就困难多了。但是在乡村保护的项目里面能不能挑出一些相对静态的保护事项？也可以的。

周　俭　鼓楼。

李　松　就说某个村寨，这个古村寨在我们的目标中就是静态的，可以，那就留一幅最美好的"油画"。但是要慎而又慎地选，而且要以人口为标准。在贵州的5000万人里到底要选多少人来承担这个任务？不能乱了要求。

杜晓帆　我想因为时间关系就只能到这里了。之后我们会尽快地整理，整理后我先消化，我消化的东西根据我的理解——也只能根据我的理解水平，再设计一点点的题目跟大家做个别的交流，最后形成记录或书稿。

最后我也表达一个意思。大家最终说"做"还是很重要的，我在20世纪80年代刚大学毕业的时候在自己的房间里写了一句话，叫"做了才是成功"。这不是我想出来的，是当时文物出版社的一个编辑跟我说的这句话。我想确实什么事情只有做了才算数，什么事情都不做，肯定不会成功。所以"做"是重要的，而且我觉得最后还是有希望的。有的时候我也觉得很悲观，理想中的东西可能不存在了，社会就是这么发展的，包括人的发展，但是我们说的这些不能说完全没用。我想最后按周老师等几个人的建议，立法我们可能推动不了，但是有些政策上的东西我觉得还是可以做的，包括土地的问题，我们做提案。我们今天就到这儿，下一步还会麻烦大家，可能就一些专门的议题再找个别的人对话。

下篇

实践：贵州乡村遗产保护
与发展的前沿探索

第一部分　文化的传承

贵州印江传统手工造纸业的历史变迁与传承模式研究

——以印江县合水镇兴旺村为例

　　造纸术是我国古代四大发明之一。手工纸具有耐久性好、环境污染小等众多优点，曾广泛出产并应用于衣、食、住、行等各个方面。其工艺传承至今，不同地域各具特色。然而，20世纪90年代以来，在机械造纸业的冲击下，手工造纸业日益萎缩，从业人员大量流失，各地手工造纸作坊多难以为继，众多优良的工艺传统消失殆尽。贵州地处我国西南腹地，境内崇山峻岭，历史上长期落后的交通条件、封闭的地理环境一定程度上延缓了现代造纸业的迅猛冲击，给尚不能适应社会化生产的传统手工艺留下了喘息的空间。进入21世纪，持续开展的遗产保护活动又给手工造纸业等众多传统手工艺带来了新的生机。

　　贵州手工造纸工艺是我国非物质文化遗产的重要组成部分，印江合水造纸技艺是其代表之一，一度在贵州省内享有盛誉。自明朝造纸技术传入，印江传统手工造纸业持续至今，在运销领域一度形成了"小商品、广流通"的格局。如今，为保护和传承这一传统工艺，当地政府及社会各界开展了一系列工作。"印江合水蔡氏古法造纸"技艺于2009年被列入《贵州省第三批省级非物质文化遗产代表作名录》。2014年7月，贵州传统造纸生态博物馆（主要指室内展示馆、作坊区及作坊遗址群）在印江县合水镇兴旺村河畔竣工。2016年，复旦大学国土与文化资源研究中心受贵州省印江土家族苗族自治县文物局委托，对印江县合水镇传统造纸工艺历史与现状进行研究。笔者作为团队成员，在印江县合水镇进行了为期六周的田野调查与基础资料搜集工作。在此基础上，本文将从手工造纸的历史发展变迁与传承模式出发，对印江古法造纸历史与现状进行梳理，以便于后期对当地传统造纸工艺的非物质文化遗产价值进行准确评估，也为印江及贵州手工造纸技艺在未来的进一步研究提供借鉴。

一、印江传统手工造纸业及制作技艺概述

（一）印江手工造纸业历史及现状简介

贵州省是我国传统手工纸制作工艺保存较为完好的地区，在印江土家族苗族自治县、贞丰县、丹寨县及香纸沟等地都有延续至今的造纸作坊和家族。其中，印江自治县合水镇的白皮纸制作历史悠久，从明代至今，代代相传，未曾断绝。该地造纸作坊主要沿着印江河两岸分布，从兴旺村至新场村 10 公里范围内均分布着古法造纸作坊，目前比较集中、规模较大、保存较为完整的作坊群主要位于兴旺下寨、蔡家坳、木腊桥头三个区域，呈三角形分布，作坊区占地面积 3028 平方米，截至调研前（2017 年 3 月）保存完好的作坊有 176 个，水车有 4 个，蒸煮窑有 12 个。

合水白皮纸的应用与当地的风俗文化相关，历史上印江白皮纸曾广泛应用于志书、公文、契约的书写，清明祭祖等活动和斗笠、灯笼、纸伞等生活用品以及作为书画用纸。民国时期成立了"蔡伦会"组织，抗日战争期间，白皮纸的生产达到顶峰，产品近销江口、铜仁、松桃、凤岗、余庆等地，远销四川、湖南、广西、云南等地及东南亚国家。

中华人民共和国成立后，当地造纸业先后经历了生产合作社、国营纸厂、集体联办纸厂等阶段。改革开放后，以家庭为主的手工造纸业得到了恢复和短暂的繁荣。但 20 世纪 80 年代末 90 年代初，随着现代造纸业的迅猛发展，当地传统手工造纸业渐渐丧失了竞争优势，纸户锐减，规模萎缩，纸质亦不如从前。目前，仅有兴旺村下寨的几户人家仍坚持造纸，其余几处均已废弃。目前

当地所产纸种以低廉的冥用纸为主，只有一两户从事书画纸的制作，整个生产业态并不理想。

（二）印江手工造纸制作技艺

当地人称合水白皮纸的制作有"七十二道工序"，细究工序，其实并没有七十二道，只是其生产过程繁琐的代称。以下笔者按照工艺流程，并结合分工与合作，将合水白皮纸的生产过程分为两步，即制作半成品与加工半成品为纸张。

1. 制作半成品

（1）采集构皮

生产合水白皮纸的主要原料是构皮，每年3月或7月到附近山上砍构树的枝条，剥下树枝外皮，得到的就是构皮（图1-1）。从砍构树到剥构皮均由家中的男性劳力负责。对构皮进行简单加工之后，还要撕构皮，便于构皮在水中起绒。这一步骤操作简单，对体力要求不高，多由家中的女性负责。

（2）泡料

用绳子将构皮捆扎好，浸泡在作坊区附近的河水中，用石头压上（图1-2）。泡料所需时间夏季为1~3天，冬季为5~8天，水的温度对泡料时长有一定的影响。这一工序由男性负责。

图1-1　采集构皮　　　　　　　　图1-2　泡料

注：图片来源于印江县文物局　　　注：图片来源于印江县文物局

（3）浆料和堆料

泡料后将起绒的构皮捞起来，放在石灰池中浸染一遍，即浆料（图1-3）。

上浆之后将构皮堆置于石灰池旁边进行发酵,时间为 3 ~ 7 天,即堆料(图 1 - 4)。为保证顺利发酵,还要在上面铺盖一层稻草。这道工序对体力有较高的要求,需要 2 ~ 3 人操作,通常会请家族里的人或同一个作坊里的熟人来帮忙。

图 1 - 3　浆料

注:图片来源于印江县文物局

图 1 - 4　堆料

注:图片来源于印江县文物局

(4)蒸窑

将发酵好的构皮放置在土窑中进行蒸煮,时间约为 12 天(图 1 - 5)。兴旺村的土窑有大、中、小三种规格,每次蒸窑可蒸 2000 ~ 4000 斤构皮。这一工序费时费力,一般由几个家庭合作完成。到第 6 天,要将土窑蒸锅内上层和下层的构皮翻转,以达到所有构皮都蒸煮充分的效果,同时还要注意保持蒸锅里的水量,以防水被蒸干。图 1 - 6 所示为蒸熟后起窑。

图 1 - 5　开始蒸窑

注:图片来源于印江县文物局

图 1 - 6　蒸熟起窑

注:图片来源于印江县文物局

(5)漂洗

将蒸煮后的构皮放到水里冲洗,去掉杂质(图 1 - 7)。若是生产质量要求高的纸张，还要细致地挑出杂质。漂洗的时间比泡料稍长，夏季2~4天，冬季7~10天。漂洗后要在河边的石板上踩料，软化皮壳，去除水分。漂洗和踩料耗费体力，由男性负责。

（6）晒料

将构皮在河边或者家中晾晒，晒干后可以作为半成品储存起来（图1-8）。因构皮的特性，加工好的半成品可以存放数年。因此，村民们往往一次生产大量的半成品，以提高造纸的生产效率。晒料由女性在家中进行。

图1-7 漂洗 图1-8 晒料

注：图片来源于印江县文物局 注：图片来源于印江县文物局

2. 加工半成品为纸张

（1）踩料

踩料是加工半成品的第一个步骤，过程与前面的工序相同，时间较短，一般为一个小时左右，也由男性来操作（图1-9）。

（2）二次蒸煮

第二次蒸料可使用土窑或家里的蒸锅来操作。劳动人数多时，村民们使用土窑蒸；劳动人数少时，为便于操作，则在自己家中进行。蒸煮前还要"腌料"——给皮料蘸上纯碱溶液，时间为3~4小时。在家中蒸料时男性和女性都可以操作。

图1-9 踩料

注：图片来源于印江县文物局

（3）清洗

蒸好的料要拿到河边清洗，直到洗料的水变清澈为止，然后踩料。河水量充足时清洗需 2~3 小时，反之，最长需 7 小时左右。这一步骤由男性负责。

（4）碓料

碓料的工具有两种——水碓和脚碓。水碓在河边的作坊区，借用水力打料，较为省力（图 1-10），但每个作坊区水碓的数量有限。脚碓安置于家中，打料需要两个人，一人在一端用脚踩，一人在另一端转皮料。脚碓打料费力，但使用不受限制。一般碓料由家里的女性负责。

（5）切料

切料是在凳子上用皮刀切皮料。用铁丝将皮料捆在凳子上，并用这根铁丝在凳子下绑一根木棒，切料时脚踩住木棒来固定皮料（图 1-11）。切料由男性负责。

图 1-10　水碓碓料

图 1-11　切料

注：图片来源于印江县文物局

（6）捣料

捣料也称舂料，在作坊里由抄纸的人操作。在石臼（图 1-12）里加上切好的皮料（皮料的量视当天抄纸的数量而定），用加工过的棍子（当地人称巴杆）杵（捣）料（图 1-13），时间约为 10 分钟。处理好的皮料用来制作纸浆。

图 1 – 12　捣料用的石臼　　　　　　　　图 1 – 13　捣料

（7）舀纸

当地人将抄纸称为"舀纸"，视其为最关键的一道工序（图 1 – 14）。舀纸前要拌料，搅拌膏槽里的纸药和纸槽里的纸浆。纸药用来提高纸槽纸浆的悬浮度，当地多用崧膏或麻麻膏来制作纸药。纸药从膏槽流进纸槽内，与纸浆混合。制作纸浆时将捣好的料倒在盛有水的纸槽里，再用棍子搅拌、打散纸浆就可以开始舀纸了。舀纸使用的工具是纸帘与帘架。将纸帘放在帘架上，前后舀纸浆两次，纸张在纸帘上成型。将成型的湿纸张放置在一旁的帘子上，晾置一晚。第二天，将抄好的纸从纸帘上取下（图 1 – 15），再进行榨纸。舀纸有一定的技术要求，包括判断纸药、纸浆的浓度和抄纸的熟练程度等。

图 1 – 14　舀纸　　　　　　　图 1 – 15　将抄好的纸从纸帘上取下

（8）榨纸

榨纸使用的工具有木榨和石榨，每个作坊都有，几人共用一套榨纸工具。

早晨，一家或几家将头一天抄好的纸上榨一个小时左右（图 1 – 16、图 1 – 17）。捣料、舀纸和榨纸都在河边的作坊内完成，对体力有一定要求，由家庭的男性劳力完成。

图 1 – 16　上榨

注：图片来源于印江县文物局

图 1 – 17　榨纸

注：图片来源于印江县文物局

（9）晒纸

晒纸是生产纸张的最后一道工序，由家庭中的女性负责，将带回家中的湿纸贴到门上和墙上晾晒。晒纸使用的工具主要有纸架、纸夹和棕刷。湿纸放在纸架上，用纸夹把四边都划一下，便于揭下纸张，之后用棕刷把湿纸刷到墙上，起到固定和使其服贴的作用（图 1 – 18）。揭纸时，口里含水，喷在纸上，也就是村民常说的"口吹风"，这样做是为了更好地将纸揭下（图 1 – 19）。晒纸的时间视天气而定，少则 2 小时左右，多则 10 多个小时。晒干的纸张扎成

图 1 – 18　晒纸

图 1 – 19　揭纸

注：图片来源于印江县文物局

捆，或存放或销售。

总体来说，兴旺村合水白皮纸的生产是以家庭为单位的，其中男性是主要劳力，女性为辅助劳力。造纸过程中也存在与其他家庭的合作和互助。

二、印江传统手工造纸业的历史变迁

（一）造纸的历史起源：移民

贵州造纸业开始时间较晚，至明代才开始发展，其原因与明朝的时代背景密切相关，印江手工造纸的产生也不例外。元末明初时期，受战乱、王朝政策等影响，大批外来人口迁往贵州地区。相关文献记载了明初思南府的移民情况："府旧为苗夷所居，自祐恭克服之后，芟夷殆尽，至今居民皆流寓者，而陕西、江西为多。陕西皆宣慰氏之羽翼，各司正副官与里之长是也……江西皆商贾宦游之裔……[1]"移民以来自陕西、江西的留戍军士的子孙亲属、逃荒的流民、商贾等居多。当时思南地区"土著之民无几而四方留寓者多"，外来移民与土著居民融合，逐渐形成聚族而居的大姓，成为地方的主要居民。从兴旺村现有人口规模和居民分布来看，几个大姓宗族也是如此发展的。从某种意义上说，兴旺村的历史始于他们的到来。

在田野调查中，有关印江白皮纸来源的说法不一。采访中，兴旺村蔡氏认为"蔡氏家族带来了造纸技艺"，而卢氏族人则坚信最初带来造纸术的是"卢姓先祖卢依远"。但在对兴旺村《蔡氏族谱》及《卢氏族谱》的翻阅中，笔者并未找到印江传统手工造纸技艺由何人、何时、何地带来的确切信息。正如民国时期时任县长的柳琅声所言："合水昔思属，造纸久开厂。纸成号印江，其来费猜想。"[2]而在介绍家族来源时，都有关于先祖从江西带来造纸技艺并世代相传的传说。种种迹象都将印江造纸的起源追溯到明末清初的大移民。正如《印江土家族苗族自治县县志》所载：合水白皮纸生产技术始于明洪武年间，从江西引进。

---

[1]　思南县志编纂委员会办公室. 嘉靖　道光　民国　思南府、县志［M］. 点校本. 贵州，2002：9.

[2]　肖忠民. 印江前史拾遗［M］. 北京：中国炎黄文化出版社，2012：821.

（二）清代和民国的印江手工造纸业：持续缓慢发展

1. 清前中期

贵州自明嘉靖年间开始有造纸的记载，"先是养龙坑、都匀土民造纸，极粗劣，只堪作稿……嘉靖三十二年（1553 年），巡抚都御使刘大直禀其状，乃招募浙江、江西纸匠数人，于渔矶湾濒水制造各色纸，仍拨市民子弟学习，于是纸之精良价值遂与中州等矣"❶，纸与蜜、蜡、茶、油等其他货属成为贵州布政司、宣慰司的重要物产。此后，省域内造纸产地逐渐增多，最迟到明末印江已开始出现手工造纸。清前期，得益于良好的自然及人文环境，印江造纸业获得了初步发展，造纸技术日臻成熟，造纸之精良始闻名一方，具体表现如下。

（1）纸张的质量、尺寸、用途发生了变化

首先，印江纸质量颇佳。"楮纸，俗名皮纸，郡出不多，唯合水出者颇细致"❷，在思南府属内，其质量上乘，无出其右者。其次，印江纸用途广泛、尺寸多样。良好的质量为其打开了市场，为了满足各行各业不同的使用需求，纸张的尺寸也趋向多元化。在这一时期，"印江白皮纸的主要生产规格为 1.2 市尺 ×1.5 市尺的文章纸（又叫书铺纸），用于书写印刷；还生产 0.7 市尺 ×1.2 市尺的清明纸，专供清明节扫墓用；雨伞业兴起后，又生产 1.8 市尺 ×1.7 市尺的伞铺纸；另外，还生产 1.2 市尺 ×1.6 市尺的二层千张，用于爆竹引线等"❸。可见，印江纸用途广泛，既是民用纸，在清明节用来"清明吊"，又是生产用纸，可以作为制造雨伞、爆竹的材料，还可以作为文化纸用来书写作画，市场广阔。

（2）开始作为贵州乡闱考试用纸

印江纸与定番州（今惠水）的纸一起，"在清代同被指定为贵州科举考试专用纸"❹。印江造纸技术发达，且知名度很可能已不仅限于思南府地域内。政府的采购行为一方面使印江手工造纸的质量一直保持着较高且平稳的状态，

---

❶ （明）谢东山.（嘉靖）贵州通志·卷八［M］. 明嘉靖刻本.

❷ （清）萧琯. 思南府续志［M］. 清道光二十一年刻本.

❸ 印江土家族苗族自治县志编纂委员会. 印江土家族苗族自治县志［M］. 贵阳：贵州人民出版社，1992：606.

❹ 贵州六百年经济史编辑委员会. 贵州六百年经济史［M］. 贵阳：贵州人民出版社，1998：154.

另一方面在客观上对印江手工造纸起到了一定的对外宣传作用，促进了印江纸业的发展。

（3）成为府内的重要物产

印江域内物产丰富，据清《思南府续志》载，货之属条目下有："桐油，碾末而压者曰明油，炒末而压者曰黑油，运两湖销售；柏油，以白膜压者曰皮油，以仁压曰水油，运售与桐油同；漆出郡属，归大堡，煎茶溪运售。楮纸俗名皮纸，郡出不多，唯合水出者颇细致……"❶ 可以看出，至少在道光年间，印江合水所产白皮纸已经与府内的桐油、柏油、漆等一起成为思南府境内的重要物产。

2. 晚清时期

晚清时期，中国社会发生了一系列的剧烈变化。贵州自 19 世纪 80 年代起开始出现近代资本主义工商业；商业贸易有了新的发展，外国和本国的工业品更多地进入贵州；西方资本主义国家已经在矿冶业中进行投资，本省商民也创办了近代厂矿企业。❷ 在这样的背景下，印江纸业的发展也受到了影响，虽然保持着继续发展的态势，但却不甚平稳。其继续发展的表现如下。

（1）纸品质量极佳

随着印江纸业的发展，其良好的质量得到了延续并逐渐为人所称赞。民国《贵州通志》记载："普安厅及郎岱、贞丰、印江等处所出谷皮纸，质料极佳。竹料纸，出息烽、黔西等处，亦尚可用。印江纸，整洁如玉，似明代白棉纸，临帖、印书并精绝。惜少产，不足供求耳"❸。印江纸以良好的质量为当时的书法家所喜爱。"清末以书写'颐和园'受慈禧赞许而闻名于世的印江书法家严寅亮就喜用印江白皮纸，握管运笔留下翰墨长存"❹。

（2）纸品出现分化现象

晚清时期印江纸尺寸多元，但纸品很可能已经分化。乐嘉藻在清宣统二年（1902 年）任职贵州谘议局议长期间曾有北京之游，回来后将其游历所闻所见

---

❶ （清）萧琯. 思南府续志［M］. 清道光二十一年刻本.

❷ 贵州通史编委会. 贵州通史·第三卷［M］. 北京：当代中国出版社，2003：496.

❸ （民国）任可澄，等. 中国地方志集成（第10—11册）：民国贵州通志［M］. 成都：巴蜀书社，2006：184.

❹ 印江县政协文史资料委员会. 印江文史资料·第1辑［M］. 1985：103.

写成《庚戌旅行日记》一书，其中便有关于贵州纸及印江纸的记载：

三桠即瑞香一类，所造皮纸不如贵州纸之白，且甚粗硬，旧日所造之纸亦不见进步，青阳县所出之皮纸尤粗。

······ ······

八月二十二日（9月25日）······江华者曰棉纸，近印江纸，色较暗。郴州者曰雪花纸，亦皮纸，较江华者佳，尚不如印江纸。

······ ······

八月二十七日（9月30日）······陈有徽州棉纸······池州单帘撒皮······池州港口白鹤云皮纸······婺源源口绵纸······徽州又有三洞之皮纸······繁昌银皮纸如下等印江纸，而韧性太小。又有江西宜春皮纸······余在馆中前后听见皮纸，未有如黔中之佳者······

在上述材料中，印江纸被频频拿来与其他纸张作比较，说明这一时期的印江纸已然成为黔纸中的重要类别之一。由于纯构皮纸较高的制作成本及不同层次的市场需求，印江纸品已经出现分化，所以才会出现"下等印江纸"，质量佳者可供"临帖、印书"，而质量低者可供生活用纸。

由此可以看出，清代印江的传统手工造纸业在持续地发展。但由于种种掣肘因素，一直未能产生资本主义萌芽，在晚清外部力量的逐步介入下，并没有进行近代转型的尝试，失去了快速发展的先机。"多是家庭副业，农闲时生产，农忙时停产"❶，其并未脱离传统小农经济的范畴。

3. 民国时期

（1）抗日战争前

民国前期的贵州纸业已逐渐开始受到国门大开、洋纸倾销的影响，城市工厂造纸开始出现。然而，一方面，由于贵州位居西南，相较于沿海来说，其受洋纸倾销情况影响缓慢且压力较小；另一方面，由于传统手工纸仍为当地人民生活的必需品，城市工厂造纸多生产"土报纸"，难以弥补手工纸的市场空缺，所以连同印江在内的贵州手工纸业在这一时期继续发展。据统计❷，这一

---

❶ 贵州省地方志编纂委员会. 贵州省志·轻纺工业志 [M]. 贵阳：贵州人民出版社，1993：53.
❷ 林兴黔. 贵州工业发展史略 [M]. 成都：四川省社会科学院出版社，1988：85.

时期贵州农村手工造纸产地分布广泛，有多达 28 个县生产手工纸张。但受制于政局变动及战争等因素，这一时期的印江手工纸业起伏变化较大，整体呈现出极不稳定的发展状态，具体表现如下：

一是印江手工纸张在省内销售市场多变，省外市场得到扩展。这一时期，农村手工纸张的产地、品种及型号等都有所增加，部分地区借此机会改良纸业，使当地纸业得到了良好的发展。如务川县，"向用白纸皆仰给于印江，近有卢洪须号，向以造纸为业，逐渐改良年来所出之纸，与印江所出者无甚区别，每年除供务川取用外，其运出销售于川省者不下千余挑，获利亦颇厚，若各纸厂皆如卢洪顺，其发达可预卜也"❶。贵州手工纸业产地的增多及整体纸品的提高对印江纸业原有的市场份额产生了一定的挤压，给印江纸业的发展带来了挑战。

同时，得益于商业贸易的进一步发展，印江手工纸张也开始更多地流入省外市场。民国三年（公元 1914 年），印江县商会成立，为印江手工纸张的对外销售提供了极大便利，这一时期的印江手工纸张不仅可以近销省内各处，还可以与县域内其他农副产品一起远销至湖南、广西、四川等省份。

二是政府行为的介入使得印江纸业重获来自政府的订单。在政府的政策方面，贵州临时政务委员会颁布训令，规定省内各机关、各县局所用公文及公用信笺、信壳必须统一纸料，并按照规定式样，一律改用贵州本地所产白皮纸❷，从而使得印江白皮纸重获来自政府的订单。在政府的具体行为层面，由于白皮纸在省内外较为畅销，县政府甚至派人到合水、兴旺、台旺等地发动当地群众及造纸户扩大生产并向省外推销。此外，这一时期国民政府还在印江的朗溪、洋溪、木黄等地兴办国民学校，并进行每年一度的书法评比，每班评五个等级，其中优等奖奖励白皮纸五捆，奖项等级最低者也会奖励一捆纸。

三是印江白皮纸开始逐渐被时人所关注。一方面，印江白皮纸开始见诸报端，如《申报》中就有印江白皮纸货质精良的记载❸；另一方面，印江白皮纸

---

❶ 佚名. 务川纸业之改良 [N]. 申报，1911（12）：第一张后幅第四版.

❷ 毛光翔. 贵州临时政务委员会训令 [N]. 贵州临时政务委员会公报，1929（6）：49.

❸ 佚名. 黔南社会状况 [N]. 申报，1932（11）：第三张十一.

良好的质量吸引了众多文化界人士，如民国八年（1919 年）梁启超曾托著名书法家严寅亮先生代购印江白皮纸，并将纸的张幅改为 3.2×1.6 尺，加厚二度，商定以原来生产的 0.7×1.2 尺千张一捆的售价为准，按重量比照价折算计价，故又名"称纸"❶。本地著名书法家柳琅声在印江实地观览过手工造纸后曾作《观合水纸厂夺咏》一诗，在对手工造纸发出赞扬的同时甚至提出了改良的想法。

（2）抗日战争时期

抗日战争爆发后，国民政府迁往重庆，而贵州因地处西南地区的中心，一时间成为战时的后方基地之一，加之机器纸内输外运困难，给贵州手工纸带来了难得的发展契机。这一时期的印江手工纸业得到了快速发展，呈现出前所未有的繁荣景象。其具体表现如下：

一是印江成为省内重要的纸张生产基地。

据张肖梅《贵州经济》记载，1938 年，印江重要的出口商品中印江白皮纸仅次于桐油，排列于次席❷，已然成为县域内的主要出口物产。这一时期的印江白皮纸与县域内的其他物产不仅销售至思南、湄潭、永兴、铜仁、江口等省内各地，更远销到四川、湖南各省市。外销市场的巨大需求促进了印江纸业的发展。据 1938 年的数据统计，印江白皮纸年产量为 5000 捆，仅次于定番（惠水）、都匀、贞丰、遵义，居省内第五位，印江已成为贵州省内重要的纸张生产基地。

二是印江纸用途增加，作为文化用纸名声大噪。

印江白皮纸除"书铺纸"这一用途外，更是扩展了印刷用纸的功能。四川重庆一带多采用此纸印刷书报。此纸还可用于国画，具有与宣纸和其他皮纸不同的特点。用它作画，具有特有的墨韵，适于画梅、竹、菊，特别适于画雨景，浓淡自然渗透。❸ 印江白皮纸优良的品质吸引了众多文化名人，徐悲鸿战时在贵州期间就曾用印江白皮纸作画，并夸赞其"吸墨力强，坚韧绵扎，细腻白泽、折不起皱纹、画与纸相得益彰"，从而使得印江白皮纸名噪

---

❶ 贵州省地方志编纂委员会. 贵州省志·轻纺工业志［M］. 贵阳：贵州人民出版社，1993：57.
❷ 张肖梅. 贵州经济（第二册）［M］. 台北：传记文学出版社，1971：481.
❸ 同❶，606.

一时。

三是纸业出现专产、专营现象。

这一时期的印江纸业发展迅速，造纸区域有所增加，从合水沿印江河往上游扩展，发展到了新场等地。造纸区域的扩展带动了手工造纸户的急遽增加。以合水为例，"单新旺寨 70 来户人家，除六七户从事农业外，其余长期从事纸张生产"❶。多数槽户以造纸为业，已经可以看作半专业性的纸坊。在这种生产模式下，纸业生产已演变为"主业"，农业生产则成为"副业"。

同时，造纸业的繁荣催生了专门的民间组织"蔡伦会"的成立，合水地区在民国时期建立了以新旺、木纳、大湾等寨子为中心的三个"蔡伦会"组织❷。"蔡伦会"对内可以组织生产，管理、协调造纸户内部的关系，对外可以推销村寨所产纸张，虽然未形成行业内的联合组织，但显然已经具备了行会或商会的性质。此外，印江白皮纸的供不应求已使得"重庆五大商号经理（岳茂林、岳金廷、张山云、王德山等）长期在合水街上坐收"❸。

由此可见，印江纸业与相关产业之间的关系比以往任何时候都更为密切，它们已经不囿于农村集市，而是走向了更为广阔的市场流通领域。在这一特殊时期，印江纸业才开始融入市场大环境中，体现了印江纸业发展的相对滞后性，呈现出与本地纺织等手工业及纸业发达地区不一样的发展态势。

（3）抗日战争后

抗日战争胜利后，原本迁黔的机关学校、企业等大规模迁出，经济中心开始东移，加之恶性通货膨胀等不良经济环境的影响，贵州工商各业开始出现衰退、萎缩的局面。与之相反，此时的贵州纸业反而获得了一定程度的发展，全省的机器造纸业已由一家扩展为两家，分别是黔元纸厂和鸿盛造纸厂，而手工纸业，"初步统计，全省产土纸者约有二十余县，年产值为上一时期的数倍"❹。得益于战时的快速发展兴盛，印江手工纸业在抗日战争胜利后达到了其发展史上的第一个鼎盛时期。这一时期印江手工纸业的繁盛在其生产领域得到了最直观的体现：

---

❶ 贵州土家研究会. 土家族研究（第一集）[M]. 贵阳：贵州民族出版社，1993：152.
❷ 贵州省地方志编纂委员会. 贵州省志·民族志（上册）[M]. 贵阳：贵州民族出版社，2002：374.
❸ 贵州省政协铜仁地区工作委员会. 黔东名胜古迹 [M]. 北京：时代出版社，2006：214.
❹ 林兴黔. 贵州工业发展史略 [M]. 成都：四川省社会科学院出版社，1988：90.

首先，纸张产地继续扩展。在巨大的市场需求以及人们的趋利倾向的带动下，造纸产地再次扩展。这一时期，造纸产地沿印江河往上游继续发展至木黄，一度形成了"印江东境的兴旺、小湾、大湾、昔河、石窝、张家塘，以及木黄新场乡的平楼、五星等23个村寨"❶造纸的盛况。同时，造纸产地的增多也使得手工造纸业的从业户数为历来之最，极盛时从业者有400余户，2000多人从事纸张生产，由木黄到合水一带的印江河畔遍布着造纸生产作坊。

其次，纸张产量大幅提升，白皮纸产量一度位居全省首位。经过战时的快速发展，印江手工纸的产量在这一时期达到顶峰，正如资料所说，"这时农村手工造纸，以印江为发达"❷。1947年的统计资料显示，印江所产白皮纸达到了435.6万刀，占全省白皮纸产量的36.6%，位居第一，远高于省内其他白皮纸产区；白皮纸产量与印江1938年的500捆（折合35万刀）相比，不到10年的时间，产量提升了11倍之多。

最后，纸张品类增多，兼产白纸与草纸。草纸又叫火纸，一般用作宗教活动或作为卫生纸，其制作原料为竹、草，在手工纸张中质量相对低劣。早在抗日战争时期，就贵州全省手工纸业来说，草纸的出品就超过白皮纸，从而成为大宗。而印江向来只产质量较为优良的白皮纸，且用途广泛，正如资料所述，"几百年来，除民间作斗笠、纸伞、油纸、纸扇、印花板、爆竹引线等生产用纸和裱糊书画、墙壁、窗子、纸灯与拭擦玻璃、机器以及'清明'用纸外，尤为文人喜爱用作书、画纸张"❸。然而，这一生产惯例随着纸张市场需求的变化悄然转变。这一时期，白皮纸的生产在印江县域内依然占据大宗，但印江手工纸业已经对市场需求做出了回应，即开始生产草纸。

三、印江传统手工造纸业的传承模式研究——以兴旺村为例

与许多传统手工造纸技艺面临的现实困境一样，传承主体对技艺传承的意

---

❶ 印江县政协文史资料委员会. 印江文史资料·第1辑［M］. 1985：103.

❷ 林兴黔. 贵州工业发展史略［M］. 成都：四川省社会科学院出版社，1988：90.

❸ 同❶.

愿降低及多种外在因素的影响使合水白皮纸面临传统传承方式中断的问题。传承人是印江合水手工造纸历史变迁中的重要见证者及推动力量，更是传统手工纸传承和保护的主体，对于探讨手工造纸工艺的未来具有不可替代的意义。当然，对"人"的关注是非遗研究以及近年来遗产保护与遗产活化利用的核心所在。在从宏观角度对印江手工造纸业的历史进行梳理后，接下来将着重从微观领域探讨印江手工造纸业的传承模式。

（一）兴旺村的社会组织与结构

多姓杂居是兴旺村 3 个自然村寨的居住特点。明清时期贵州的大规模移民以及由于人口增长出现的村寨之间的迁移造成了兴旺村血缘与地缘混合的状态，家庭、家族、村寨和外村寨则形成了基本的关系网络。"蔡伦会"是在村寨内自发形成的、集体性较强的组织，它的管理与祭祀仪式会增强村民的归属感，对造纸技艺在村寨内的共享起到一定的促进作用。其他仪式性的活动也会加强村民之间尤其是村寨之间的联系。兴旺村及周边地区村寨之间的联系也是基于地缘与血缘的混合，但是与村寨内相比，村寨间的社会联系相对较弱。基于这些社会关系，村民在不同层次的社会圈子中与其他人形成在生活与生产上的来往、互助等。同样，他们将这种交往规则运用到造纸技艺的传授与造纸的合作上，产生了相应的造纸传承模式。

（二）家庭传承

1. 父传子

在中国传统手工业中，"父传子"是家庭传承中最常见的形式，凭借着亲密的血缘关系在家庭内进行传承。出于维持家庭生计、家门荣誉等原因，子承父业。根植于中国传统家庭的父系观念认为儿子才是家庭延续的合法血脉，而由其来继承家庭的重要生计亦是顺理成章。

在兴旺村，技艺传承的动力在于家庭经济所需。由于交通闭塞、经济落后，这里的生产和生活方式较为单一，农业和造纸业是人们生存的主要手段。基于这样的生存条件，当地父传子具有特有的方式：传授者与学习者在传承过程中主动意识不同，同时还包括了一定意义上的产权传承。

总体来说，当地父传子方式的技艺学习与传授特点是：儿子学习的主动性强，通过日常生活中看和参与家庭造纸学习技艺，特别是长时间在河边看舀纸的操作过程，当他领悟到操作要领并尝试成功之后，就将这一学习过程视为"自学"；父亲向儿子传授技艺的主动性较弱，指导多出现于后者在参与过程中有问题时，但父亲是技艺学习和模仿的对象，并且对儿子独立造纸的引导具有重要影响，因而不可忽视其在技艺传承中的作用。

父传子模式中还包括槽基相传的传承形式。在土地资源匮乏、村民造纸场所集中以及造纸是重要经济来源等因素的影响下，槽基的财产属性愈加显现，被当地村民划入家庭财产的范围。槽基就像土地一样在传承过程中不改姓，村民们把对它的占有权和继承权分得很清楚，这也是技艺传承延续的保证。

从传承的角度来看，槽基相传是父传子方式中技艺传承的结果。对于从事造纸业的村民而言，造纸是家庭经济收入的重要来源，父亲期望儿子继承家业，不是为了延续家门荣耀，纯粹是出于对儿子独立后家庭生计的考虑，槽基是上一代为下一代遗留下来的保障。槽基相传是家庭财产的再分配，因此当地的造纸业一直是以小家庭经济形式存在，不能形成规模经济，但同时也保证了造纸技艺世代相传。

2. 家庭分工角色继替

"男的舀纸，女的晒纸"是当地世代流传的一句俗语，男性和女性在家庭造纸业中有着不同的分工。在对兴旺村的实地调研中，笔者发现村中40岁以上的男性都会舀纸，35岁以上的女性都会晒纸。也有不少男性会晒纸，但很少参与这道工序，在他们的意识里，晒纸是女人的事情。丈夫作为家庭的主要劳力承担造纸的多道工序，妻子则以家为日常活动的中心，照顾家庭成员的起居生活，而承担较少的工作。数百年来，兴旺村的村民一直按照这样的分工方式传承造纸技艺：父亲教儿子造纸的技艺，母亲教女儿或者儿媳晒纸的技艺。当子代的家庭形成，他们重复扮演上一代人的角色。

传统的家庭分工方式在20世纪80年代后出现特殊案例，存在少数女性成为家庭造纸主力的情况。兴旺村下寨的徐老婵因父亲病重，家中只有三个姊妹，迫于家庭经济困难，作为长女她只好顶替父亲的工作。她在父亲的作坊里负责舀纸，母亲和两个妹妹在家里晒纸。嫁到夫家以后，她从原来的家庭生活中脱离出来，遵守着新家庭的造纸生产方式，丈夫在作坊舀纸，而她则留在家里晒纸。周边的村子也出现过女性舀纸的情况。香树坪村郊板组的帅五莲（音译）嫁到夫家以后，由婆婆教她晒纸，后因丈夫外出务工，便将造纸技艺教给了她，她留在家中干农活儿和照顾家庭，农闲时在家中院落里的作坊内舀纸，她的婆婆晒纸。

关于女性造纸，村民们回忆道，"80 年代以前从没听说过女的舀纸"。他们认可村子里出现女性造纸的事实，觉得"这不是什么新奇的事情"，而且认为村子里所有的人都可以从事造纸，只关乎是否"愿意干"。涉及女性是否可以造纸的问题，我们不能完全用"传儿不传女"这一传统意识去判断过去当地是否存在排斥女性造纸的现象。如上文所述，传统家庭在生活和生产上的固定分工是很重要的因素。此外，传统社会认为女性不宜出现在公共场合，不能随意"抛头露面"，"士多兼力农，妇女恒羞……道路之间，妇不轻出，出则擎盖障面以行"❶，家庭里的女性也不便到河边的造纸作坊区。因此，不同的社会背景对当地造纸业的生产方式和思想意识都会产生一定的影响。

（三）家族传承

家族传承模式是在家庭传承模式的基础上产生的，它产生于两个具有较强血缘关系的家庭之间。兴旺村村民至今保留着较强的家族意识，他们通过婚嫁、红白事、"挂亲"等家族大小事宜强化家族观念，进行情感联系。造纸属于小家庭事业，但某些情况下将家族里的小家庭联系起来的纽带正是家族意识，同时两个家庭通过在造纸上的交往和互动加强这种意识。家族传承包括单向技艺传承和家庭之间的互助协作。

1. 单向技艺传承

家族传承模式中的单向技艺传承实质是一种跨家庭传承的方式，并且是由一个家庭向另一个家庭进行单向传递。所谓"单向"，包含了技艺传承在家庭间的指向标示和传授技艺的家庭独自付出的双重意义。这种方式多存在于学习

---

❶　思南县志编纂委员会办公室. 嘉靖　道光　民国思南府、县志［M］. 点校本. 贵州，2002：108.

者的父亲过世或病重的情况下，由血缘关系较近的长辈负责传授技艺，一般传授者和学习者属于伯侄或叔侄关系。当侄子需要承担起家庭造纸的重任时，伯父或叔父因"同属一家人"的血缘关系、情感和作为长辈的责任感负责教侄子造纸的技艺。

跨家庭的技艺传承是传授者为学习者在造纸关键工序上把关的过程。家族传承模式中传授者与学习者属于不同的家庭，两个家庭是独立的经济核算单位，不存在共同的经济利益。在技艺传承过程中，学习者不会对传授者的家庭造纸业有所贡献，传授者的付出是单向的。传承的动力在于两者的血缘关系和他们崇尚的家族观念，这带动了家族内家庭之间的来往和互助合作，而学习者也会以这样的形式回报传授者。

2. 家庭之间的互助协作

家庭之间的互助协作是指同一家族里数个小家庭在造纸过程中互相帮忙。它不属于家族技艺传承的内容，却是兴旺村造纸的特点之一，在某种程度上促进了家族的单向技艺传承，并且是家族传承的表现形式。因此，笔者将它归类于家族传承。

家庭之间互助协作表现为家族成员共同使用和维护家族作坊，以及在蒸窑工序上合作。家族作坊是河边造纸作坊最初的形式，是村寨内传统聚族而居方式向村寨外的一种延伸，其建筑布局形式体现了家族向心力。对于家族成员而言，除了他们各自拥有的槽基、纸槽和膏槽，家族作坊是家族的共同财产，他们享有共同使用的权利，也有共同维护的义务。作坊里榨纸工具的数量是由内部空间大小决定的。通常情况下，家族作坊里数个成员共同使用一个木榨或石榨，使用的顺序则由他们共同商议安排。当作坊遭受洪水或火灾后，家族作坊的成员共同出资、出力建造作坊的外部建筑和木榨工具。异姓作坊延续了作坊成员共同使用和维护的约定。

蒸窑是合水白皮纸制作过程中多人参与的一道生产工序。兴旺村有大、中、小三种规格的土窑，一次蒸窑需 2000～4000 斤构皮，通常情况下多个家庭一起蒸窑，他们将此称为"搭伙蒸窑"。有村民说"以前老辈的人喜欢一家人一起蒸窑"，一是同一个作坊里便于村民商讨造纸的事宜，二是蒸窑为费时费力的工序，需要多人协作，同一家族里的成员可以不计酬劳互相帮助。

（四）村寨内传承

合水白皮纸的制作技艺在村寨内的传承是基于地缘关系进行的。除了有血缘关系的家庭和家族成员，兴旺村的村民们认为"同一个村寨的人"也在技艺可传授对象的范围内，"一个寨子里的，大家都认识、熟悉，可以把造纸技艺传授给他们"。对于技艺在同一个寨子里传承的范围，通过调查访问，笔者发现，兴旺村存在不同的村寨内传承方式，根据传授者与学习者之间的关系可以分为以下两种。

1. 属于同村寨

兴旺村下寨的村民卢道忠，由于父亲去世早，他并没有参与家庭造纸的经验，也不会造纸技艺，加上家中没有购买构皮、纸药及造纸工具的经济条件，在 1987 年（时年 19 岁）之前，他一直以砍柴和耕地维持生计，没有向家族里的长辈学习造纸技艺。农闲时，他常到河边作坊区看其他人如何造纸，靠自身的领悟掌握技巧。学习的对象不是固定的，他曾到多个作坊里看别人舀纸，有村民在作坊外洗料、蒸窑等，他也会在一旁观看。由于年龄尚小，他与寨子里造纸的村民来往较少，因此与其中的多数人只属于"面熟"和"认识"。开始造纸时，卢道忠认为没有必要向别人请教，也不需要指导，完全模仿他们的动作即可。对于为何别人会让他跟着他们学习的问题，他给出的回答是"大家都是一个寨子的"。

在传承对象属于同村寨人的村寨内传承模式中，传授者与学习者不存在直接的亲属关系，他们属于同村寨的地缘关系，两者认识但不熟悉。在这种模式中，传授主动性更弱，甚至没有传授的意识，学习者通过观察领悟造纸工序的技巧是主要的学习方法。基于彼此认识的地缘关系、造纸场所的开放性以及村民对造纸都很熟悉等原因，传授者不会刻意保守技艺，他们允许同一个寨子的村民观看自己造纸的过程。

2. 同村寨的熟人

在"村寨"的认同范围内，村民之间存在"认识的人"和"熟人"两种关系。"同村寨的熟人"是建立在同种地缘关系的基础上的，虽然熟人之间没有亲属关系，但因平日里常打交道而熟悉，较前一种关系更为密切。向熟人学习技艺之前，学习者会表明自身的需求，即存在一定的学习动机，在此基础上，传授者也存在明确的传授意识。

基于熟人的关系，学习者向传授者表明意图之后，就可以跟着对方在作坊区学习造纸的技艺。通常情况下，传授者同时进行造纸生产与讲解，操作的过程等同于示范。当传授者休息时，他允许学习者使用自己的造纸工具来动手练习。这样的情况也出现在学习者主动提出练习要求时。当学习者学会抄纸技艺，开始在自家的纸槽前进行生产时，他仍保持与传授者在造纸技艺上的联系，遇到问题会向其请教，或者请求与传授者的家庭一同进行蒸窑等。

求教技艺不需要以金钱做报酬，一顿饭、一壶酒即可，这就是村子里熟人之间打交道的方式。在他们看来，技艺的传授和学习就如日常生活里互相帮忙的事情一样，这也是技艺在同村寨熟人之间进行传承的前提条件。

（五）村寨之间传承

合水地区造纸村寨的分布以兴旺村为中心，沿印江河向上有木腊村、香树坪村、亚子坝村、坪楼村至新场村，向下有大湾村、昔河村，形成的规模已有数百年的历史。从造纸村寨分布的空间来看，当地存在造纸技艺在村寨之间传承的模式，而且以这种模式传承技艺也已有多年的历史。兴旺村是合水白皮纸的起源地，这已是不争的事实。目前存在的问题是，技艺是如何在兴旺村三个自然村寨之间进行传承的，以及几个造纸村子的规模是如何形成的。笔者至今未搜集到相关文献资料或民间传说。根据 20 世纪 80 年代出现的个别案例，并结合当地历史，笔者推测通婚和移民是造纸技艺在村寨之间进行传承的主要途径。

虽然上寨、下寨和小湾寨被划分为同一个行政村，村寨自治管理的方式已趋于淡化，但在日常生活中村民仍保留着村寨社会认同的意识，他们把来自其他村寨、没有亲属关系的人当作"外人"。造纸技艺可传承的前提是传授者与学习者存在某种关系，可以是血缘关系或者地缘关系；若不存在关系，则需要通过某种方式建立关系。

四、结语

印江传统手工造纸业是当地人民借助外来技术，在依托本地资源、就地取材并因地制宜的基础上逐步发展起来的，具有鲜明的地域性及民族性，是贵州乃至我国西南地区手工造纸业的重要组成部分。

本文通过对印江传统手工造纸业产生缘由的分析及发展变迁过程的梳理得出如下结论：

首先，在造纸工艺上，中华人民共和国成立前由于自给自足式的家庭生产模式，造纸工艺、流程几无变化。抗日战争前，印江传统手工造纸业中曾有过技术改良，但整体上较为温和及克制，在造纸技艺、工具等方面变化有限，仍保留了传统手工造纸的原始要素。

其次，分析印江手工纸业两次达到鼎盛的主要原因：一个是抗日战争时期外部市场需求的推动，另一个是家庭联产承包责任制实行后农民生产资料有限导致的纸业内部的生产需求。❶ 两者都是在外部环境的刺激下，由前一时期的缓慢、稳定状态突然转向兴盛。然而，特定环境、偶然因素并不足以支撑手工纸业长久的繁荣兴盛，因而两次繁荣期均较为短暂，这对当今手工纸业的保护与传承具有很强的警示作用。

最后，如今印江手工纸业已经失去了历史上使其相对平稳、缓慢发展的区位条件，并面临着种种危机：现代纸业冲击带来的手工纸实用性及适用性的下降；工序繁多、劳动周期长导致的成本高昂；观念变迁造成的技术传承困境等。其中，最根本的是外部社会环境的变化。在这样的背景下，印江手工造纸技艺的保护和传承面临着严峻的形势，这就需要：一方面，就纸业内部来说，需要对造纸技术进行适当改良，在降低劳力耗费及成本的基础上保持其中的"传统"及"手工"成分，同时提升手工纸的实用性和适用性；另一方面，就外部环境来说，政策等外部因素的介入也十分必要和迫切。

通过对合水白皮纸生产传承模式的探讨，得出了以下几点结论：

一是合水白皮纸的传承模式和兴旺村的社会组织与结构相关。根据血缘与地缘的亲疏远近，形成了以家庭、家族、村寨内和村寨间为主的传承模式。

二是传承模式存在的社会基础指的是村民自主认可的传承范围，他们以家庭为生活和生产的基本单位，家庭是他们首先考虑的技艺传承载体。村民对家族、村寨的认同感和归属感以及造纸场所的开放性使技艺也可以在这两个范围

---

❶　限于篇幅，中华人民共和国成立后印江的手工造纸业本文未作讨论。

内传承。村民与外村寨的联系较少，在人多地少的生存条件下，外村寨的人很可能以通婚建立亲属关系为学习技艺创造条件，迁移也很可能是技艺在村寨间传承的重要途径。

三是针对造纸人数不断减少和只有少数村民掌握造纸技艺的问题，在学习对象的选择上，家族和村寨内传承模式具有较强的可选性，学习者不会因父亲或者家族里的长辈不从事造纸而不能学习技艺。同时，两种模式可以使家庭之间在造纸过程中互助协作，有利于合水白皮纸未来的发展。此外，学习者和传承者在技艺的学习效率和传承的稳定性上应做出改变，以适应现代社会的发展。

综上，回顾印江传统手工造纸业的历史变迁与传承模式，可以发现它对印江县域内的经济起到了强大的带动作用。印江传统手工造纸业的发展与传承体现了手工纸业顽强的生命力，体现了其与中国社会组织建构的密切关系，证明了包括手工造纸在内的中国传统手工业的保护与发展对中国传统文化的延续与传承具有重要意义。

（本文由复旦大学文物与博物馆学系 2015 级

硕士研究生曹可硕、何阳斌撰写）

地西村史调查中的乡村遗产话语分析

　　近年来，遗产保护活动在国内的火热开展为乡村地区历史文化资源的保护开辟了新的话语空间。随着各级政府部门、专家学者等社会力量纷纷投入乡村遗产保护和利用实践中，越来越多的话语研究注意到作为遗产创造者或所有者的村民在遗产表述中往往处于"失语"和"被代理"的状态，由此引发了人们对乡村遗产主体及本土遗产话语建构等问题的思考。村史编写是一项中国特有的记录和传承乡村历史文化资源的传统，并且在不同的历史时期有不同的叙述方式，其中关于历史文化资源的相关表述构成了中国特有的乡村遗产话语，是前现代遗产话语的生成路径之一。

　　位于贵州省黎平县的地西村不是一个保存有典型文化遗产的村落，它没有经历过明显的"遗产化"过程，在黎平县众多传统村落、少数民族特色村寨当中显得默默无闻，唯一一项被纳入官方遗产体系的是县级文物保护单位"红军标语墙"。从现代遗产话语的视角来看，地西的遗产表述是比较匮乏的。

　　2017 年 7 月，笔者第一次来到贵州省黎平县地西村，做了为期七天的田野调查工作。地西村是中共黎平县县委书记定点帮扶的脱贫工作点，村里遗留有几处红军长征的遗迹，村民制作的"地西豆腐"在当地小有名气。黎平县当时给地西村编制了一个规划，计划将其打造成一个"农业 + 文化 + 旅游"的扶贫示范村。基于此，黎平县委托地扪侗族人文生态博物馆（下文简称地扪生态博物馆）对地西村进行文化资源的收集与梳理，提出要编写一个村史文本，并在此基础上策划一个村史展，计划将地西村原来的旧粮仓改造为村史馆（图 1 - 20），以此作为当地文化与旅游的展示窗口，同时将其视为生态博物馆理念在中国本土实践的延伸❶。在笔者进入地西之前，地扪生态博物馆的两位工作人员已经在地西收集了一些资料。因复旦大学国土与文化资源研究中心与地扪博物馆的馆校合作关系，笔者得以接续他们的工作，以遗产为名，开始了对地西村村史的调查。调查与撰写前后持续了一个多月，最终形成了一个村史文本的初稿。

图 1 - 20　由旧粮仓改造的村史馆

注：图片来源于地扪生态博物馆资料信息中心

借由村史调查的工作，笔者得以暂时从现代遗产话语的表述中脱离开来，在实践中观察和记录具体的基于村史建构的乡村遗产话语是如何产生的。受话语分析方法研究的启发，笔者产生了以下疑问：谁在地西村史的构建中进行了叙述？不同主体的叙述产生了什么样的表达效果？其与不同历史时期村史编写的关系如何？其中某些遗产话语的表述是否具有更为普遍或者特殊的意义？又对当地实践活动产生了哪些影响？

一、地西田野调查概貌

1. 地西村村情

地西村是现贵州省黔东南苗族侗族自治州黎平县德凤街道下辖的一个行政村落，在行政区划上包含了地西村、勇寨村和羊角村三个自然村，后两者是近几年黎平县撤村并村时并入地西村的。本文无特别说明之处，所称地西村仅指地西自然村，不包含勇寨村和羊角村（图 1 - 21）。

❶　该观点来自地扪生态博物馆馆长任和昕。

图 1–21　地西村

注：图片来源于地扪生态博物馆资料信息中心

　　地西村海拔约 650 米，四面环山，丛林密布，山脉多为东西走向，与盆地垂直落差达 100 余米。村寨主要坐落在山间地势平坦的小型盆地北面，房屋大多背靠山脉，面朝田坝和公路，视野开阔。村寨拥有大片的田坝，属平坝田园型聚落。地西各寨子之间和周围相连，环绕着大片水田，呈现出一派田园风光。地西平坝田园型聚落具有两个明显的特征：一是规模比周围的村寨要大，二是村寨内部间隔紧密。

　　地西辖地西、屯上、山西三个自然寨，共九个村民生产小组。因村两委驻地西，故称地西行政村。自明代以来，石、吴、杨三姓相继迁入地西，后又增加了钟、陈、周三家，六姓之间相互通婚，互帮互助，所以在地西有"石、吴、杨三大姓，钟、陈、周六弟兄"一说。

　　地西自然寨又称地西大寨，包括石、吴、杨三个小寨，是最先迁入地西的三姓人家，这三个姓氏也是地西人口最多的三个姓氏。三寨沿着进村道路由东向西依次分布。石、吴两寨最先建立，位置接近，人口众多，最先通婚，以前在地西习惯性地称石、吴两寨为大寨，其主要分布在东面山脉下；杨家后来地西，在公路尚未修通时与石、吴两寨隔田而邻，石板相连，居住在北边山麓下，称中寨。

　　屯上自然寨以钟姓为主，习惯上称为钟家寨。钟家寨位于地西行政村两委驻地西南 0.5 公里处，房屋背靠南面山脉，人口较少，称为小寨。

　　山西又称山西冲或易家庄，位于地西行政村两委驻地东北 3 公里处，主要居住的是地西村的第九生产小组。"山西"为地理位置的指示，"冲"指山区的平地，山西冲即一块山间谷地的别称。山西称为易家庄，概因早年间为易姓家族居住。中华人民共和国成立后，为方便耕种山西那边的田土，迁过去部分吴、石两姓人家，成为地西村的第九生产小组。

2017 年 7 月的人口和土地普查显示，地西村共有 299 户、1218 人，其中 82 户为吴姓户主，是以家庭为单位的姓氏统计中最多的一姓。从官方认定的民族身份来看，以汉族为主，侗族次之，并有少量的苗族、布依族、壮族等其他少数民族。

"地西豆腐"在当地小有名气，是当地政府意欲打造的重点特色。地西保留有一些红军长征过地西时的遗迹，包括县级文物保护单位红军墙，以及红军井、红军墓等，地西村民还自发建造了红军烈士塔。

2. 话语分析的线索

地西村史的构建依托于笔者与村民、政府、专家等的互动，最终形成了三条可供话语分析的线索。首先是关于身份的问题。在关于身份的历史叙事中，存在地域、民族和宗族三个维度，形成了不同的历史言说和现实实践，与历史上关于宗族和乡土的表述联系紧密。其次是"红色文化"的生成。村民和专家对红军长征过地西时的描述各有侧重，并对村中一些场所和空间进行命名，由此可以看到革命话语在新时代的表露。最后是民俗的表达。村民的表达建立在日常生活经验和记忆之上，与研究者所关心的如何将村民口中描述的文化事项加工成系统的、符合逻辑的知识有明显的不同。地西村史中的乡村遗产话语分析建立在这三条线索之上。

二、身份的叙事：地域、民族与宗族

1. 从村名说起

关于地西名称的由来是本节讨论身份叙事的起点。在村民的讲述中主要有三种说法：

其一，和地理位置密切相关。地西位于黎平县城西面，在黎（平）孟（彦）公路尚未修通之前，是旧时黎平府、开泰县或五开卫出西门通往高场和孟彦方向的必经之地，以此定位，故称为地西。这和官方表述相符合。

其二，由侗语音译而来。有村民认为，"地西"这个名称是由侗语音译而来，地西侗语的读法为"dei sei"，与侗语"口袋"一词的读音"dei"相近，所以它的含义为"口袋"，代指地西入口窄而腹地开阔、形似口袋的山水格局。

其三，地西最早叫"平洞"。据地西《吴氏家谱》记载，地西最早叫平（坪）洞。"洞"或"峒"在隋唐文献中多指称湘、黔、贵边境羁縻所属地区，到了宋代则成为羁縻州所辖属的行政单位，它既指自然环境，又指一种社会组织❶。现在的"洞"是标识侗族地区的常见地名，而"平"在侗语中指的是山地间开阔的小田坝，"平洞"同样指示地西的环境格局。

从以上三种说法中可以看到，第一种说法强调的是和县城的联系，用相对的地理位置进行命名，暗示了一种依附关系；后两种说法则与侗族身份和本地的环境格局相关，更加强调本土特质。

对于以上说法，参与编纂《中国名镇志丛书·德凤镇志》的黎平县志办干部是这样解释的：随着明朝政府对西南地区的进一步控制，设立五开卫于五脑寨（今德凤街道，下同），管辖地西地区。大批汉人随军到此，赶走了原来居住在地西的侗族，并把当时富有蛮夷色彩的"平洞"一名改为了"地西"❷。这个观点兼容了第一种和第三种说法。

从历史文献的记载来看，成书于明代万历年间、由郭子章所撰的《黔记》中最早出现了"地西"一名。《黔记·舆图志》中的《黎平地里图》中记载：（黎平府）西北抵地西寨界三十里。《黎平地里图》标识的是黎平府直接管辖的范围，地西处于其西北方向与土司辖区的临界点上。因此，在官方的文献记载中，"地西"一名已经存在了400多年。

在村民看来，后两种说法是他们曾经是侗族的身份证明之一，而这个侗族身份又是和脚下的土地紧密联系在一起的，早期出于生存需要，必须了解和适应周围的自然环境，因此地域是构成族群的基础。官方的说法则凸显了以汉族为中心的视角，通过改换名称，加强对周边地区的控制。

但是官方这种改换名称的做法并不一定完全有效。虽然"地西"这一名称早在400多年前的官方记载中就已出现过，但是直到现在村民们还能回忆起

❶　贵州民族事务委员会. 侗族文化大观［M］. 贵阳：贵州民族出版社，2016.
❷　黎平县志办干部访谈，2018 年 4 月 11 日。

与侗语相关的两个名称（尽管已经基本不用），并由此建立起"以前曾经是侗族"的身份联系，由此可以看出侗族文化对地西一带曾经产生广泛的影响。

2. 侗族，还是汉族

可以看到，村名演变的背后夹杂着地域、民族和官方话语的共同影响。关于身份的叙事绕不开民族身份的认定，这也是村史调查过程中经常碰到的一个问题。地西，到底是侗族还是汉族聚居村？

从户籍登记情况来看，地西村民中汉族约占2/3，其余则是以侗族为主的少数民族。但是如果问村民是什么民族，则存在着两种有趣的代表性回答：一种是"我现在是汉族，但是我们地西以前是侗族"；另一种则是"户口本上填的是侗族，实际上是汉族"。拥有汉族身份户口的强调以前是侗族，拥有侗族户口的却不认为自己是真正的侗族。

这种语焉不详首先反映了对于民族身份的两种理解，其一是作为官方户籍中所识别的民族身份，其二是基于文化认同建构的民族身份。两种回答都认可自己的户籍身份，产生反差的主要原因在于文化认同。作第一种回答的受访者认为，之所以从侗族变成了汉族，是因为地西离县城近，"清末的时候，县官下令离城20里的地方不准说侗话、穿侗衣，都要改变，犯（了）法（要）制裁"。他们认为政府要移风易俗，振兴文教，就要打破原有的文化认同。作第二种回答的受访者则说，从父亲（生于20世纪20年代）那一代开始，就已经不会讲侗话了，算不得侗族，只有从外村嫁过来的侗族妇女才会讲。这同样是从文化的角度来解释的。

以上两种回答清晰地表现了村民对于侗族的理解，即侗族本质上是一种文化身份。那么，为什么户口上既有侗族也有汉族？不同于文化身份，民族身份更具有行政和法律层面的现实意义，涉及个体在国家管理体制中的权利和义务。改革开放后的80年代在办理户口时，不少村民为了子女读书方便，在民族身份调查时填写了汉族。但更多的村民回忆说，当时觉得侗族在社会上的地位不如汉族，还是填汉族好一些。

除此之外，还有一种回答更为调和，认为地西村原来就是汉族人家，在千百年来与侗族的相互交流之中早已相互融合，并指出了几处细节：①吃饭时用的火锅桌矮桌与侗族的八角火锅桌相似；②口味上与黔东南地区的侗族一致，嗜酸辣；③之前地西地区的房屋内也会有火塘，而新建房屋里面用电磁炉、煤气炉等取代了火塘；④地西村过四月八吃黑糯米饭，但不过六月六❶。村民们凭借着对侗族文化的一般理解描述了这种融合情况，但是以上四处细节主要来自一般的生活层面。就笔者在村中观察到的物质遗存来看（关于地西鼓楼将在后文详述），仍与侗族所特有的传统精神、制度、技术、物质文化体系存在很大的差距。

笔者认为，村民或许利用了这种身份的模糊来选择表述的策略。首先，在2001 年一则《关于地西村水毁农田的报告》中，地西向黎平县计划局申请援助 40 吨水泥进行农田基础设施的修复，在村情的介绍中将地西定位为"侗、汉、苗三个民族聚居的一个行政村"。1985 年内部发行的《贵州省黎平县地名志》中对地西的介绍为"汉、侗民族❷"，而 1989 年《黎平县民族志》所录的《黎平县民族分布示意图》中，地西被政府划分为汉族分布区❸。这则由地西村委撰写的报告选择如此表述地西的民族成分，或许含有让政府加强重视的意味。

其次，在笔者的观察中，很少有村民因为民族身份的不确定而产生焦虑感。近些年来，黎平县花大力气对侗族文化进行打造，官方的宣传口号为"侗都黎平，颐养胜地"，侗族文化成为黎平和外界连接的一个重要符号。在调查过程中，除了调查人的主动引导，地西村民重提侗族，同样是为了照顾外来者的兴趣。尤其是传出地西也要进行旅游开发的声音后，村民更会不自觉地将其与那些已经被打造的侗寨如肇兴、地扪进行比较。

不过，和黎平县其他典型侗寨相比，地西的侗文化特征在政府看来并没有什么吸引力。2017 年制定的《黎平县地西特色小镇旅游业打造实施方案》中，指明主打特色为"地西豆腐"和"红色文化"，只字未提侗族文化。

3. "三大姓、六兄弟"

相比于民族身份的模糊，宗族是塑造地西村民身份的重要标尺。甫一进村，笔者就被告知村里有石、吴、杨三个大姓，并且在地西流传着一句俗语，

---

❶ 村民杨某某访谈，2017 年 7 月 18 日。

❷ 黎平县人民政府. 贵州省黎平县地名志 ［M］. 内部资料，1985.

❸ 杨盛中. 黎平县民族志 ［M］. 贵阳：贵州人民出版社，1989.

将地西内部的姓氏构成称为"三大姓、六兄弟",即除了上述三个大姓之外还有钟、陈、周三个小姓。这样的表述给人以一种富有凝聚力的印象。那么,地西的各个姓氏是如何对自己的宗族身份进行表述的?又是如何形成了"三大姓、六兄弟"这样的说法?

首先,来看石、吴、杨、钟四姓族谱是如何叙述他们与地西的渊源的。

《石氏族谱》记载,明洪武五年(1372 年),地西石氏在黎平地区的一世祖平和公随江阴侯吴良南征苗、侗叛乱,随军有功,被授予潭溪蛮夷长官司,开始定居黎平地区,并在五脑寨参与修建五开卫。洪武末年,平和公一支后裔迁居至地西,建立石家寨,并生有三子,逐渐发展为今天地西村的石氏三房族。

图 1 - 22　地西吴氏族谱

注:图片来源于地扪生态博物馆资料信息中心

《吴氏族谱》记载,明朝永乐甲午、乙未年间(1414—1415 年),吴氏盛公位下第十四世孙王谟公由锦屏县映寨徙至平洞,建立吴家寨,与先居于此的石姓相安而居。王谟公为地西吴家始祖,育有必萃、必才、必秀三子,即为现在的地西吴氏三房族(图 1 - 22)。

《杨氏族谱》记载,杨氏地西始祖昌远公为江西省吉安府泰和县鹅颈大丘人氏。明朝初年,为巩固政权、复苏湖广经济,政府推行"江西填湖广"的政策,鼓励江西士民移居湖广。昌远公于永乐十八年(1420 年)迁徙至黎平地区,后辗转来到地西,娶已经定居于此的吴氏女,逐渐发展为一房族,后又有其他杨氏支系迁至地西,从而演变为今天地西杨氏的两房族。

相较于石、吴、杨三大姓,钟姓在地西的定居时间稍晚,与前者相距 200 余年。《钟氏族谱》记载,地西钟氏原籍江西吉安,其先祖钟再七被江西苗王胜势赶出江西,逃难至黎平,自此辟屋建房,发展家业。随着族群的扩大,用地变得紧张,钟氏逐渐向四周开拓,其中一支定居地西。陈、周两家并无族谱。通过采访了解到,一般认为钟氏迁来后 200 余年,陈、周两家陆续迁至地西。最迟至清朝末年，地西已经形成了"三大姓、六兄弟"的格局，并一直保持至今。

从各家族谱记载来看，六姓都有一段移民迁徙的历史，或出于逃难，或出于政策，或迫于生计来到了地西。最早来到地西的石氏，族谱中并没有记载他们到来之前或到来之时地西的人文情况，地西似乎是一块未被开发的生地。同时，不管是在族谱记载中还是对各个家族的访谈中，都一致认可石、吴、杨、钟、陈、周迁至地西的先后顺序。

其次，从各个寨子的分布可以看出，移民自东面相继迁入后，受地形地势的影响，村落不断向西南方向拓展，依次形成了石、吴、杨、钟四个自然村寨。进入时间的先后与地缘的影响是各姓选址的重要原因，而血缘的亲疏又维持了每个自然寨相对独立的居住单元。几个家族分区而住，家族内部又按血缘的亲近程度聚集在一个更小的居住单元内，以此为中心展开各类活动。

在这里，各家族谱都将各自的先祖塑造成了"开拓者"的形象，先来者优先选址，后来者不断向外延伸拓展，各家相安无事，成就了地西今日的格局。

这种相安无事建立在他们移民身份的基础之上。其一，作为外来移民，是原有血缘族群中被外因打散的人，他们势力很小，人口不多；其二，从族谱记载来看，石、吴、杨三个大姓进入地西的时间相差不多，同姓无法结亲，只能选择家族之间通婚，使得各个家族得以壮大，联系日趋紧密，直到今天也是如此；其三，存在共同应对自然灾害和农耕生产的需要，可以在人口较少的时候互相帮助；其四，地西的土地足以支撑当地人口的生存需要。以上四点是地西内部凝聚力得以产生的原因。按照钱杭对中国农村地区亲族聚居形式的划分，地西属于"由地缘关系形成的双姓或多姓村落"，这一类型的形成与历史上的移民政策关系很大❶。

有趣的是，在调查过程中，强调"兄弟说"的主要为石、吴、杨三大姓的族人，后三姓较少提及这一说法，尤其是陈、周二姓，近年来人口外迁较多，在村人口比较少，对于他们来说并没有通过讲述"兄弟说"而强化与地

---

❶ 钱杭，谢维扬. 亲族聚居现象与我国当前农村的宗族活动 [J]. 社会学杂志，1991（5）：158.

西联系的实际需要。而钟姓的态度则显得有些暧昧。钟家寨不像石、吴、杨三寨之间在地理上联系紧密，其与另三寨中间隔着田土，且钟家寨人口一直不如前三者多。每当笔者向钟姓族人提及"兄弟说"时，他们总是表现出不置可否的态度，但最后依然表示，平日里各姓之间相安无事。

如果说"三大姓、六兄弟"是地西对外表示身份的一种说法，那么从各个族姓内部来看又各有特点。石、吴、杨、钟每个家族内的各个房族组成宗族，并推选出一位总族长或宗长来主持处理族内事务。20世纪80年代后，宗族活动重新活跃起来，地西各宗族定期召开大会，推选族长，由其主持挂亲、修谱、婚丧嫁娶、处理民事纠纷等事务，并参与到村内的文化建设中。其中，以吴、石两宗族较为活跃，在笔者调查的过程中，关于地西村史叙事的框架就是由吴、石两族讲述的（图1-23）。

图1-23 村民在讲述

注：图片来源于地扪生态博物馆资料信息中心

总的来说，地西各家族谱都将自己的先祖描述为一个"移民+开拓者"的身份。某种程度上，地西的历史主要是石、吴、杨三姓的历史，他们的叙述提供了基本的历史框架，钟、陈、周三姓作为后来者被纳入这个框架之中，并且建构了"三大姓、六兄弟"的说法。在地西与外界的互动中，还没有观察到以"兄弟说"来标榜自己身份的现象，只有在问及地西的姓氏构成时，村民们才会主动抛出这句话。地西在历史进程中没有重新发展成为单姓聚居村落，宗族活动也并不是非常强烈（地西原有祠堂均已不存在），"兄弟说"弱化了这种宗族身份（尽管"兄弟"就是建立在血缘关系基础之上的），转而更加强调地域的凝聚力。

三、"红色文化"的生成：关于红军长征过地西

有关地西红色文化的描述都是围绕红军长征经过地西这一历史展开的。构成地西"红色文化"的资源类型主要有两类：一类是以红军塔、红军墙、红军墓、红军井等为主的物质遗存，另一类则是在地西流传着的红军长征的故事。关于这段历史，村民和专家有着不同的讲述，那么这一"红色文化"又是如何从历史中生成并进入实践层面而产生影响的呢？

1. 村民的讲述

村民的讲述是从红军长征故事开始的。在笔者的调查过程中，有四个人的讲述较为完整，以下各择取一段进行分析。

（1）吴家寨前族长的讲述

（19）34 年，三四万红军过地西。因为消息闭塞，村民都以为来的是土匪。那时全村的人都躲到山上去了，我母亲因为前一天喝醉酒没有躲起来，被红军发现了。红军跟她解释他们是好人，要为穷苦的老百姓谋福利，因此我母亲将山上的父老乡亲都叫下来。好心的乡亲们就为红军们做饭烧菜，让红军得到充分的休息。休整完毕，红军大部队就离开地西了，有八位伤残红军留下来养伤，我母亲收留了他们。不料，红军的行踪被土匪发现了，为了抢夺红军的枪械，他们威胁我父亲把人交出来。我父亲当时是村里面比较厉害的人，土匪不敢直接在我家里杀人。后来红军突围出去，土匪残忍地杀害了其中的三位红军，后来四位红军因为身受重伤不幸去世。还有一位十几岁的红军小兵被地西一位陈姓家庭收养了，叫王茂生。之后，土匪回来搜剿王茂生，被陈家人藏在大木柜里才逃过一难。王茂生在陈家待到成人，到黎平当官去了。❶

（2）曾任地西小学教师的杨家寨族长的讲述

红军过境时村中男女都跑上山，除了陈家的媳妇黄老奶。各家在山上搭建有隐蔽的小木棚分散躲藏，从山上能望见村寨、田地里全部驻扎有人。红军走后，我父亲回到家中发现柜子里的书籍被烧掉，他推测是腾空柜子来装文件。

---

❶ 村民吴某某访谈，2017 年 7 月 18 日。

家中老屋还发现遗留下写标语用的广告颜料，而且门上插了一把树叶，推测是红军宣传人员或者领导住在这里，其他士兵不会进这间屋子。我家以前的老宅地势高、视野好，前可观测整个田坝，后可直通后山，方便有情况时撤退。普通士兵不进村民家，只有伤员和领导住进村中。

红军走后，村民陆续下山回村，村口鼓楼贺姓老人守塔，他在殿中发现了一具红军尸体。村民搜寻村寨时共发现八具尸体，推测其中四人是被土匪打死的，土匪为抢枪和银圆，另外四人为病死。留在村中没有撤上山的黄老奶收留了与红军一同来的王茂生。当年他只有 16 岁，在她家养好伤之后就离开了。后来寻找红军遗迹，将分散在各处的红军尸骨合葬在了一起，2008 年重修红军烈士塔时将墓迁到了塔旁边。❶

（3）黄老奶的儿媳妇的讲述

红军过后，"烂兵"杨再达、杨锦标一伙儿到处抓人充壮丁，当时王茂生脚害了病跑不了，我婆婆可怜他，就将他藏在自家的大木箱里，躲过了搜查。之后就把他收留在陈家养伤，两年之后伤好了他又回老家江西去了，后来又被征兵征过来。王茂生命中三次遇"贵人"：胸口铜钱挡子弹，高场时受伤被人藏在鼓楼顶上，来到地西被我婆婆救助了。❷

（4）杨家寨杨姓村民的讲述

红军过地西时，大部分村民都被红军杀人放火、共产共妻的谣言给迷惑了，纷纷躲到附近山上搭建的简易木棚里。我的祖父没有跑远，躲在了后山的一棵大树上，在丛林的掩护下观察着红军的行进。地西经常有南来北往的人在这打火、借宿。通过聊天，我的祖父了解到了一个与之前国民党的宣传截然不同的红军形象，于是对这支部队产生了好奇。当红军的宣传员在进村的过程中向村民不断喊话时，我的祖父壮着胆子从树上下来，主动找到了红军。通过进一步的交流，我的祖父觉得这并不是国民党口中所宣传的"共匪"部队，并同意了为红军带路的请求，以帮助红军更快地了解当地的情况。将红军送到了既定的地点之后，红军为他开了一张路条，以示证明。为了感谢我祖父带路，

---

❶　村民杨某某访谈，2017 年 7 月 25 日。
❷　村民石某某访谈，2017 年 7 月 21 日。

又将随军携带的一口锅送给了他。只可惜后来这张路条不幸遗失。❶

可以看到，四个故事的讲述者都与故事中的人物有亲戚关系。首先，这些故事更多的是在家庭内部流传的，如果调查人问其他村民是否知道红军故事，他们一定会摆摆手说"这事儿得问上面那些人去"。其次，除了村民杨某某的讲述之外，其他三人的讲述都直接或间接地塑造出了故事中村民的正面形象，对此杨某某就对吴某某的讲述颇为质疑。杨某某认为，吴母当时嫁过来不过十六七岁，只会说侗话，而据他父亲说，吴父是当时村中较为老实的人，谈不上让土匪不敢进屋。所以，他认为吴某某的讲述有夸大的嫌疑。最后，王茂生这个人物历史上确实存在，黎平县曾有过对此事的报道。不过据报道，王茂生并不是红军过地西时留下来的，而是随军到高场后先被当地吴姓人家收留，四年之后路过地西因为身体状况不佳又留了下来，才被陈家收留❷。这与前两人的讲述不符，而更接近第三人所说的。很明显，当时的新闻报道也采用了直接关系人的说法。

在村民的讲述中，故事变得具有很强的政治导向性和情感激发性。首先，故事塑造了村民对红军的误解，这种误解既有来自国民党的反动宣传（共产共妻谣言），也有既往认知的影响（杀人放火的"土匪"部队）。通过和红军的实际接触，村民消除了这种误解，并主动为红军提供帮助，如（1）、（4）故事中的转变，从而肯定了红军不同于国民党和土匪的正当性，同时从侧面表现了村民朴素的革命思想。有一次，笔者在吴家寨门楼和村民聊红军过地西，一位钟家寨的老人说，当年他就在田里面捡到过红军留下来的锅，这时旁边另一位老人马上就打断了他，直说："共产党怎么可能随便扔东西在田里，还轮得到你去捡！"

其次是故事产生的情感共鸣，主要有两个层面。第一个层面通过讲述村民直接或间接给红军提供帮助，尤其是故事（3）更加表现了村民的善良，引发人们的情感共鸣；第二个层面是对部分内容的夸大，强调了先人的勇敢和善良（尽管被外人质疑），如（1）故事中的吴母和（4）故事中的主人公，从而在

---

❶　根据访谈内容整理。村民杨某某访谈，2017 年 7 月 18 日。
❷　红军长征在黎平的故事：伤病小红军遇救留侗乡［EB/OL］．（2016 – 07 – 27）［2019 – 08 –10］．http://www.81.cn/2016wycz/2016 – 07/27/content_7176754.htm.

家庭内部树立了一个良好的先人形象，产生了一定的情感激励作用。

此外，村中的红军遗迹与红军故事相匹配。例如，（2）故事中提及的写标语一事，现地西存有红军标语墙，为县级文物保护单位，上书"没收土豪劣绅的土地分给贫苦农民"，后来重新修整过（图1-24）；红军墓则是为合殓地西的八具红军遗体而造（图1-25）；鼓楼重建后改名为"红军烈士塔"；相传，红军过地西时曾在石家寨水井喝水，后来将其改名为"红军井"；（2）故事中的杨家老宅则被其后人认作"红军驻扎旧址"。总的来说，故事是地西村民讲述和传承这段历史的主要方式，显得较为生动和易于理解，但同时也存在不确定性。

图1-24　地西红军标语墙

注：图片来源于地扪生态博物馆资料信息中心

图1-25　地西红军墓

注：图片来源于地扪生态博物馆资料信息中心

2. 专家的讲述

和村民通过故事讲述不同，地方文史专家是从进村时间、进村路线、驻扎地点、停留时间等方面进行描述的，而这一切都是基于召开黎平会议时红军部队的状态推断的。

在专家看来，相比于黎平会议的召开，地西只不过是红军路上途经的数以万计的村子之一，因而它的价值和意义是极为有限的。在黎平，类似这样的红军遗迹还有很多，地西不算典型。

3. 从培元塔到红军烈士塔

2007年，地西决定重修村口的"培元塔"。2008年1月18日，塔身落成，为纪念红军过境73周年，村里将其改名为"红军烈士塔"（图1-26）。

图 1 - 26　地西红军烈士塔

注：图片来源于地扪生态博物馆资料信息中心

从培元塔到红军烈士塔，名称的变化显示出时代的转变。据《重修培元塔碑序》记载，培元塔早在明朝就已建成，后因咸丰年间兵匪动乱，不幸毁于兵火。直到清光绪壬寅年（1902 年），各寨父老秉承先人遗愿，众举头人，组织民众筹资重新修复。培元塔"系各寨之要区，培元塔气而振文风者矣"，"两山交夹合卦之泰，归由是酿成儒雅之纯风"，"神像雕塑，神思浩浩，佑助祭者"，风水、文教和信仰是村民赋予培元塔的意义。先人期冀培元塔能够"巩固万年，砥柱万年"，从而彰显地西的"民殷物阜，俗美纯风"，光绪年间的修复正是对这一期冀的回应，也是凝聚人心的一种手段。

据村里的一些老人回忆，培元塔内曾经佛像林立。中华人民共和国成立初期，有一位贺姓老人在里面看护，老人死后，就再也没人看管，之后一直处于废弃状态。"大跃进"时期，塔楼的砖瓦、柱枋或被用来修建黎平县的国营第一饭店，或被用来当作燃料。后来"破四旧"，塔内佛像等尽遭损坏，仅剩一塔架。由于长期无人看护和人为破坏，该塔于 1974 年毁于风灾。

直到 2007 年，村委以传承侗族文化和弘扬红军精神的名义重启修建工程。该塔按照鼓楼的样式进行设计施工，改名为"红军烈士塔"，并把烈士墓迁到塔旁，和红军墙、红军塔一道构成了村口的红色景观。红军塔旁边功德碑的序言称，希望其"既成为本村村民议事休闲之场所，又成为爱国主义教育基地"（图 1 - 27）。塔身内装饰有红军画，却也杂糅了传统文化如三国演义、八仙过海等的插图。

对比两次重修，时代话语变了，从兴文教、重祭祀变成了传承侗族文化和

图1-27   红军塔旁的"流芳百世"碑

注：图片来源于地扪生态博物馆资料信息中心

红军精神，教化的功能还在，内涵却已发生了变化。这些转变是不同时代社会意识形态的反映，产生了不同的遗产实践，无论是重修、漠视还是毁坏。当人们将传承侗族文化和红军精神这样符合现代遗产保护价值观的话语视为理所当然，赋予其正当性时，它根本上符合的是当代中国保护传承历史文化遗产的文化需求。

如果说两次修建有什么地方没有改变，就是塔的位置和旁边"流芳百世"的功德碑。前者是人们对自然环境的反应，如果自然环境的多样性没了，或许这种选择就没有了意义；而后者，重修培元塔的功德碑碑文虽然已经遗失，上面镌刻着名字的人也已全部作古，但是个人和家族对于树立好口碑、好名声的需求却使得这一传统仍然保持着旺盛的生命力。

四、民俗的表达：经验、知识与记忆——以建房礼俗为例

地西诸多的民俗事项是构成村民生活的重要元素。古代方志中记载着地方的风土人情，以供外来人参考了解；乡土志开始将这些民俗事项作为乡土知识进行传授；当代名村志则将其囊括到非物质文化遗产保护与传承的体系当中。民俗的表达究竟意味着什么？在地西村史的调查中，它的表达更多是作为经验与记忆而存在的。

表达民俗学的最重要的方法之——访谈记录，不是以现成的文献资料为

对象，而是建立在讲述人"记忆"的基础之上的。从这个意义上来说，民俗学最本质的存在就是记忆。❶

将某一民俗事项客体化，并进行一番历时性的考察，或许能将其历史变迁的轨迹勾勒出来，成为社会生活史或民俗史的一部分。如果说民俗与日常生活联系在一起，民俗存在于日常生活之中❷，那么村民对于民俗的表达就是在现实刺激下对日常生活中的个体经验和记忆的回顾，这种回顾包含着特定的历史语境、具体经历与情感。本节以地西建房礼俗为例观察村民是如何表述民俗的。

地西的村支书描述了当地建房的基本步骤和礼俗：

（1）选址。建房之前先请地理先生看方位，称为"讨向"，并选择良辰吉日破土动工。

（2）选梁。房梁多选用椿木，无椿木时可用杉木、梓木代替，取"椿木为王，梓木为将，杉木为宰相"之意。被相中的梁木如果是在别人家的山林里，要在天亮前悄悄地派两个后生子去砍伐，即使主人家看见了，按照风俗习惯也不能阻止。梁木伐好之后建房者会丢一个红包在地上作为对树木主人的答谢，早些时候通常为八毛八分或一块二毛八，以求吉利，这个过程称为"偷梁"。梁木的砍伐只能由没有结婚的两名后生子进行，伐好后梁木便不能落地，人也不能从上面跨过，由两名后生子一路抬回来。搬回来后直接放到木马上让木匠加工成房梁，人不能从上面跨过。

（3）上梁。上梁的日子是提前选好的吉日。主人家早早准备好贡品，煮熟的刀头肉放在贡台的中间，香火蜡烛被点燃，纸钱也在一旁备着。公鸡必不可少，木匠大师傅手擒公鸡，焚香烧纸，恭请鲁班师傅。随后将公鸡当场宰杀，大师傅把鸡血点在梁上辟邪和求吉利。上梁时，用与梁木同根的木料造一对筷子，夹在万年历里面，用红布包住缠在梁上，再拿银圆固定，垂下部分红布，上书"紫微高照"。屋主人请大师傅上到梁边念咒祭天地祖先，屋主则在梁下跪拜，大师傅拿起酒杯，一杯敬天，一杯敬地，一杯敬祖先，接着与下面

---

❶　王晓葵. 记忆论与民俗学［J］. 民俗研究，2011（2）：32.
❷　高丙中. 日常生活的现代与后现代遭遇：中国民俗学发展的机遇与路向［J］. 文化研究，2007（1）：7.

的人对答，问"要富还是要贵"，答"富贵双全"。上梁时亲戚会前来祝贺，称为"贺梁"，每位来人带一卷鞭炮挂在梁上燃放。

（4）建屋。屋架搭起来之后可以根据经济情况和需要装修房屋，可以先装一楼或者几间内屋，有钱有需要时再装其他。❶

村支书的叙述显得相对客观、完整和富有逻辑，让人觉得上述步骤似乎发生在地西每一家新盖的房屋中。在对吴家寨的一位吴姓老人进行访谈时，他是这样讲述的：

建房子看日子，具体朝向和位置（我）都没管。建房子的日子怎么选，信迷信的先生，找个先生看日子；哪天竖屋，（也）要找个人看。偷梁，年轻仔，一个亲戚，一个本家。看好了哪棵树，早早地去砍，抬起来，往高的地方放起，不能被人拿走，最后把梁抬下来，比它的长度，进行修整。椿头树有，专门栽，要起房子我就栽一棵椿头树。❷

比起前者的讲述，这位吴姓老人代入了更多的第一人称视角。在他的记忆里，选址这一步骤基本与他无关，他用"迷信"指代"风水"。而在"偷梁"的步骤里，则要求两个后生子一个是本家，一个是亲戚。对于栽椿头树，因为亲身经历过，以他的经验，如果要起房子，就必须栽，表现出毋庸置疑的语气。

村里的木匠又是如何表述的？石家寨的石木匠是这样讲述的：

（技艺）不传了，不肯学木匠了，连我的孩子都不想学了。现在木房子已经被淘汰了，有的说舒服，有的说不舒服，选择多了。砖房最早的在 2000 年，有钱的就搞了。没想起木房了，（和砖房）成本相差不大。木房子装修好的也要几十万。一千块钱一个立方的木材，修一栋房子要一百多个立方，自己的（木材）也要算成本。木头要算钱，交钱给林业站、政府，把砍伐证给你，办证才能砍。砍多了要坐牢。我从 1973 年（20 岁）开始搞木工。

根据地基的宽窄来决定朝向，起得多的（房子）是三层。稻谷放在楼上，专门盖一个小屋，存放稻谷。稻谷晒干了再放，不晒就会霉烂。时间快的房架子一个人一个月就能弄好，两个人就半个月，把架子立起来。装

---

❶ 村支书石某某访谈，2017 年 7 月 22 日。
❷ 村民吴姓老人访谈，2018 年 4 月 1 日。

修就随便，主要帮忙起架子。椿头树和梓树从古遗传下来，有香味。砖房资金越多，盖得越快。（礼俗）是旧社会遗传下来的，香和纸钱，猪脑壳，要公鸡。有一种传说，我们的师傅是鲁班师傅。杀鸡，要用鸡血沾房屋的梁。❶

　　向石木匠询问建房的礼俗，他却从木匠技艺的传承开始讲起，并提及他的孩子。石木匠关心的不是建房礼俗，在他看来，这一套建房礼俗有相当一部分是建立在建木房的基础之上的，而木房本身目前却处于被淘汰的状态。石木匠的讲述偏重于建房的实际操作层面，这恰恰与他的职业经验有关，他更关心的是如何建造一栋适于生活居住的房子，颇有一种实用主义在里面。至于礼俗他没有多说，只是将其视作旧社会的遗存。建房的礼俗是被动接受的，建房的技能和经验却能照顾到实际的需求。在石木匠这里，两者似乎是分离的。一个主要原因或许在于，大多数人家一生只起一座屋，象征着物质和精神层面的双重成熟，既需要考虑实际的用途，也需要依靠礼俗赋予其精神层面的意义，而石木匠经手的房子则太多了（图 1 - 28）。

图 1 - 28　受访的木匠

　　同样，居住在杨家寨的石姓老人关于建房礼俗的讲述则演变成了自己建房的经过：

　　2001 年建房时，木头是自己家的，自己栽自己砍，全部都是杉木。木匠是我们自己村的。光那个架子就（花了）1860（元），装好木板（花了）5800（元），木材是自己的，连买玻璃、油漆，总共 1 万块。木房不潮湿，住进去暖和得很。❷

　　石姓老人 1980 年结婚，当时入赘到杨家寨的一户人家，直到 2001 年才单独建房。他记得最清楚的是建房的花销而非那些礼俗。从他的表述中不难读出

❶　木匠石某某访谈，2018 年 4 月 1 日。
❷　村民石某某访谈，2018 年 3 月 31 日。

一种依靠努力而获得的自豪和满足。

村支书的讲述隐去了第一人称，像是在客观陈述某一事实和知识，正如以往书写中对民俗的表达一样。事实上，村支书也是在根据他个人的经验和记忆进行叙述，而村民的讲述则是基于不同的立场对建房这一事项进行分解，接入各自的日常生活图景中去。在这样的表达中，语言朴实而富有情感，虽然是琐碎的，但也是细致的，它表现出了人们基于自身生活经历所做出的主动选择。村民的讲述不是被胁迫的，其在记忆的回溯中建构了自身存在的真实，而非被他人"代理"或者用一种学理的语言进行改造。

五、结语

当村史构建成为一项具有广泛影响力的社会文化实践活动时，正如当代遗产保护实践一样，不可避免地容纳了各方力量的参与。在地西村史调查与撰写的微观实践中，首先可以确认的是，笔者在这个过程中关注如何能够尽可能多地获取历史材料和历史信息，并对其进行加工，以一种文化解说的形式对外传播。不管是政府还是专家学者或者学生，在村史构建中都不可避免地会以一种由上而下的视角俯视乡土社会，但同时也会以一种由外而内的客观视角审视乡土社会，这些视角都具有一定程度的合理性。历史文化资源之所以被称为遗产，在于它的公共属性不断被加强。所以，在遗产主体问题上越来越强调"主体间性"，即强调主体与主体之间、主体与客体之间更为自由、平等、开放、交互的关系。

历来村史的编写都有赖于国家与乡土社会之间的互动，但是在一个主体"发育不良"的时代，村民主体地位是否彰显得更多则取决于村民的表达与国家意志的契合程度。当遗产被当作凝聚"民族—国家"内部认同的文化表征时，遗产的原创者和所属者似乎只能被动接受官方立法和行政权力的安排，似乎只能"无所作为"❶。

从村民的角度来讲，一是建立在地缘和血缘之上的历史文化认知在他们心

---

❶ 肖坤冰. 遗产的"文化公权"与"发展私权"之争论——对遗产运动中几组行动主体的权力话语分析［J］. 徐州工程学院学报（社会科学版），2012（4）：64.

中具有持久的生命力，这一认知倾向自古代村志书写以来时强时弱。二是肯定历史上与国家的正面互动。在地西"红色文化"的生成中，运用了与"四史运动"中的村史编写类似的革命话语，但是其内涵已经与"四史运动"中倡导的阶级斗争大相径庭，着重体现了军民一家的鱼水情深和爱党爱国的红色内涵。这种红色内涵既建立在对国民身份的认可之上，也建立在乡土—国家的地域联系之上。对于村民来说，民俗的表达实际上是个人生活经验与记忆的表达，如有实际生活的需要便会得到传承。

通过村史建构乡土遗产话语，并非要建立地方历史文化的权威论述。借由对地西民俗文化的调查，笔者更多的是去获取那些蕴含在村民生活琐事之中的记忆与历史，通过一个主题让村民保持独立言说的立场和自由讲述故事的逻辑，尊重村民作为主体的生命经验与表达方式，以及其主观阐释的部分。从这个角度讲，村史构建并非一项纯学术工作，村史建构出的遗产话语具有浓厚的社会意义和文化传递功能，尤其是当村民自发参与其中时，即在自行生成地方历史文化知识，形成与后代对话的能力。这些不断被激活的个人和集体记忆，从表面上看或许只是在重温过去的日常生活，本质上是在历史与现实的碰撞中找到自身存在的真实感，从而激发乡村历史文化保护传承的动力和保持乡村生活的延续性。

（本文由复旦大学文物与博物馆学系 2017 级硕士研究生刘邵远撰写）

第二部分　展示与利用

从认知到展示：中国乡村遗产系统性阐释研究

——以楼上村系统性展示为例

作为农耕文明大国，乡村的生活模式和文化传统在很大程度上代表着我国的历史传统。传统村落见证着中华优秀传统文化的发展，也是其根基所在。在工业化、现代化、城镇化发展的浪潮中，农村居民的经济收入逐渐增加，生活方式正在发生改变，乡村在获得发展机遇的同时，传统村落文化以及传统村落的保护与发展也受到了直接的冲击，面临着诸多矛盾。

近年来，诸如《关于实施中华优秀传统文化传承发展工程的意见》（2017年）、《乡村振兴战略规划（2018—2022年)》（2018年）等大量文件纷纷强调村落文化保护在乡村振兴战略中的重要性，昭示着传统村落保护的新机遇、新时代已经到来。与此同时，我国对乡村的认知逐渐向遗产保护和文化传承的方向发展，乡村遗产不再只局限于单一的乡土建筑和文物古迹，而是涵盖了自然和文化两大层面，是不断有机进化的活态遗产。

在这样的客观导向环境下，如何保护村落文化遗产，在输出乡村价值的同时避免单纯、冰冷的模式化的旅游开发，协调保护和发展两方面，推进乡村发展的进程，成为本文选题和实践的一大前提。

国内外学者有关中国乡村的研究涉及地理学、生态学、人类学、社会学、历史学、民族学、城市规划、文化遗产、文化景观等众多学科和领域，研究内

容包含乡村社会秩序、人际关系、乡村文化、乡村遗产保护利用、乡村生态环
境、生态博物馆、村落文化景观、乡村治理规划等各个方面，研究维度涵盖了
自然、社会、人、时间与空间、物质与非物质等层面。目前，对于村落文化景
观的研究正处于发展的阶段，如何认识村落文化体系的价值，并将其诉诸解释
传播手段的研究和实践还有进一步深化的空间。

本文以认知和展示这两个维度为出发点对乡村遗产进行研究，主要尝试解
答两方面的问题：①乡村遗产的核心价值是什么？要展示什么？②如何展示？
用什么样的理念和形式进行文化传播？相关研究以文化遗产学的方法论为主
导，以村民这一主体为主要服务对象，希望能在乡村语境中构建一个可行的工
作方法和思维流程。

针对认知和展示两个维度，本文主要以文化景观和生态博物馆两种方法论
进行论述，并在此基础上设计展示内容。其中，利用文化景观的方法论充分认
识乡村遗产的核心价值，以楼上村为例，构建乡村遗产和乡村景观体系框架，
从各个角度认识人在自然载体中的作用，挖掘智慧、知识、生活之美；借用生
态博物馆的部分理念，将楼上村看作一个整体，充分强调村落区域空间内的自
然环境、建造物、村民生产生活方式、民俗习惯、传统信仰等各种物质与非物
质载体；从如何展示乡村遗产、阐释其价值入手，希望打破传统的村史馆模
式，探索更多的可能性。

一、认知与展示理念

（一）认识乡村遗产——从文化景观的方法论出发

在 1992 年于美国圣达菲（Santa Fe）召开的联合国教科文组织
（UNESCO）世界遗产委员会第 16 届大会上，文化景观被联合国教科文组织世
界遗产委员会认定为一种具有"突出普遍价值"的遗产类型，并在 1994 年颁
布的《实施世界遗产公约操作指南》中将其分为"人类有意设计的景观""有
机进化的景观""关联性文化景观"三个基本类型。学界通常认为文化景观由
自然和人文两个维度组成，是人类与自然在漫长的历史中相互作用、相互适应

形成的共同作品。在我国，虽未有"文化景观"这一具体的形容，但自古以来对于山水风貌的关注、因地制宜的生存理念以及人与自然和谐相处的价值观便一直根植于我们的文化发展脉络中。关于文化景观，最为经典的一种定义来自美国地理学家卡尔·索尔，在《景观形态学》（*The Morphology of Landscape*）（1925 年）一书中，他认为"文化景观是由特定的文化族群在自然景观中创建的样式，文化是动因，自然地域是载体，文化景观则是呈现的结果"。❶ 强调人类和自然之间的相互作用，是因为这种作用过程的时空延展性。此外，文化景观也具备了活态性、地域性、继承性等特征。

文化景观的形成多依托于聚落，在聚落中分布最广泛和最常见的基本形式便是村落。《国际古迹遗址理事会与国际景观设计师联盟关于乡村景观遗产的准则》（2019 年）认为，乡村景观是人类遗产的重要组成部分，是"能持续使用土地的特殊手段"中的一种，也是延续性文化景观中最常见的类型之一。乡村文化景观包含了人类与自然环境之间交互作用的多种表现形式，并处在有机进化演变的过程中，也正因如此，其更具活态、动态的特点。

2008 年 10 月在贵阳召开的"中国·贵州——村落文化景观保护和可持续利用国际学术研讨会"认为，村落文化景观是"自然与人类长期相互作用的共同作品，体现了乡村社会及族群所拥有的多样的生存智慧，折射了人类和自然之间的内在联系……是农业文明的结晶和见证……"，提倡要整体保护村落人居环境和文化记忆，且强调了村民的重要性。❷

本文聚焦山地空间聚落（村落中的生产、生活受自然生态环境影响，人与自然的互动发挥到了极致），用看待文化景观的眼光来分析西南山地村落，是较为理想的一种模式。

（二）展示乡村遗产——生态博物馆视野

在提及如何将具有活态性的乡村文化景观遗产展示出来时，生态博物馆的理念似乎与其不谋而合。自生态博物馆这一概念于 1971 年在法国格林诺布召

---

❶ Sauer, C O. The Morphology of Landscape [M]. Berkeley：University of California Publications in Geography，1925：19–54.

❷ 关于"村落文化景观保护与发展"的建议. 贵阳，2008.

开的国际博物馆协会第九届大会期间诞生以来，对于其定义，不同年代、不同地区的众多学者从各种角度进行了广泛的探讨和实践，较为广泛认可及采用的便是里维埃提出的所谓"进化"的定义。与传统经典博物馆将遗产归置于建筑物中陈列，割裂了遗产与原生地和原生环境之间的联系不同，生态博物馆更强调遗产保护的真实性和完整性，希望能在特定的社区中对其所拥有的活态文化和自然遗存进行研究、保护和阐释。生态博物馆的范围扩展为整个社区区域空间环境，以"人"为核心取代以"物"为核心，致力于社区发展，其中当地居民成为参与收藏、管理的重要角色。

历经 40 余年的萌发、探索和扩展，生态博物馆理念的种子在世界各地生根发芽，诸如图顿生态博物馆、法国地区自然公园、美国亚克钦印第安社区生态博物馆计划等项目的本地化实践皆各具特色、可圈可点。

生态博物馆这一概念于 20 世纪 80 年代开始进入国内。最初，我国与挪威合作，选定贵州梭戛、镇山、堂安和隆里四处作为首批生态博物馆的兴办地点。1998 年 2 月，我国第一座生态博物馆——梭戛生态博物馆及其资料中心建成开放，迈出生态博物馆建设的一大步，随后贵州先后建成并扩大了生态博物馆群，成为我国生态博物馆发展的重要省份。除此之外，中国生态博物馆事业也在其他省市蓬勃发展，并逐渐形成了以西南地区为代表的"生态博物馆"和以东部沿海地区为代表的"社区博物馆"齐头并进的发展态势。在丰富的实践中，我国也总结出了以"六枝原则"为代表的生态博物馆建设实践模式，对生态博物馆事业的发展具有重要意义。

整体性阐释的目的在于，告别单纯地呈现遗产本身的方式，开始强调遗产背后蕴藏的丰富的历史文化活动和思想观念，以有效的叙述方式传达给受众。这不只是对乡村遗产的保护，更是对集体记忆的保存，同时可用于培养村民的自主性。

二、楼上乡村遗产体系核心——人与自然动态互动过程分析

楼上村位于贵州省东部、铜仁地区西部的石阡县国荣乡，是中国历史文化名村、第一批中国传统村落、第七批全国重点文物保护单位（楼上村古建筑

群）。明弘治六年（1493 年），楼上周氏先祖为避难图存移民至此地定居，至今已逾 500 年，全村居民周姓占 95% 以上，以周氏家族为主的宗族亲缘结构完整。村民世代以耕读为业，于富饶山水间构建出一套相对封闭、循环稳定、自给自足的乡土生活模式，形成了良好的村落文化景观，并在自然与人持续互适的同时孕育出层次丰富的乡土智慧、思想观念和审美价值，演绎着人与自然和谐共生的百年篇章。

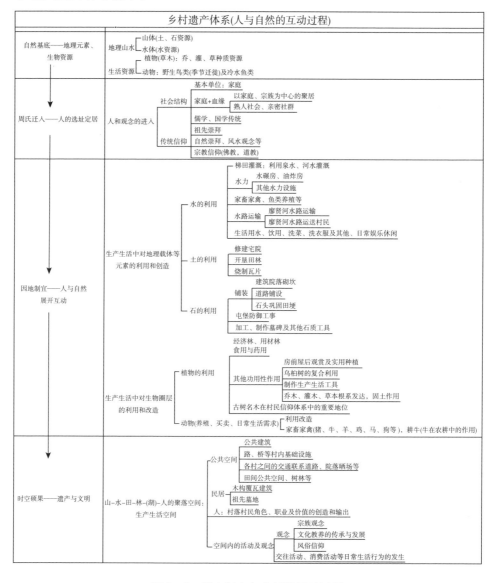

图 2-1　楼上村人与自然的互动过程

如何认识楼上村的文化遗产体系？如何讲述在楼上这片沃土之上的楼上人的故事？根据笔者的调研结果，以下主要从自然基底、周氏迁入、因地制宜、时空硕果四个方面展开，介绍人与自然的互动过程（图 2-1）。因篇幅所限，仅作简要讲述。

（一）自然基底

"仰以观天文，俯以察地理"，古人在选址定居时通常看重自然环境是否宜居，这是农业社会人居环境建设的基本要求。楼上村的自然环境及资源可分为地理山水与生物资源两类，条件优越（图 2-2）。

图 2-2　楼上村俯瞰图

1. 地理山水

楼上村气候温润，拥有良好的自然山水格局，村落各处入眼即画，富有自然山水画之灵韵。周围山体为喀斯特侵蚀地貌，由此发育出山间涌泉。廖贤河环山而过，水质良好（图 2-3）。这里还发育有天然地热资源。

图 2-3　廖贤河及周围山脉

2. 生物资源

楼上村周围森林密布，有多种乔、灌、草种植资源，其中不乏多类古树名木（图2-4）。在山林河流之中栖居着各类野生动物，生态系统良好。

枫香树　　　　　　　　柏树　　　　　　　　杉树

楠木　　　　　　　　　紫薇　　　　　　　桂花树

图2-4　楼上村部分古树名木

（二）周氏迁入——人的选址定居

楼上先人从江西到四川再到贵州，世代移民。明弘治六年（1493年），始祖周伯泉相中楼上地区上佳的山水自然条件，在此购置田地，背山面水建造村落。先人们带着汉族传统的宗族结构、文化教养及信仰体系，以宗族血缘为中心，开始利用、改造、适应当地自然环境，繁衍生息。

在我国传统的农业社会，村落是社会的基本单位，是以宗族血缘为中心而聚居的生活共同体。周氏一族为汉族，保有传统社会宗族结构意识，利用传统文化教养、宗教信仰等价值观聚合群体，并且能够自主利用生活知识改造自然。

（三）因地制宜——人与自然展开互动

如何讲述人对自然的适应和利用创造过程？经过调研，本文主要选取水、土、石、草木、动物等对楼上村落发展极为重要的自然元素进行分析。

1. 生产生活中对地理载体等元素的利用和创造

（1）水的利用

水是生产生活之必需。村落中主要的水源来自廖贤河及天福古井、龙洞湾等多处天然水源，村民对水元素的多种利用也造就了部分重要的文化景观。

1）梯田灌溉。村民们创造了巧妙的梯田灌溉体系，主要灌溉水源为龙洞湾泉眼、天福古井泉眼及野猫洞泉眼。通过挖掘沟渠，引水入田（图2–5），并对大泉眼水源进行分流，使每一处泉眼为各自片区的梯田供水。

图2–5　梯田及灌溉水渠

① 轮水制度。天干时节，为解决灌溉用水紧张的问题，楼上村先祖创造了轮水制度，并世代遵守。每家每户根据自家梯田大小进行分水，并烧香计时，轮流使用。由于各家插秧蓄水的时间不一，可互相商议监督。靠近泉眼处的梯田通常不参与轮水，因为泉眼处的梯田有充足的泉水自然渗入，只需挖一条小沟即可。

② 耕作种类及轮作。根据地势和涌泉高度，村民们选择泉眼以上行旱作和灌溉范围内行稻作两种方式，并根据季节种植水稻、油菜和其他蔬菜瓜果。村民们也会根据实际需求选择农作物的种类（图 2 – 6）。

图 2 – 6　村民种植的玉米、水稻、油菜、土豆

2）水力。在龙洞湾及廖贤河沿岸水流较急，村民们在有天然水力的各处建造了水碾房及油炸房，利用水力冲击水车带动碾盘运作。水碾房和油炸房承担着楼上村及周边部分村落稻米、油菜籽加工的重任，但已先后被毁，现只留存有遗迹（图 2 – 7）。

图 2 – 7　龙洞湾水碾房遗迹

除了水碾房和油炸房外，村中还曾设有多处水力设施，如龙洞湾泉眼处有水力发电站，廖贤河沿岸有多个水车、龙骨车用于倒提河水灌溉河滩周围的梯田（图 2 - 8）。这些水力设施也因现代技术的发展而被取代，未能保存。

3）水路运输及养殖。在 20 世纪 80 年代以前，楼上村民出行和运输货物主要以廖贤河水路为主。廖贤河是楼上村民与外界联系的交通要道，水路下游到达石阡县城，上游连通余庆、甘溪。村民深谙河道上下游贯通各地之理，可前往各地赶集（图 2 - 9）。村民也会在廖贤河养殖淡水鱼。

图 2 - 8　廖贤河水车

注：图片来源于石阡县文物局

图 2 - 9　曾为楼上河道口岸的

廖贤河莱尔塘

4）生活用水。天福古井及龙洞湾泉眼的水源不仅对农业生产起着重要作用，也是村民重要的生活用水来源，天福古井也因此成为村子里重要的公共生活空间（图 2 - 10）。茶余饭后，村民们常常前往廖贤河边散步。因傍水而生，村民水性良好（图 2 - 11）。

图 2 - 10　天福古井取水

图 2 - 11　廖贤河河滩

（2）土的利用

土地为村民建房造田、安身立命提供了场所，土地也是村子选址、扩张、生存的根基。村民对土的利用可以从以下几个方面进行分析。

1）修建宅院。楼上的地势要求人们对土地尽可能充分利用，无论阳宅、阴宅，皆需在充分利用土地的基础上保证合理性。

阳宅指建筑房屋。楼上的房屋多为三合院形制，以民居建筑最为多见，多坐北面南；院落大门称为"龙门"，正房形制三间，两边各配有干栏式厢房两间。三合院式可保证正房不受前方建筑遮挡，西南朝向则可充分接受西晒（图2-12）。

图2-12　核心建筑区及民居

图2-13　古墓群

阴宅指墓地，村落内部及周围田林间分布有多处古墓群（图2-13）。因部分墓地先于村子扩张前修建，故而村内部分墓地会散落于建筑周围。

2）开垦田林。村民利用山势开垦梯田的同时，也会利用房前屋后的零星土地种植时蔬果木（图2-14），如种植的木槿可充当栅栏，散发气味驱逐家鸡。另外，村民多将院落当作晒场，是重要的生产用地（图2-15）。同时，村民充分利用周围山林，进行用材林、经济林的种植（图2-16）。

图 2 – 14　房前屋后用地

图 2 – 15　院落晒场

图 2 – 16　村落周边的林木

3）烧制瓦片。村民曾利用当地土壤建窑烧制瓦片，用于梓潼宫和民居的修建。窑口位于下观景台下方山坡，现已被毁（图 2 – 17）。

（3）石材的利用

楼上村及其周围石材较多，村民对石材进行取料加工，用于村落各处，具体有铺装、加工、修建防御工事等。

图 2 – 17　烧瓦窑旧地

1）铺装。因梯田具有高差，土壤具有流动性，村民通常堆砌石头加固田埂，防止水土流失。村民还利用石材为建筑和院落砌坎、筑台基台阶、抬高地基防潮。村内各巷道也多采用青石板铺设（图 2 – 18）。

图 2 - 18　田埂加固、院落砌坎、铺路

2）加工。村民还会加工石材，如打制墓碑、碾房水磨、猪槽、水缸等（图 2 - 19）。

图 2 - 19　石磨、水缸

3）修建防御工事。村落东北缘上观景台处有天然陡峭石灰石岩体，村民将石块运送至此地建造屯堡防御体系，供躲避战乱与匪患之用。屯堡内为多级台地，用石块进行区域空间划分，分置人和牲口。在屯堡上投掷石块、火药等可御敌（图 2 - 20）。楼上周边地区各个村皆有这类防御设施，形成防御连线。

图 2 - 20　屯堡遗址

据《周氏族谱》记载，清代顺治年间，楼上周边苗王蚩部落对楼上大举进兵，周氏族人正是迁至屯堡避难才得以保存族脉。

2. 生产生活中对生物圈层的利用和改造

（1）植物的利用

楼上及其周围丰富的植物资源皆可被村民"因材施用"，具体介绍如下。

1）经济林、用材林及房前屋后植物种植。林木一可作为村里建筑各部件的重要用材，二可作为薪柴（图2-21）。修建房屋，通常用柏木做柱，更加结实防腐；用松木做枋，进行穿、挑，以保证良好的受力；杉木的韧性好，防腐性好，可用来做檩条；门窗用材可选用杉木、柏木或其他杂木；椽、桷则可选用松木。

另外，在黄泥田等地，村民大力发展经济林木产业，种植桃树等。村民们也会根据实际需求在房前屋后种植果蔬（图2-22）。

图2-21　薪柴

图2-22　房前屋后种植

2）山间野生植物利用。贵州山区生长有各种野生植物，可食用、入药，村民能识别其种类，是宝贵的经验财富。如"神仙豆腐"是夏令时节楼上村民的家常小吃，制作原料为野生山楂树叶。传说饥荒年代，先民受菩萨指点得此做法果腹充饥（图2-23）。

图2-23　神仙豆腐

"神仙豆腐"的制作过程如下（图 2 - 24）：

① 采摘新鲜的山楂树叶。

② 将其用热水泡软、用布包裹后揉出浆液。

③ 将适量的煤灰或香灰水加入浆液中。

④ 等待 2 ~ 3 小时后凝固，豆腐制成，冷藏保存。

图 2 - 24 "神仙豆腐"的制作过程

这一地区还生长有多种野生草木为村民所用，如蝎子草、折耳根、蜂糖罐、落葵薯、何首乌、刺梨、天香米、胭脂粉、艾草、山萝卜、水芹菜、香椿、鸭脚板、拐枣、虎掌、豆瓣菜等（图 2 - 25）。如刺梨这一野生小灌木，8—9 月，果实成熟变黄后可食用或做刺梨酒，酸甜可口，村民通过贩卖刺梨酒可获得些许收入。

3）协助生产生活。植物还可以用来制作生产生活工具。以竹子为例，楼上竹类丰富，有野生的，也有人工栽种的。按照村里的说法，楼上的竹子主要有阳山竹、金竹、水竹、苦竹等。村里的老一辈大多精通竹编工艺，制作竹具用于生产生活（图 2 - 26），村内常见的竹器有背篓、晒席、草篮、烘篓、箩筐、吹火筒、横筛漏、筛子、筛箩、簸箕（大撮子）、簸箕（撮箕）、筲箕、刷把、片笼、提篮等。各种竹子的性质不一，村民熟知制作各类器具最适合的竹材，如阳山竹（学名黔竹）绵软，利于制作捆绑工具；毛金竹竹壁较厚，坚韧，制作的器具结实耐用；斑苦竹性脆，竹节长，是制作筲箕、斗笠的好材料。

活麻　　　　　　　　　折耳根　　　　　　　　　蜂糖罐

落葵薯　　　　　　　　何首乌　　　　　　　　　刺梨

图 2 – 25　部分食用、药用野生植物

图 2 – 26　竹编

（2）动物的利用

贵州地区极具生物多样性，村落生活中离不开对动物的利用，如村民在村子里养殖家禽家畜，作为宠物或劳动助手，或买卖获取收入。

1）野生动物。调查访谈得知，楼上拥有多种野生动物，如灰鹤❶、蜜蜂❷、獾、小灵猫、黄鼠狼、旱獭、水獭、野兔、松鼠、猴、刺猬、红腹

---

❶ 当地称为老鹳，一种候鸟，数量较多，多栖息于村内高树上，每年 10 月左右迁徙离开，次年农历腊月飞回，极具观赏性。

❷ 多见于夏天，村民有养殖野蜂的习惯，用竹条蘸上盐水和蜂糖，将野蜂从山上引回家旁自制的纸盒、蜂箱内。村民取蜂蜜药用或食用，秉持因地制宜、实用主义的生活观念。

锦鸡、竹鸡、鹭、山雀、斑鸠、猫头鹰、画眉、百灵鸟、黄雀、啄木鸟、竹叶青、蜥蜴、鳖、大鲵、蟾蜍、米虾、乌龟、螃蟹、田螺、泥鳅、黄鳝等（图2-27）。

图2-27 老鹳及蜂房

2）家畜家禽。家畜家禽有马❶、牛、猪❷、鸡、羊❸、狗、猫。其中，耕牛是农耕家庭重要的生产伙伴，是"劳动部队"的重要成员（图2-28），分为黄牛和水牛两种，用于耕种或贩卖获取收入。

图2-28 耕牛

（四）时空硕果——遗产与文明

据《周氏族谱》记载，现今的楼上村一族已经繁衍到了第十九代，达4000

---

❶ 主要用于驮运货物。

❷ 大部分家庭养殖，通常在厢房下层设置猪圈，主要用于食用和买卖。

❸ 部分家庭养殖山羊，放羊时通常有狗看守，用于食用和买卖。

余人，出了进士、贡生、秀才40多人。楼上村民多年艰苦创业，与自然共生，在少数民族聚居地区传承着汉族传统文化的同时又与周边民族交流融合。

1. 生产生活空间的创造

经过数百年的发展，楼上沉淀出现下规模的村落空间和生态系统，这是村落文明的物质体现，其中包含了公共空间和私人空间。

（1）公共建筑空间

以古建筑群为例，公共建筑空间包括天福古井、楠桂桥、梓潼宫、戏楼建筑群及周氏宗祠（图2-29）。

天福古井　　　　　　　　楠桂桥　　　　　　　　梓潼宫

戏楼　　　　　　　　周氏宗祠

图2-29　公共建筑

注：戏楼的照片由石阡县文物局提供

天福古井井口坐东北面西南，水质清凉，天然无垢。村民深谙循环利用之道，将水池分为两级，第一级用于洗菜，第二级则用于清洗衣物、牲畜饮用。

楠桂桥曾是水路进入村寨的必经之地，两棵楠木和桂花树组成整个村寨的大门，即村民口中的"大龙门"。

梓潼宫包括正殿、南北两厢及庭院、后殿，为梓潼帝君之宫。梓潼宫位于龟背脊山峰顶部古树群中，曾香火旺盛，现正殿中供奉有文昌梓潼帝君、慈航真人、财神赵公明三位仙尊。后殿中供奉有太上老君、药王菩萨等。20世纪四五十年代，梓潼宫东山前阶檐角曾悬挂有一口大钟，钟声一响，楼上及周边村寨的村民便会迅速集结御敌，彰显了村落宗族的团结。

戏楼是村内重要的公共空间，逢年过节，梓潼宫、戏楼一带人声鼎沸，是村子里文化生活、社区交流的重要场所。戏楼左右两边为带廊厢楼，供演员化妆和存放道具；中间为突出的舞台，用于戏剧节目表演。

周氏宗祠西厢房为小屯寺正殿，东厢房为阁梁寺正殿。正殿供有周氏牌位，供楼上地区及在外发展的周氏族人祭拜，是宗族亲缘意识和社群凝聚力的集中体现。

（2）民居建筑

村中民居建筑大多保留了汉族的院落式传统，是基本的生活空间单元，多为坐北面南三合院。200 余栋民居中现存明代建筑 2 栋、清代建筑 13 栋、民国建筑 20 栋。国保民居建筑单位主要有周正齐宅❶、周正益宅❷、周永蓂宅❸、周正芹❹宅、周正典宅❺和周正洪宅❻（图 2－30）。

周正齐宅

周正益宅

周永蓂宅

周正芹宅

周正典宅

周正洪宅

图 2－30　国保民居建筑单位

❶ 三合院式，由正房、东西厢房和龙门（当地称法，指院落大门）组成，正房为明代马桑古木屋。
❷ 三合院式，由正房和东西厢房组成，正房为明代马桑古木屋。
❸ 三合院式，由正房和东西厢房组成，正房为清代保护建筑。
❹ 由正房、东西厢房、龙门和南侧倒座（当地称为对天）组成，正房为清代保护建筑。
❺ 三合院式，由龙门、正房和东西厢房组成，正房为清代保护建筑。
❻ 由院落、正房组成，无围墙，无厢房，正房为历史保护建筑。正房石筑台阶保存较完整。

其中，周正齐宅又有"马桑古屋"的称号，是村子历史的见证。据《周氏族谱》记载，明代中期这类房屋全寨有 30 幢，顺治年间，楼上周边苗王蛊部落觊觎楼上水土肥沃，对楼上大举进兵，放火将村内的房屋烧毁，只有两幢马桑古屋因当时为苗兵住所而得以幸存。另一处马桑古屋为周正益宅。

（3）古墓群

村落内部及周围散布着百余座墓葬，与民居阳宅相依相靠。每年的祭祀活动反映着村落的宗族意识和先祖崇拜（图 2–31）。其中，四世祖周国祯墓又名四方碑，碑位于墓前，为家谱叙事石刻。真正的墓穴为墓碑后方的岩穴，为岩穴葬，以绝壁为天然屏障，四周古树围绕覆盖（图 2–32）。

图 2–31　龙洞湾古墓群　　　　　　图 2–32　四世祖墓

（4）古巷道空间及屯堡遗址

楼上村依山而建，巷道是村内重要的公共空间，由青石板铺筑而成，连接村落各处和村民的生活（图2–33）。屯堡遗址前文已述及，在此不赘述。

图 2–33　巷道

2. 人的活动及价值

在同姓村落中，风俗习惯和价值观更带有浓厚的宗族特色，村子便同家族一样，对内和对外产生双重功能。

村子里除了传统的农业以外，又因手工业诞生了一批匠人，并以此谋生，如石匠❶、木匠❷、铁匠❸、纺织工❹、裁缝、杀猪师傅、兽医、风水师❺等，村民以及各村间互帮互助，构成职业供需循环（图2-34）。

裁缝

土布衣

石材

铁锁

图 2-34　工匠手艺

（1）耕读传家的生活方式和思想传统

"……乃体祖父之遗训，本分持身，耕读为业……"，这是楼上《周氏族谱·易祖遗嘱原本》中的教训。耕读传家，既是楼上人在自然环境中的生存方式，也是楼上文化教养和生活哲学的核心。

传统农耕社会，日出而作日落而息。作为最基本的生存方式，农耕传统造

---

❶　在村中打制水磨、水缸、猪槽、墓碑等石制品，青壮年时期常外出做工。

❷　木匠中还有一类掌墨师，用墨粉和一把鲁班尺便可把握传统木构建筑结构。木匠手艺常常以师徒传承。

❸　打制如门锁、锄头一类的铁质工具，青壮年时期常外出做工谋生。

❹　20世纪，村子里曾种植棉花，村内还有纺布机捻布，村子里产出的布叫作土布，部分村民家中仍存有土布衣服。

❺　主要服务于村内及周边村落的房屋建造、婚丧嫁娶。

就了村落的乡土性和勤劳务实的民风。楼上周氏宗北宋理学家、哲学家周敦颐之家声世泽，自称"濂溪世第"，并将"宗传姬旦家声远，学绍濂溪世泽长"作为族训之一。作为汉族村落，楼上自古至今一直传承着儒学和国学传统，强调读书修身。村内老幼皆习书法，家家户户写贴对联。对联的内容时刻强调克己复礼、本分持身处世之道，如堂屋中柱对联内容需树立"正气"，字体不可潦草。除对联艺术外，匾额艺术集书法、篆刻等艺术形式于一体，是中国传统民族文化的体现，村内如周永蕚家便挂有"会绍启英"和"松操鹤算"两块珍贵的匾额（图2-35）。

图2-35　对联及匾额

楼上村民非常重视文化教养的传承和发展，梓潼宫曾被当作学堂使用。近年来，村民自发创办国学班，修养正书院，寒暑假时孩童可前往养正书院学习书法国画，培养文化兴趣和素质（图2-36）。

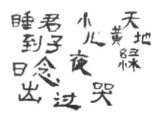

图2-36　养正书院、国学班及书法作品

（2）传承宗族观念

楼上一脉为汝南周氏后代，秉持汉族宗族传统理念，各家各户在正房中堂设"汝南堂"，张香火帖以祭祖、祭神灵（图2-37）。楼上周氏汝南堂香火帖分为满堂香火和帖帖香火两种。村民重视村落历史的记录和编纂，组织族民修族谱村史、建周氏宗祠，清明节着盛装开展祭祖活动，老少参与，代代相传。

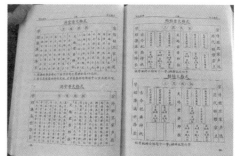

图 2 - 37　汝南堂、香火帖

（3）信仰·风水

村民尊佛道二教，村内及周边现存梓潼宫、观音阁、山王庙、土地庙、南山寺、城隍庙等庙宇（图 2 - 38）。梓潼宫是楼上道教信仰的集中体现，其建筑群及周围的"风水林"也是村落中最神圣的信仰空间。每年农历新年和六月十九"朝佛日"等节日，村中会定期在梓潼宫举行盛大的敬神拜神活动，祈求风调雨顺。

图 2 - 38　梓潼宫造像及山王庙

建筑群的布局、重要公共建筑的选址、建筑的朝向等都由风水学统摄，体现人与自然环境在精神信仰上的强烈关联。村落的选址秉承了"背山面水、负阴抱阳"的风水学原则。村落南面的山脉被村民用象形附会成各类形象，彰显极佳的风水（图 2 - 39）。

图 2 - 39　楼上山形示意图

建筑院落大门朝向有所谓"歪门斜道"的讲究，即龙门一般不正对堂屋，通常选择朝向转角或侧开，巷道不与堂屋正对，也不取直，自歪门走斜道，寓意财不露白（图 2 - 40）。

图 2 - 40　歪门斜道及八字龙门

墓葬的选址也有讲究。墓葬方向依据生辰八字和去世的时间确定，且有"来龙"和"沙水"的讲究。村民相信"万物有灵"，为古树、古井、泉水、大洞等赋予新的精神价值，如在天福古井凉亭柱上张贴"天黄地绿，小儿夜哭，君子念过，睡到日出"的符纸，让来往路人念叨符纸内容，祈求治愈小儿夜哭（图 2 - 41）。村民还认为，天福古井的泉水可以带来好运，水象征财富。农历腊月三十晚子时，村民前往古井象征性地取少量水，又叫"接金水银水"，取水回家的路上尽量保证水不洒出，意为金银财宝不外流，到家后将水倒在地上，意为新年取得好兆头。立春之时，村民在古树上结红，祈祷春耕生产风调雨顺，祈求祛除病痛，孩童健康成长（图 2 - 42）。

图 2 - 41　古井符纸　　　　　　　　图 2 - 42　楠木结红

（4）民俗及民间艺术

百余年间，楼上村通过与周边少数民族的互动孕育了丰富多样的文化载体。这些民间的节庆风俗、艺术于各地起源承袭，如清明会❶、说春❷、汝南堂祭祖法会、长号唢呐❸、傩堂戏❹、木偶戏、哭嫁、茶灯、毛龙❺、刺绣、窗花❻等（图 2 - 43）。

---

❶　清明时节，全村着盛装前往祖墓祭拜。

❷　说春的人叫作春官。说春通常在腊月举行。掌管地方行政的知府分封春官各自说春的地域，春官离家前往各地开展说春活动，走村入户以说唱的形式向人们传播农时节气，报福送祥换取米面。楼上说春活动有拜祭春神、双龙迎春、春童颂二十四节气歌、鞭春礼等仪式。

❸　民间自由组合乐队，每逢婚丧嫁娶、乔迁寿等活动会邀请长号唢呐队演奏。

❹　一种面具戏，在石阡各地开展。

❺　石阡县仡佬族世代流传的艺术形式，演出的范围辐射全县。《周氏族谱》记载，拜祖谐族时开展游灯省会，族人各支派会手举毛龙、花灯，背着香蜡纸烛、火炮、供品等前往世祖墓前祭拜。

❻　如周永尊宅、周正芹宅正房明间仍保存有精美的窗花，窗棂镶嵌、雕刻有虫鱼鸟兽、花卉神鹿等图像，灵韵呈祥。

刺绣馆　　　　　　　　　　　　　　刺绣

长号唢呐　　　　　　　　　　　　　清明会

傩戏　　　　　　　　　　　　　　仡佬毛龙节

茶灯　　　　　　　　　　　　　　木偶戏

图 2 - 43　楼上民间习俗

注：图片来源于石阡县文物局

图2-44 厢房牲畜圈设计

（5）朴实的生活智慧

例如，牲畜圈木柱上有各种高度的横纵两向榫槽设计，横向可用于控制围栏的高度，纵向槽孔可插入木栓加固围栏（图2-44）。村民通过观察自然现象，形成了诸如"云跑东，雨落空；云跑北，雨没得（dei）；云跑西，披蓑衣；云跑南，雨成团"等谚语。这些时刻发生的村落生活细节是村民通过长期的对自然现象的观察和对生活经验的总结获得的，体现了乡村的生活智慧。

三、楼上村系统性展示

在楼上生态博物馆的试用模式中，既包含露天的村落自然生态状况和村民日常生活，也包括部分带有目的性的室内馆舍，以记录输出楼上的生存智慧和生活方式，完成社区性功能。

（一）系统性展示内容范围与服务对象

1. 系统性展示的内容主题

将楼上及其周边区域视为一个以楼上村仁家寨为核心，涵盖周边各个村落，彼此互相串联形成的文化社区。展示核心是上文分析的楼上乡村遗产体系。

2. 服务对象及目标——村民的主体性

系统性展示的对象是谁？在如今的文化遗产保护语境下，"人"的中心地位和人的日常生产生活越发重要。联合国教科文组织在20世纪80年代提出"参与式发展"的概念，强调村民不再被动接受外界媒介和资源的改变，而是成为乡村文化传播的主体。除了外来者，村民成为最重要的服务对象，因此可有导向性地规划展示的线路和方式。

故事讲述着文化，文化活在人中。村民的文化往往通过语言和行为进行表达。关注村民的主体性，就是要关注村民对待生活的价值观和自我表达。展示框架及模式皆需选择村民容易理解的方式。

（二）系统性展示——楼上模式

1. "三合一"路线

尝试以"文化解说中心 + 文化路径 + 村史馆"这种"总—分—总"的模式搭建立体的解释系统，以村史馆和文化解说中心为起始点，了解村落的发展历史和文化遗产体系，以村落各处的景观和文化要素为脉络，与起始点的两处馆舍进行点、线、面组合，搭建展示系统（图 2 – 45），尽可能整体地呈现楼上乡村遗产的特点和价值。

图 2 – 45　"三合一"路线

（1）乡村遗产的向导——文化解说中心

系统性展示的端点是位于村落西南上观景台旁的文化解说中心。经过调查得知，这一带曾是村落最初向外扩张的地方，寄托着楼上周氏选址定居、开田拓土的初心。此馆舍就像一个导言，可对村落空间内各类物质与非物质元素的演变过程进行整体性、概念性的呈现。对村民而言，进入文化解说中心，可激发其进一步认识自身、认识村落的主动性。对外来者而言，在这里可对村子的核心价值进行全面把握。作为系统性展示的馆舍，文化解说中心的建筑设计风格应力求与村内的三合院形制贴合，成为村落的一部分。

（2）承载村民生产生活记忆的空间——村史馆

与文化解说中心呼应的另一端点——村史馆，关注历史发展进程中那些微观的日常生活。信息收集结合口述调查，以人、物、事为主题，记录村民的生产生活。在空间上，村史馆的选址位于养正书院，作为村落公共空间参与到村民的日常生活中。在时间上，在村史馆建立全村信息档案资料库，以保存集体记忆。在讲述的方式上，采取最朴素的村民话语体系，使用村落白话，为村民服务。在管理层面，由村民集体管理，强调公众参与。

（3）乡村智慧的立体化表达——文化路径

自然环境空间、村民的创造及思想观念并非馆舍中的文字、图片、影像所能彻底表达的。在楼上，可通过引入文化路径的方法，集合村落空间内的各个节点、元素，汇聚成主题路径展示。目前的一期展示中主要发掘了"古建之道——建筑审美和知识体系导向""编竹成器——自然生活智慧及实操经验导向""山间农事——农耕文化、成法秩序导向"这三条主题路径。未来将发掘更多文化路径，以呈现立体的乡村美学，增强村民对自身文化的认同。

2. 其他辅助传播方式

在展示调研期间，团队广泛邀请村民作为向导参与其中，对村落文化进行文字记载、视频采访和拍摄。另外，还邀请了插画师驻村绘制村落文化地图，制作了文化册、主题折页等产品（图 2 - 46）。在村落文化插图绘制过程中，村民参与描述和校正。此外，还收集了村民书法作品用于绘图产品，提高村民的参与感和价值认同。

除以上展示方式和手段外，目前还注册设计完成了微信公众号等数据展示平台，以楼上人与自然的互动为核心展示内容，开发村民、游客两类注册端口，村民使用该平台可分享、展示本地的乡村生活，成为平台的"主人"，游客则可在此平台进行全村游览"打卡"，了解楼上村文化景观形成的过程和丰硕的成果。

讲好楼上故事，在实际操作上还有更多的探索方向，未来可继续增加诸如艺术家驻村、主题式游学、观鸟等新项目。

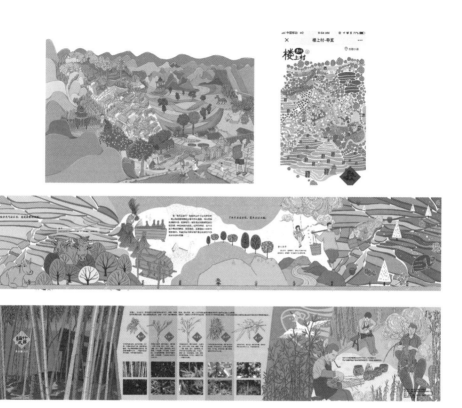

图 2–46　部分村落文化插图

注：由李信慧绘制

四、结语

本项目目前正处于实施阶段，框架的搭建也基于笔者个人的思考，仍有很大的优化空间。楼上村因为具备地域性特色而并不能代表中国所有的村落，正因如此，这一模式也只能是一种探索而非定论，希望能为乡村文化的传承提供灵感。楼上实践经验的可取之处在于整体看待乡村遗产的价值，构建系统性的"认知—展示"阐释框架，其他类型的遗产保护利用或可以此为基础进行个性化设计。

（本文由复旦大学文物与博物馆学系 2017 级硕士研究生鲁茵撰写）

乡村遗产保护与传承视角下的村史馆研究

——以楼上村为例

改革开放以来，中国经历了大规模、快速的城镇化过程，原本相对独立的乡村地区与城市、外部世界的距离不断被拉近，经历着前所未有的冲击与挑战。一个显著的影响便是中国传统的乡村正在遭受毁灭性的破坏甚至消亡，依附于其上的乡村遗产也因此失去生存的载体，逐步走向衰败。在此情形下，重视乡村、保护乡村、发展乡村已经刻不容缓。2017 年，党的十九大报告中提出了乡村振兴战略，乡村发展迎来了新的契机。乡村振兴，既要塑形，也要铸魂。文化是乡村振兴的源头活水，是支撑乡村内生式发展的重要动力。所以，文化建设在乡村振兴中发挥着重要的引领作用，乡村的全面振兴更离不开文化的滋养。乡村遗产是其重要的组成部分。在当前的大环境下，乡村遗产不应仅仅被看作历史的沉淀，更应作为一种可以活化的资源，成为发展的要素，应全面、深入地认知其价值，并在此基础上保护与传承。

近年来，随着国家对乡村发展的大力扶持，乡村文化建设方面也展开了许多有益的尝试与探索，各地为传承历史文化、促进乡风文明，展开了"乡村记忆"工程、村史馆的建设与探索等。在这个过程中，一般会先选取部分较有历史底蕴、文化特色或村落格局保存较好的村庄，如历史文化名村等进行试点建设，之后再进行推广。笔者注意到，起始于 20 世纪 60 年代的村史馆建设在乡村遗产价值认知、信息记录、展示传播、社区发展等方面发挥着重要作用。但是如何规划和建设好这一有力抓手，使其功能得以最大化地实现，还需要围绕其本身展开理论上的思考与研究。目前，与之相应的研究尚未成气候，已有文献多基于现实情况进行介绍和总结经验，对实践的指导还存在一定距离。

　　另外，遗产研究的视角也逐渐发生转换——从国家记忆和历史纪念物逐渐转向地方文化和日常生活，从单纯的文物保护转向更为活化的发展与利用，人们对于文化遗产的认知也更加丰富与深刻。乡村遗产作为文化景观重要的子类型，近年来也引起了广泛关注，这为其保护与研究提供了契机。乡村遗产记录着村落的历史文化，也积淀着村民的智慧经验，承载着一方水土下的共同记忆。虽然乡村遗产目前尚未成为一种具有严格意义的通行概念，但与之相关的实践探索早已开展起来。面对这样的现实，"遗产保护"的理念逐渐被引入乡村。进入 21 世纪以来，我国相继出台了一系列关于村落保护的通知和文件，此外还有诸如"拯救老屋行动"等社会力量的参与。

　　遗产保护的前提是价值认知，保护这些村落，对于村民、游客、政府、研究者等不同群体来说究竟意味着什么？要让人们重新认识传统村落的价值所在，就需要引入相应的认知方法与工具载体。那些飘散的民间记忆与散落在田野、山林、巷道中的文化碎片如何得以珍藏和延续，并使其焕发新的活力，为村落注入独特的发展动力，是我国乡村当下亟待探索与解决的问题。

　　笔者从 2018 年 4 月起参与了复旦大学国土与文化资源研究中心主持的贵州省石阡县楼上村系统性展示项目，并提出了楼上村史馆的初步展览构想。在楼上村村史馆的诞生过程中，笔者得以实地观察与思考当下"多地开花"的村史馆对乡村遗产保护与传承的现实意义。

一、对乡村遗产的认识

（一）概念探讨

　　由于乡村本身的复杂属性，人们对乡村遗产的认知也是多元的。从类型来说，乡村遗产是文化景观的一种，是活态的，也是动态发展着的。笔者将其理解为乡村具有保护价值的历史留存与资源的集合，是包含自然资源、生态环境、风土建筑、特色物产、历史民俗、传统知识与技术体系、集体记忆等物质与非物质要素在内的综合型遗产。已有研究一般将乡村遗产分为自然和人文两个层次，或从自然基底、人文要素、人的感知三个层次进行剖析。

今天，乡村文化景观遗产的保护具有保护民族文化和消除地区贫困的双重任务❶，在实践中应该将其视为独特的发展资源进行正确认知和合理利用。总而言之，乡村遗产有历史、审美、文化、社会等多方面的价值，形成了丰富的景观形态，保存了传统的生存智慧，承载了宝贵的集体记忆。乡村遗产是农业文明持续进化的结晶，是乡村社会及其族群的智慧沉淀，是区域发展的活力源泉。保护和传承乡村遗产不仅是对历史的梳理，其对于当代和未来的社会发展同样具有深刻而朴素的启示和指导意义。

（二）对乡村遗产保护现状的思考

目前，我国现行各项制度给予了乡村遗产保护一定的保障与依据，但大多落实在物的层面，缺少了一些人的意味，忽视了乡村社会是熟人社会，村民行为的约束并不仅仅依赖于契约和行政权力，更遵循着千百年来血缘、地缘、宗教等磨合而成的处世之道。而且，人地关系的多样性与动态性决定了乡村遗产的保护不能采用固定不变的模式，也不能仅仅聚焦于某一方面，将保护对象中易于识别和操作的部分单拎出来，造成保护工作的脱节。

乡村是一个复杂的系统，其保护不等同于文物或非物质文化遗产的保护，人们仍在其中进行着生产和生活，所以要充分尊重乡村社会内生的结构机制。这也要求我们必须加强保护工作的科学规划与管理，将其放在一个弹性、系统的框架下，分层次、有条理地实施各项措施。更重要的是，通过具体的实践，我们认识到乡村遗产保护必须重视社区参与这一路径。如果没有村民的参与，即使政府、企业和各类社会组织的介入使村民获益了，村落整体也仍然没有自身发展的动力基础。所以，不管是从理念到实践，还是从制度到执行，都应秉持以人（村民）为本和可持续发展的理念，尊重、适应乡村社会的体系规则，带动村民的自发性保护。

（三）村史馆与乡村遗产保护

村史馆是地方性博物馆的一种，保存、记录和展示着地域的历史文化。作为当前政府大力建设的基层文化服务机构，村史馆之于乡村遗产的作用理应受

---

❶ 单霁翔. 乡村类文化景观遗产保护的探索与实践［J］. 中国名城，2010（4）：4－11.

到重视。笔者从保护与传承乡村遗产的视角出发，对村史馆应承担的功能及意义作了如下探讨。

1. 保存、传承集体记忆的信息中心

村史馆，顾名思义，是展示村落历史的文化场所。不论是遥远的传说、祖辈的事迹，还是传统的民族服饰、生老病死的仪式，甚至是村落四季的更替，村史馆都可以记录，如编写或完善地方志、为每家每户建立档案等，并利用数字化技术将这些宝贵的资源进行完整的保存，引导村民认识遗产正是产生并根植于其祖先与自身的生产生活中，使其产生兴趣的同时明确感知到自己是乡村遗产的主体，从而自发地参与到乡村文化遗产的保护与传承中来。

2. 村民参与社区规划和发展的载体

在我国乡村遗产的保护实践中，村民往往很少真正投入进来。村史馆不应仅仅被理解为一处将村落历史文化凝固在特定空间内的展示场所，也应被视作一种调节社会结构和社会关系的机制。一方面，在村史馆可以举办技能培训活动，鼓励村民追求自身及村落的发展；另一方面，利用保留下来的地方资料使村民更好地认识其所在社区的遗产价值。

在这一过程中，村史馆不仅对村民起着文化上的引导作用，还可以在社会管理方面逐渐培养村民社区参与的成熟程度。更长远地看，乡镇一级可以围绕村史馆建设档案室、图书室、活动中心、公共议事场所等文化空间，逐步丰富、完善乡村公共文化服务体系，促进社区发展。

3. 与外界沟通交流的平台

村史馆的建设有助于强化当地村民对乡村遗产的认同与热爱，同时还可以向更广的范围进行乡村遗产的阐释与传播，推动全社会对乡村遗产的再发现与再认知。所以，村史馆不仅对内产生着积极的作用，也是外界认识乡村及万千村落的重要交流平台。在乡村旅游快速发展的形势下，村史馆作为一个窗口，通过对村落的各类资源进行整合，为外界与乡村的互动交流、合作发展提供了对话的平台。

4. 乡村振兴的重要抓手

若想为乡村做点儿实事，确保政策和具体措施切实有效，首先就要了解乡村的实际需求和村民的想法。一方面，村史馆作为现成的沟通媒介，既是村民了解自身和表达想法的出口，也是政府管理者了解乡村现实与倾听基层声音的窗口。另一方面，村史馆不仅守护、传承着本土文化，也吸引着外来游客，是村落的一张名片。所以，村史馆在发挥自身应具备的功能的前提下，不妨放宽视野，与各项工作结合起来，从而上升为重要的乡村新景点、新业态。

二、我国村史馆的发展现状

（一）我国村史馆发展历史简介

我国村史馆发端于 20 世纪 60 年代的"四史"运动❶。村史馆作为村史编写的附属物，对村落历史及文化的理解与引导都显得刻意与公式化，其本该具备的功能得不到充分发挥。在这之后人们也并未持续推进村史馆的建设。21世纪以来，随着农村文化服务与精神文明建设不断强化，以村史馆为代表的乡村文化服务机构再次发展起来，虽然一些地方早已建有诸如反映改革发展、扶贫工作的乡情陈列室，但这些并不是真正意义上的村史馆。近年来，浙江、陕西、广东等省自上而下掀起了兴建村史馆的热潮，也有一些村史馆是由当地村民、农民企业家等群体自发创办的，他们希望留住记忆，让子孙后代了解祖辈的生活。

目前，村史馆一般以地方史为脉络，辅以实物、图片进行展示，展品大多来源于村落征集和村民捐赠。从已建和在建的各类村史馆的名称可以看出，其建设过程也是挖掘、梳理和提炼地方文化特色的过程。无论村史馆的建设主体是谁，首要目的都是抢救、保护和传承地域文化，避免其走向消亡。

（二）我国村史馆的发展现状

我国村史馆的发展历程并不是循序渐进的，建设速度、规模受政策影响较多。应该认识到，村史馆不是孤立发展的，而是处于因环境条件而不断改变的状态中。目前，我国村史馆的实践呈现出"多地开花"的蓬勃发展势头，但

---

❶ "四史"指村史、家史、社史、厂史。

相关的理论研究还远远没有跟上实践的步伐，仍停留在就建设论建设的阶段，以实践总结为主，未能从较高的层面指导村史馆的规划与发展。以下笔者通过梳理文献将我国现有的村史馆按其主要展示内容进行简单的分类及讨论。

1. 展示村落的历史文化

这一类为普遍意义上的村史馆，即按时间顺序展示村落的基本情况和历史脉络，提取典型事件和人物，有的是宏观完整地记录从古至今的历史发展脉络，有的则是选取局部历史片段。布展结构也较为传统与典型，即通过图文展板，辅以简单的实物来展示村落的历史故事、民俗文化、发展成就及乡贤名人等。例如，山西省规模最大、投资最多、记载时间跨度最长的长治市南村村史馆，展览时间跨度从商代灰坑陶片、农耕文明、潞商鼎盛缩影到抗日战争和解放战争，以及中华人民共和国成立后的基层党组织建设活动、改革开放崭新成就等，展示了南村 3000 多年的演变历程；陕西省延安市油坊坪村史馆则选取某一时段的历史进行展示，从 20 世纪的"红色丰碑"到当前的"医疗卫生""特色产业"板块，聚焦村落几十年来发生的巨大变化；安徽省凤阳县小岗村的大包干纪念馆聚焦 20 世纪"大包干"从酝酿到发生、发展的这段历史；河北省石家庄市上寨村村史馆共有四个展厅，第一展厅为展示村子、锦旗的荣誉厅，第二展厅为"今昔上寨"，展览的顺序为先展示当前阶段取得的各项成果，再回忆历史，最后展望未来的发展。

2. 展示村落独特的主题文化

这类村史馆往往从地域文化中选取最具特色和代表性的部分，挖掘延伸后做专题性的展示。其名称也会随着主题的不同而改变，一般为"××（主题）文化馆"，突出地域文化的鲜明特色。与传统的村史馆不同的是，此类馆舍一般设有相应的体验活动区域，观众体验更加丰富。例如，四川省巴中市巴州区和甘肃省庆阳市华池县分别提出了"一村一特色"的要求，按照"一村一品"的思路创建村史馆；安徽省黄山市富溪村村史馆坐落于黄山毛峰的核心产区，村史馆的原址是知名茶叶品牌"谢裕大"创始人谢正安的旧宅，除了常规的展示，还划分出专门的区域作为茶文化的体验区；北京市房山区的石窝村村史馆以汉白玉文化为特色，因石窝村祖祖辈辈几乎家家户户都以开采、加工汉白玉为生，所以村史馆中心展区展示的全部是开采石料所用的传统工具❶，而村史馆创建的契机却是几十家汉白玉矿因环境问题相继关闭，所以村史馆不仅是对这段历史的记录，也是对未来生态环境的警示。

3. 展示村落的民俗风情

这类村史馆按照不同类别着重展示当地富有特色的民俗文化。在第一类村史馆中，民俗仅是展览的一个单元，这类馆则较全面、生动地展示了当地的民俗风情，甚至还会配合展览开展民俗表演、民俗体验等活动，以实景再现的方式让观众感受村落文化，希望以此促进当地旅游业的发展，故其受众更多是外来者。例如，江西省上栗县东源乡民俗文化馆坐落在桥头村何家屋场内，原为何氏宗祠所在。东源乡素有"百万油库"之称，因此该馆的展览以"东源三宝"文化（茶油洗脑、土鸡当饱、番薯酒洗澡）为核心，并辅以具有特色的红薯酒酿造、油茶籽榨油及土鸡养殖农事体验活动。馆内的生产工具不再是静态陈列的，而是能让观众亲手触摸并体验使用。村民也参与了布展工作——自行设计了场馆内用晒盘拼成的荷花形农耕特色吊灯，十分具有在地性。

4. 展示村落的红色资源

这类村史馆一般依托当地的红色历史资源，为传承革命传统、拓展红色主题宣教途径而建，且作为当地的党建、爱国主义教育及青少年教育基地，为我国红色记忆、红色档案的挖掘、保护与研究起到了不可忽视的作用。例如，河北省邯郸市在"美丽乡村"建设中把"挖掘红色资源、保护红色记忆"作为重点，在南下干部之乡张李庄村建立了姚寨乡南下干部历史展览馆，在小堤村建成平汉战役陈列馆，对中亓固村邯郸县政府抗日筹备会旧址进行修复并开办村史馆。三凌村地下革命档案史料馆位于福建省南安市眉山乡最边远的地带，展馆与周边的泉州华侨革命历史博物馆等形成合力，带动三凌村以红色旅游为突破口发展经济。山东省昌邑市太平集村的红色文化村史馆，因展览内容以村里最早的一批党员之一——徐迈的先进事迹为主，被命名为徐迈事迹陈列馆，村里每月都会组织党员到馆里进行集体学习。

---

❶ 陈强. 石窝村史馆传承汉白玉文化［N］. 北京日报，2018 - 09 - 12.

（三）我国村史馆存在的问题与经验总结

1. 存在的问题

（1）文化代理模式忽略了村民的主体性

由于我国乡村地区经济发展大多相对滞后，村民在思想意识、经济能力和社会环境等方面都不足以自主承担乡村遗产保护与传承的任务，所以我国村史馆一般采取文化代理的方式——政府领导，专家指导，鼓励、引导村民自觉参与，逐渐推动由村民主导，最终实现乡村文化自主的目标。但实际上，自上而下的村史馆建设缺乏对村民有温度的关怀与重视，办得如何缺乏当地村民的反馈，主要表现在规划制度和执行上没有积极发动村民参与进来，展览上常选择性地呈现历史片段或某一部分的乡村生活，忽略了村民的自我诠释与表达，甚至一些民俗活动沦为旅游项目性质的表演，这反过来使得村史馆内的历史讲述、场景再现成为缺少人情味儿的展示。村民是乡村遗产的主体，他们如何看待和表达自己至关重要。因此，村史馆必须关注和研究村民的文化诉求与表达，回到广大村民的日常生活和情感世界，研究其背后的情感结构和价值观念，这才是村史馆真正需要展示和能够触及人心的内容。

当前政府及专家学者参与（指导）的意义在于传递和连接，辅助村民更好地建设家园，将外部的理念与视角引入乡村建设，帮助乡村与城市在更广泛的层面上建立积极、长久的联系与互动。

（2）功能发挥单一，缺乏完善的长效运营机制

狭义上，村史馆作为博物馆的一种应具有收藏、展览、研究、教育等功能，但因资金、环境、人力等因素限制，实际上大多数村史馆仅发挥了展览这一功能。目前，村史馆一般仅有几名临时性工作人员，由基层干部及当地村民担任，缺乏相对专业的博物馆工作者，使得村史馆无法开展许多应该开展的工作。若长此以往，村史馆将逐渐沦为老旧物品的陈列室，违背了建馆的初衷。造成这一现象的根源就在于建馆前缺乏科学的论证与长远的规划，盲目建成后又因资金投入不足和缺乏明确的服务标准与绩效考核而难以为继，甚至一些地方还存在片面追求数量、定位不明确、同质化严重，或者强行下达建设指标等

建设乱象。❶ 而且，就目前来看，我国村史馆的经费来源都比较单一，基本靠政府专项拨款，或由当地企业捐赠，或由农民企业家赞助。如江西省委宣传部一次性将 8 万～12 万元布展经费下拨各县，部分县主管部门没有设立专项经费，而是分于其他文化事业使用。❷ 另外，资金投入的多少也缺乏科学的指导，大多数村史馆在建成后都由村里负责管理和维护，若无后续资金扶持，村委会也无经济实力承担村史馆的各项费用。

（3）展览内容单调，展示手段单一

村史馆从名称上来看就是展示村落历史的文化场所，但这并不意味着其只是简单记录村落的历史与发展。当前村史馆不管是展览内容还是展陈手段都大同小异——狭小的房舍、简陋的陈列柜（架）、锈迹斑斑的展品、寂静的馆区，单一的时间线索、不接地气的展览语言、无地域特色的形式设计、没有互动体验的展陈手段，暴露出村史馆千篇一律的老旧物品陈列、辅以图文展板的办展模式，无法吸引不同的观众群体。

另外，村史馆一般场地较小，展品多来自村民的日常生活，这本应是村史馆独特的"草根"气质，立足乡村的根本，却因为较为固定、局限的策展思维而成为一种局限，给人一种村史馆都是老套不变的、忠于展示传统习俗的刻板印象，缺乏对现实问题的关注以及展望未来的历史通感，其原因还是在于对乡村遗产认知不清，以物为核心，限制了展示手段的多样性。而且，因场地规模所限，忽略了如农作机器、农耕场景、民俗活动、宗教信仰等内容的展示，没有一种宏观的展示理念，忽略了与村内其他文化触媒的联结，从而无法产生更广泛的传播效应。

此外，我国村史馆展览还必须警惕出现再造历史、再造文化传统的现象。目前，村史馆展览主题、展品选择、展陈方式等很大程度上都是由管理者、策展人员决定的，那么，哪些可以进入，哪些被排斥在场馆之外？如何平衡专家与村民的考量标准，如何避免个人偏好和随意性？展览评价的标准是什么？这些问题都应从理论和实践上进行持续讨论与总结。

---

❶ 田丽，闫小斌. 乡愁记忆：韩城村史馆建设新模式与新思考［J］. 图书馆，2018（9）：18－22.
❷ 魏志龙，张雪琼. 村史馆建设在江西：理念、实践与反思［J］. 赣南师范大学学报，2016，37（4）：40－44.

2. 经验总结

（1）规划先行，给予制度上的保障

许多地方把村史馆的建设作为乡村统筹规划及区域文明建设的重要内容，围绕地方村史馆的总体规划、建设原则、建筑选址、文物征集、陈列布展、保障机制等做出了相关规定。这些政策的出台一定程度上保障了村史馆建设的科学性与可持续发展，使办馆有据可依，一定程度上避免了一哄而上、一蹴而就、千篇一律的建设误区。值得一提的是，江西省还为村史馆建设发布了专项课题，设立了村史馆建设研究专项课题的招标，并要求负责人须为相关领域的专家学者。这一举措有助于提高当地村史馆建设的理论水平，真正做到了理论与实际相结合，也为村史馆的长期发展提供了智力资源与技术支撑。

（2）活用乡土建筑，进行功能置换

我国村史馆往往以不新建场馆为原则，灵活利用古祠堂、古书院、古民居等原有的乡土建筑。乡土建筑是乡村遗产的物质空间载体，改造时可结合文物保护的理念、技术，赋予其符合现代需求的新功能。同时，还可邀请当地的工匠师傅、设计师一同设计。一些村史馆对地域文化意象进行提炼并将其运用到场馆形式的设计中，既突出了特色，又与村落环境和谐共存，同时也是对乡村遗产的活化利用。

（3）建立追踪考核机制，激励村史馆更好地发展

我国村史馆的发展时间不长，尚未形成一套完整的、成熟的管理模式和运营机制，许多地方都是先办馆再总结。其中，一些地方在建馆之初就设立了追踪考核的奖励机制，推动了村史馆的良性、可持续发展。例如，北京市自2013 年以来在农村地区开展了乡情村史陈列室的建设，将其纳入地方公共文化服务设施的范畴，在选址、资金、场地方面给予支持。建馆之前需经过考察评审，之后要对已建成的乡情村史陈列室进行综合考核，以提升业务水平。所以，村史馆应在条件允许的情况下设置科学的运营、考核目标，还可组织政府部门、专家学者、社会组织及村民代表成立监督委员会，争取制定一套完善的咨询、指导、协调、监督和管理考核机制，这样就可以在村史馆的发展过程中及时发现问题并进行处理。

三、贵州楼上村村史馆

（一）楼上村概况

楼上村位于贵州省铜仁市石阡县国荣乡南部，是位于少数民族地区的以汉族移民为主的聚落，又是以周氏家族为主的血缘村，至今已有500多年的历史。整个村落秉持耕读传家的传统观念，世代以农业生产为主，人地关系和谐。

2008年楼上村被列入第四批中国历史文化名村。2012年，楼上村被列入第一批中国传统村落名录。2013年，楼上村古建筑群被公布为第七批全国重点文物保护单位。楼上村的非物质文化遗产包括清明会、汝南堂祭祖法会、楼上古乐、傩堂戏、木偶戏、人大戏、板凳龙、哭嫁、蚌壳灯、茶灯等。

（二）楼上村村史馆

图2-47　项目团队向楼上村村民了解廖贤河过去的功能

自2016年起，复旦大学国土与文化资源研究中心在贵州省石阡县楼上村开始了乡村遗产保护模式的探索。村史馆是研究、梳理村史的重要工具，一方面可为村民留下较为完整的历史资料，另一方面有利于丰富地方史建构的理念及方法。楼上村村史馆的策展理念注重展览的在地性，梳理村史的方法主要为文献研究与田野调查。

其中，记录村民口述（图2-47）、收集实物资料是保护楼上村乡村遗产的重要工作之一，并为遗产研究和阐释提供基础资料。

《周氏家谱》也是研究楼上村历史脉络的重要资料，它记载着周氏家族的世系传承，是家族的生命史。不同于周边的少数民族村落，楼上村作为汉族移民聚落，编修族谱，恪守祖训，至今已传承到第十九代（图2-48）。

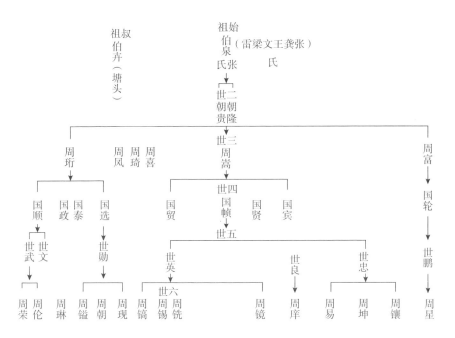

图2-48 楼上周姓先祖世系图

注：内容来源于《楼上周氏族谱》（2008年版）

基于遗产价值认知，项目团队提出了楼上村乡村遗产整体保护、系统性展示的理念。村史馆是楼上村系统性展示项目中最早建设的一项，选址于村公路入口处文化广场上的养正书院，毗邻古戏台，此前经常在此开展培训、支教等文化活动，原本就是村内的公共活动场所

图2-49 村史馆建筑外观（原养正书院）

（图2-49）。展览是楼上村村史馆目前最易把握与发挥的功能，目的在于引导村民与其他利益相关者全面、正确地认知楼上村乡村遗产的价值，对其进行保护与传承。笔者基于项目参与的实际情况，从展示思路、功能设置两方面对楼上村村史馆做以下构想。❶

---

❶ 笔者参与项目截至2019年6月，之后随着研究深入，展览框架也相应有所调整。

1. 村史梳理

目前梳理出的较为连贯的村史主要集中在明朝周氏族人迁入贵州至民国前（十世祖周大珍），整理如下：

元末明初，朝廷为巩固政权在政治上采取了移民措施。洪武三年（1370年），以垦荒为由，进行强制性的大规模移民，谓之"洪武赶散"，拉开了明清"江西填湖广""湖广填四川"的序幕。此后，江西人入楚、楚人入蜀。江西周氏家族正是在这种背景下迁入四川和贵州等地的。古永继研究了元、明、清时期贵州地区的外来移民，认为明代向贵州的移民主要包括仕宦任职、军士留戍、谪迁流放、自发流移四种类型，其中民间百姓因各种原因而产生的自发流移是贵州外来人口的重要来源❶。楼上周氏正是在明初贵州大移民的背景下作为自发移民的一种，由江西来到了贵州思南府寨纪（今楼上村）安家落户，繁衍生息。

据《周氏家谱》《楼上周氏族谱》（2008年版）记载，周姓为汝南巨族，原系姬姓，周氏原籍江西南昌府丰城县桥东珠市巷，祠名大本堂，后因明进士周国照出仕四川威远县，修建江西会馆，于该县罗阳乡大坡里晒金坡居住，后移西蜀潼川乐冶县天井坝仁义乡。明弘治六年（1493年），始祖周伯泉避难图存，贸易入黔，行至寨纪，安家乐业，发展至今，形成现有的村落规模。

《楼上周氏族谱》（2008年版）中《易祖遗嘱原本》对于周伯泉迁移至楼上进行了详细的描述："弟兄二人于弘治六年避难图存，行至思南府蛮夷属地山革泽，卉祖于山革泽得业。我始祖伯泉行至思南府蛮夷司属地寨纪，今名楼上。备银一百七十两与高攀得买田业一庄，凡亚秧寨、代家山、黄泥田等处皆是。"可以看出，周氏后代卉祖在山革泽落业生根，而周伯泉在思南府蛮夷属地寨纪开始了兢兢业业的创业之路，成为楼上周氏始祖。所以，楼上周氏的迁移路线便十分清晰了：从江西南昌府丰城县到四川威远罗阳乡大坡里晒金坡，后至潼川州乐冶县仁义乡天井池坝，再至贵州镇远县西里二甲板桥钟场坝，最后在思南府属地寨纪扎根。经过数代的迁移，最终周氏在贵州楼上繁衍生息，历经田业纠纷、兄弟分关、外族入侵、重建家业等重要事件，周氏族人艰难创业、苦心经营，终于扎根楼上，形成今日的格局。

---

❶ 古永继. 元明清时贵州地区的外来移民［J］. 贵州民族研究，2003（1）：135－141.

2. 展示思路

考虑到楼上村作为文保单位、传统村落与正在进行的脱贫攻坚等现实情况，楼上村村史馆不拘泥于以往村史馆重在讲述过去历史的思路，将时间线与主题内容结合起来，以"过去—现在—未来"的展示框架探索村史馆在乡村发展中的作用：通过回溯楼上村历史脉络，总结现在的建设成就，关注现实需求，展望未来的发展方向，全面展示楼上村以耕读传家和宗族观念为核心的历史底蕴与风土人情；同时，以楼上村为代表，探索乡村遗产的保护模式与途径（图2-50）。

村史馆的展览主题一般都围绕村史展开，展示手段较为单一，很难真正贴近、打动观众，尤其是当地村民。所以，楼上村村史馆必须在常规的村史展览上有所创新。例如，可以在时间线的叙事中融入主题性展示内容，像历代世祖人物志、生长的村落边界（动态呈现村落建制沿革）等；收集楼上村村民的"第一次"，将大的历史进程、国家政策放在具体的人和事上讲述，以小见大，借由村民的集体记忆营造代入感；为村落历史上的非主流人士如道士、上门女婿、仆人等建立系谱，扩展村史、地方志的内涵；将楼上村放在更大的范围内进行横向比较，可以探究汉族村落在西南少数民族地区的变迁，以及与周边村落在交通、贸易、亲属等方面的互动联系；研究楼上村在当前这一历史节点上面临的问题与需求到底是什么；关注未来，怀有对村落的使命感……而且，展览语言应在保持科学性的前提下最大限度地贴近村民的表达习惯，符合本土语境。只有不断细化，弄清为谁而展、展示什么、为什么展示，才能让展览充满对乡村及村民的关怀，让人看得懂，引起情感共鸣。

3. 功能设置

村史馆本身是一个开放的平台，各项功能的发挥也是一个持续、动态的过程，村民、专家、游客、政府人员等都可参与其中。

（1）展示空间

村史馆是村民讲述乡村故事、认识自身文化的平台。陈列展览是当前楼上村村史馆最重要的工作任务之一。除了为广大村民提供喜闻乐见、贴近生活的村史展览，还可在场馆内留出空间，灵活地为其他展示提供场地。例如，可以为传统技艺传承人在村史馆内设置工作室（台），定期邀请其做现场展示，使观众观看、了解的同时还可与传承人互动交流；集中组织村中的能工巧匠共话、切磋技艺，或者开展相关培训（图2-51）。此外，在条件允许的情况下

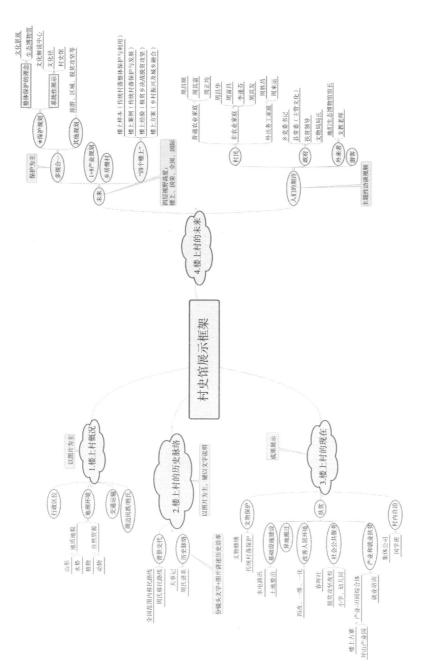

图 2－50　楼上村村史馆展示框架构想

开发配套的线上展示服务，既为村史馆的展览提供引导、补充信息等服务，也进一步使村史馆成为村落与外界交流的窗口。

图 2 – 51　楼上村村民制作竹篮

（2）公共活动场所

村史馆是当地文化服务、文化活动与文化交流的空间载体，一方面可为村民的文化活动提供知识、场地上的支持，另一方面也可组织、引导村民有序地传承各项民俗节庆、传统技艺，使其成为非遗系统性传承的重要模式。例如，楼上村村史馆与戏台距离较近，可形成联动，组织戏曲、民歌民谣的表演活动，这也为村民所喜闻乐见，并在馆内布置相关主题的展示；场馆位于文化广场，可引导村民积极参与到乡村遗产保护与传承的过程中，重视各个特定日期下的民俗行为，如婚丧嫁娶的仪式、节庆活动等；可利用每年举办清明会、毛龙节等机会向外界特别是游客展示当地文化特色（图 2 – 52、图 2 – 53）。还要重视年轻人的参与，发挥其活力和创造力，为乡村遗产的保护与传承注入内生动力。

教育是当代博物馆最重要的核心功能之一，楼上村村史馆可在条件允许的情况下开辟图书阅览室，并与乡镇中小学、幼儿园共建社教基地，使其成为孩子们的第二课堂。

（3）信息资料中心

信息资料的收集、为乡村遗产建立档案是村史馆另一项重要的功能，通过长期的在地记录，勾勒出乡村发展变化的轨迹。前期，楼上村村史馆应充分挖

图2-52　楼上村村民休闲活动　　　　图2-53　楼上村村民表演非遗活动

（中国贵州石阡2016年"仡佬族

毛龙节"国荣乡楼上女子灯队）

注：图片由楼上村村民周其占提供

掘乡村遗产，开展调查搜集工作，对节气时令、祭祀礼仪、诗词谚语、民歌民谣、神话传说等各类礼仪、民俗风情、传统习惯、乡村知识、生存智慧等进行溯源与整理，在此基础上补充完善地方志类资料；收集当地生产的各种粮食、经济作物样品，各种劳动工具、生活用具、交通工具、穿戴用品，牌匾、地契、证件等老物件，以及民间工艺品等实物资料（图2-54）；收集、拍摄反映村落历史的各种图片（图2-55），对无法在室内以实物展出的内容进行补充，等等。有条件时，可利用数字化技术建立电子档案、数据库，保存更多的声像资料，还可通过出版典籍、树碑刻字等方式将其永久传承下去，留住集体记忆。

图2-54　楼上村村民周廷辉的荣誉证书　　图2-55　楼上村村民周正典全家福

注：图片由楼上村村民周廷辉提供　　　　注：图片由楼上村村民周正芹提供

四、结语

村史馆在乡村遗产的保护与传承中发挥着日益重要的作用，更多的村史馆扎根社区（村落），不再仅仅着眼于"史"的回溯，而是把握当下，回顾过去，展望未来，关注现实问题，甚至逐渐成为村民参与社区活动的重要载体，以服务村民而非游客为宗旨，逐步探索乡村遗产保护传承与乡村发展的新模式。

基于乡村遗产保护与传承视角下的村史馆应与村民紧密结合，同时若能发挥自身功能优势，一定程度上可避免乡村封闭性发展引发的新一轮社会隔阂，使村民不再认为乡村的文化和生活是"落后"的，从而构建集体认同，增强在地文化自豪感。这样，村民才会坚定地自觉保护好身边的乡村遗产。这也是村史馆对于乡村最理想也是最根本的存在意义——推动村民的"文化自觉"（所谓"文化自觉"，就是指生活在一定文化历史圈内的人对其文化有自知之明，并对其发展历程和未来有充分的认识❶），让乡村和村民自我觉醒，自我认知，自我审视，自我发展。

（本文由复旦大学文物与博物馆学系 2017 级硕士研究生汪哲涵撰写）

---

❶　费孝通. 文化与文化自觉［M］. 北京：群言出版社，2010：183 - 196.

第三部分　生态博物馆与社区观察

梭戛：中国第一座生态博物馆 20 年探索历程

"生态博物馆"作为舶来品，1998 年在中国落地生根，至今已有 20 多年。在贵州偏远、贫困的山区建立生态博物馆，初衷是使村寨在现代化进程中自发地保留住自己独特的文化。然而，倡导以村民自我管理为基础的生态博物馆在中国却是在政府和学者的主导下诞生的，使得其管理与运转必须在行政体制的框架中进行。生态博物馆建馆初期，专家为改善村民的被动地位，伴随着《六枝原则》的诞生进行了一系列的尝试和探索，如对村民进行文化记录培训等。但是当中国和挪威合作的热度消散，生态博物馆的维持和运营才开始面临真正的挑战。本文以中国第一座生态博物馆——六枝梭戛生态博物馆建成 20 年的经历为例，讲述这座生态博物馆的诞生、探索与困惑，探讨行政体制内的生态博物馆运转的局限性和可能性。

一、诞生

1971 年，在法国举行的国际博物馆协会第九届大会期间的一次午餐会中，法国博物馆学家雨果·戴瓦兰（Hugues de Varine）在向环境部长介绍他们关于将遗产和环境联系在一起的想法时，脱口而出"生态博物馆"一词，至今仍被研究者们津津乐道。❶ 当然，这个概念并不是凭空产生的，其中反映出欧洲博物馆界长久以来对传统博物馆的深刻反思，以及推动博物馆创新的期许。这种思想随后在欧洲、北美洲等其他地区逐渐蔓延开来，掀起了一场重塑博物馆与社会大众关系的文化运动，引起了人们对文化主体认识的广泛思考。❷

纵使生态博物馆的定义众说纷纭，其主旨都强调社区居民是文化的主人，文化遗产应在原址保护。生态博物馆可以简单地理解为一座没有围墙的活态博物馆，它包含着这个文化区域内的自然环境、社区居民和所有的文化信息。

1995 年，贵州省文物厅文物处处长胡朝相考察夏威夷时，受其民俗博物馆和"户外博物馆"式的文化展示中心的启发，向中国博物馆常务理事苏东海提议以梭戛为试点建一座生态博物馆，两人一拍即合。苏东海提议邀请挪威生态博物馆学家约翰·杰斯特龙作为贵州生态博物馆课题组的科学顾问，并安排在《中国博物馆》编辑部就职的安来顺一同参与建馆方案的讨论。❸ 贵州生态博物馆可行性调研组的四位成员便这样聚齐了。

贵州共有 17 个世居民族和超过 12000 个自然村寨，自然生态总体保存完好，各民族村寨独特的文化丰富多彩。其中，文化独特的菁苗族聚居区——梭戛成为专家组生态博物馆考察之行的第一站。

梭戛位于贵州省六盘水市六枝特区的深山里，是六枝特区的一个行政乡，距六枝特区 60 公里。这里居住着一支远离外界、仍然生活在自然经济和古老文化中的苗族分支——菁苗族。准确来说，梭戛菁苗族聚居在六枝特区西北部与织金县边界的山区，覆盖了 12 个自然村寨。这里是典型的喀斯特地貌，山脉众多，交通极不便利。受地形限制，降水不易蓄积，存在缺水的状况，村民的生产、生活十分艰苦。

据寨老讲，这一片菁苗族村寨已有 200 多年的历史。由于山高路远，地势险恶，在 20 世纪 90 年代以前，菁苗族几乎处在一个封闭式的自然经济状态下的族群社会体系中，长期以来鲜为人知。也正是这种长期与世隔绝的生存环境，使得该地区的自然环境、社会结构、文化传统和精神生活仍保存在一个比

❶　胡朝相. 贵州生态博物馆纪实［M］. 北京：中央民族出版社，2011.
❷　张誉腾. 生态博物馆——一个文化运动的兴起［M］. 台北：五观艺术管理有限公司，2004.
❸　胡朝相. 大山中的菁苗寨：梭戛［M］. 贵阳：贵州科技出版社，2015.

较完整的文化生态之中。此外，在贵州苗族的若干分支中，菁苗族的语言、服饰、工艺、音乐、舞蹈皆不同于其他苗族，具有唯一性，而且这支苗族仅有5000 人左右，皆聚居在同一地域，是一个完整的文化社区，实在难能可贵。

调研结束后，调研组发布了《在贵州省梭戛乡建立中国第一座生态博物馆的可行性研究报告》（以下简称《可行性报告》），其中对生态博物馆的概念描述如下，可以看作六枝梭戛生态博物馆建馆依托的理念：

"……而生态博物馆是建立在这样一个基本观点之上，即文化遗产应原状地保存和保护在其所属的社区及环境之中，从这种意义上讲，社区的区域等同于博物馆的建筑面积。"

"在生态博物馆中，文化遗产、自然景观、建筑、可移动实物、传统风俗等一系列文化因素均有其特定的价值和意义；传统博物馆被清晰地界定为拥有一定藏品和特定的博物馆建筑，而生态博物馆则应被看作保存和理解某一特定文化群体的全部文化内涵（包括物质的，也包括非物质的文化因素）的长效工作方法。"

1997 年 10 月 23 日，时任中华人民共和国国家主席江泽民与挪威国王哈拉尔五世在北京出席了梭戛生态博物馆等项目的签约仪式，双方签订了《关于中国贵州省梭戛生态博物馆的协议》。随后，梭戛生态博物馆资料信息中心选址在距陇戛寨100 米的平地上，由贵州省建筑设计研究院李多扶副总工程师担任设计工作。

1998 年 10 月 31 日，梭戛生态博物馆举行了隆重的开馆仪式。至此，中国第一座生态博物馆正式诞生了。

中国的第一座生态博物馆就这样选建在了社会和经济处于封闭状态的少数民族古老村寨中。封闭一方面使该地区保留了丰富和完整的传统习俗和文化，另一方面也造成了经济水平落后、村民文化水平普遍较低的现象。一旦向主流社会敞开大门，虽然村寨的整体经济水平能够得到提升，但原有的社会格局必然会遭到冲击式的破坏，而古老的文化也会随之消失。因此，在这种正在摆脱贫困的村寨中建立生态博物馆，正是为了让这些村寨在现代化进程中不丧失自己的文化。然而，生态博物馆提倡的"自我管理"理念是不会在古老的村寨中自发产生的，村民对于建立生态博物馆的热情和积极性大多是由利益驱动的，实际上处在一个非常被动的位置上。

正如苏东海先生所说："在中国建立一个生态博物馆并不难，而巩固它比建立它就难多了。"❶ 诚然，若是把漂洋过海来的生态博物馆概念原封不动地植入中国与外界隔绝的深山地区，必定会"水土不服"。早在 1995 年，中挪专家在贵州考察时就对是否将生态博物馆本土化的问题进行了激烈的争论。中国专家一致认为，由于中国与西方国家的国情和文化背景差异极大，建立生态博物馆的标准和模式也应有所不同，在中国应该建成"中国式生态博物馆"❷。

二、《六枝原则》的提出

《可行性报告》提出，计划在开馆后由当地村民参与组建一个管理委员会，从而将生态博物馆的组织结构中心和管理权逐渐转移至梭戛社区。这个早期设想试图扭转村民在生态博物馆中所处的被动位置，十分理想化。然而在实际情况中，村民对参与管理委员会毫无兴趣，于是这一设想便只能止于形式化的第一次成立大会。

梭戛生态博物馆开馆两年以来，类似这样的理念和运转上的问题层出不穷，生态博物馆不得不面对理想和现实的巨大落差，《六枝原则》便诞生于这一背景。

2000 年 8 月 9 日，中挪生态博物馆国际研讨班分别在中国六枝和挪威图顿举行，这次研讨班产生了一个重要的成果，即《六枝原则》。《六枝原则》由挪威国家文物局副局长达格起草，苏东海审阅后在研讨班上宣读并通过。《六枝原则》共有九条：

① 村民是文化的真正拥有者，他们有权利按照自己的意愿去解释和认同他们的文化；

② 文化的含义与价值只有与人发生联系并依据自己的知识得以界定和解释，文化的内涵必须得以加强；

③ 生态博物馆的核心是公众参与，文化是一种共同的和民主的构造，必

---

❶ 苏东海. 建立与巩固：中国生态博物馆发展的思考［J］. 中国博物馆，2005（3）：12 – 13.
❷ 胡朝相. 六枝原则与民族文化保护［N］. 中国文物报，2005 – 01 – 21（05）.

须以民主的方式加以管理；

④ 当旅游和文化保护发生冲突时，后者必须给予优先权。原件的文物是不应该出售的，但以传统工艺为基础的高质量的纪念品生产应该得到鼓励；

⑤ 长期的和历史的规划是至关重要的，在长远上损害文化的短期的经济利益必须得以避免；

⑥ 文化遗产保护必须融入整体环境的观点，在这个意义上，传统技术和物质文化资料是核心部分；

⑦ 观众有道德上的义务以尊重的态度实施自己的行为。他们必须遵守一定的行为准则；

⑧ 生态博物馆没有固定的模式，它们因各自的文化不同和社会条件的差异而千差万别；

⑨ 社会发展在生态博物馆的建设中将是一个先导条件，人们生活的改善必须得到更多的重视，但不能以损害文化价值为代价。

胡朝相将其主要内容总结为三个层面：①强调社区居民是文化的主人，他们是文化的创造者和继承者，他们有权对自己的文化做出解释；②旅游业的发展与文化保护发生冲突时，旅游业应该服从文化保护，而短期的伤害文化的经济行为应该得到制止；③生态博物馆的一个重要任务是促进社区经济发展，改善社区居民的生活。❶ 由此看来，《六枝原则》不仅仅是对生态博物馆的建设和发展提出的指导原则，对于民族文化的保护也有普遍的理论支持和指导意义。

三、政府主导下的运转

2017 年 11 月，笔者参与的复旦大学"乡村文化遗产的未来"主题调研小组从贵阳出发，在黔南和黔东南地区走过数十个村寨，随后一路向西，来到了这趟调研之行的最后一站——六枝梭戛。梭戛虽然是此次调研的终点站，却是中国生态博物馆建设的起点，在贵州省乃至全国范围内的村落保护研究中都具有相当重要的地位（图 3-1）。之前，调研小组通过书籍和文献对六枝梭戛生

---

❶ 胡朝相. 贵州生态博物馆纪实 [M]. 北京：中央民族出版社，2011.

态博物馆的缘起和理念进行了充分的了解，但是却鲜有接触到这座生态博物馆的运转过程与现状。

　　从六盘水市出发到梭戛乡只有几十公里的路程，但是由于靠近梭戛乡的公路正在进行修缮，一路泥泞不堪，路况极差，车程花了近半日的时间。一路颠簸过后，蜿蜒的水泥路将我们引入群山深处，而梭戛正静卧在这深山浓雾之中。

　　到达六枝梭戛生态博物馆后，笔者等首先采访了罗刚馆长。他于1998年建馆伊始自六枝特区文化局办公室调入博物馆工作，中途调走几年，近年又重新回到梭戛担任馆长。随着他沉稳的叙述，六枝梭戛生态博物馆20年来的探索历程逐渐呈现在我们面前（图3-2）。

图3-1　施工中的梭戛生态博物馆　　　　图3-2　采访罗刚馆长

　　1998年开馆后，梭戛生态博物馆成立了专门的管理机构。博物馆全称为"中国六枝梭戛生态博物馆"，是一个正科级事业单位。根据当时编制的文件，生态博物馆属贵州省文化厅领导，由六枝特区政府负责机构管理和人事管理。按照行业管理体制，生态博物馆应归属文物和文博的主管部门，也就是六枝特区文体广电新闻出版局（以下简称文广新局）。但是在实际工作中，管理划分却没有这么清晰。这是因为生态博物馆的第一任馆长徐美陵还兼任当地的文化馆馆长，而文化馆是文化局的下属单位，于是从一开始生态博物馆的一些事务便自然地归到文化局管理。由于后来的文件没有再次明确，长久以来生态博物馆的具体事务都是由这两个单位交叉管理的。

　　生态博物馆的运转靠政府全额拨款，由省文物局、市政府、特区政府共同出资，省政府不定期发放补助。生态博物馆现有六个编制名额，能够独立开展工作，除了博物馆的日常工作外还要负责组织党建工作。现在生态博物馆有五名工作人员，其中两人被抽调驻村，虽然外聘了一个本村人协助日常工作，但还是长期处于人手紧张的状态。

在政府和专家主导下建立的梭戛生态博物馆是以事业单位的身份诞生的，它一方面受行政管理体制的限制，另一方面却没有任何管理村寨的实权，这使得它处于一个相当尴尬的位置。按照最初的设想，只有当村民成为生态博物馆真正的管理主体后，生态博物馆才能实现其价值。然而，根据管理规定，事业单位的编制只能通过参加相关的考试分配就职，这就使得本村人难以获得编制职位。事实上，生态博物馆现有的五名编制工作人员都是通过考试的外地人，而唯一的本村人是外聘来的。

行政管理体制对生态博物馆的限制不止体现在管辖归属和人事管理上。在为生态博物馆选址时，专家依照生态博物馆的理念，认为其涵盖的不是一个单一的寨子，而是具有同一文化特点的地域，不应受到任何行政边界的限制。因此，六枝梭戛生态博物馆理论上负责的范围是整个菁苗文化社区，共覆盖12个寨子，包括六枝特区的安柱寨、陇戛寨、补空寨、小坝田寨、高兴寨、大湾寨、新发寨，以及织金县的村后寨、官寨村苗寨、小新寨、化董寨、依中寨。其中，位于六枝的寨子中只有五个属于梭戛乡，两个在另一个乡。但是因不属于同一个行政区域的寨子难以统一开展工作，再加上交通不便、工作人员不足等因素，梭戛生态博物馆实际的覆盖范围只有梭戛乡中以陇戛寨为核心、地理位置比较集中的四个寨子。涵盖范围从12个寨子缩减到四个寨子，再一次体现了生态博物馆最初规划和实际情况的巨大落差。

近20年来，政府的扶贫等相关政策为梭戛带来了几次大规模的社区变迁和社区改造，使村民的居住环境和生活环境得到了改善。

2002年，时任贵州省委书记钱运录来梭戛视察。当时，村里依旧属于贫困的状态，村民生活环境较差，生活水平落后。钱运录指出，生态博物馆的发展要与国情挂钩，在我国民生应该是第一位的，要求提高梭戛民众的生活水平。考虑到当时村里的住房比较拥挤，政府出资在老寨附近建了一个新村，称为新一寨，从老寨里迁走了40户危房住户和住房紧张户。

2011年，胡朝相给时任贵州省委书记的栗战书写信，反映村寨生存环境仍不容乐观。省里组织了一个工作组来调研后，由相关部门拨款 1000 万元，修建了新二寨，并对老寨进行了环境整治。

2017 年，菁苗社区作为"农村环境整治工程"的重点，村寨到处都在破土动工，进行排污、排水工程的建设。

罗刚馆长介绍这些变化时补充道："这些年村寨的变化都是政府行为，生态博物馆只能从文化角度提一些建议。"诚然，生态博物馆虽然把文化保护与社区发展联系在一起，但是此时其工作重点仍是文化保护，并不真正具备社区改造与发展的职能。❶

四、记录工程与文化传承

根据生态博物馆的理念和早期的规划，由专家对村民长期开展培训，组织村民用文字、录音、录像、拍照、采访等形式将村寨的文化记录、保存下来，积累、建立起"文化记忆数据库"，培养村民对自己的文化价值的认同感和身为文化主人的意识，是生态博物馆最重要的工作之一。早在 1999 年，生态博物馆开馆不久，挪威生态博物馆学家约翰·杰斯特龙和胡朝相、安来顺等人主持开启了"菁苗记忆"项目，对梭戛生态博物馆社区的村民进行文化记忆记录的培训工作。根据当时的记载，有十几位村民参加了培训，并参与了村寨历史和民间掌故的录音工作❷。

可惜的是，这样的培训并没有持续下去。没有了村民的主动参与，记录这项工作便由生态博物馆的工作人员全权接手，成为生态博物馆的核心工作之一，占据了生态博物馆工作人员的大部分工作量。自开馆以来，生态博物馆用文字、录音、摄影、录像等形式忠实地记录下了以陇戛寨为核心的四个村寨的文化信息和生活变迁（由于人手不足，只记录了陇戛寨的社区变迁，见图 3－3）。虽然其间由于管理不善，生态博物馆曾丢失过一批珍贵的早期记录资料，但记录工作从未间断过。2010 年，生态博物馆完成了对四个村寨基

❶　梁太鹏. 文化遗产的动态状保护与社会改造——关于贵州六枝梭戛生态博物馆的思考［J］. 中国博物馆，1999（1）：2－6.
　　❷　胡朝相. 贵州生态博物馆纪实［M］. 北京：中央民族出版社，2011.

本信息的收集。

图3-3　生态博物馆的记录资料

　　当记录的主体不是村民，而是博物馆的工作人员时，就需要重新审视这项工作的意义。短期内这批资料最直观的用途或许是有助于学术研究，但实际上，笔者在采访时发现，虽然菁苗族独特的民族文化吸引了好几批高校和研究机构以此为课题，并在当地开展长期的人类学调查，但是这些机构却没有与生态博物馆建立明确的合作关系，甚至鲜有进行信息资料的共享。

　　不难想象，在缺少利益驱动的前提下，仅靠唤醒村民对自身文化的认同感，很难调动原本肩负着生存压力的村民协助这些费时费力的工作。

　　虽然记录工程的培训没有维持下去，但文化方面的培训工作却一直得到村民的积极响应。自开馆以来，生态博物馆每年都会从外地请专人来村里为村民提供音乐、舞蹈、手工蜡染等培训，且次数较为频繁。从现场的照片来看，参加培训的村民大多为女性。此外，生态博物馆也会邀请非遗传承人到小学校园授课，开展"民俗文化进校园"等活动，并组织村民进行改善环境卫生习惯的宣传和培训工作。

　　1999年，由省文化厅拨款，生态博物馆选取了老寨中的10座传统木构建筑，为住户提供新的住所，将建筑本体定格在了那个时代，以标本的方式保存了下来（图3-4）。但是这些建筑仅仅是

图3-4　"标本式"留存的菁苗族传统建筑

被保存下来，并没有进行任何阐释性展示。由于新一寨、新二寨的建设，村寨的整体风貌发生了巨大的改变，生态博物馆也无法阻止老寨中非传统形式住房的建设。如今，老寨中岌岌可危的木房和新建的砖房交替分布。

2015 年，罗刚馆长抽取了部分文物保护经费，请当地木工做了 10 套织布机。此前，寨子里原有的织布机大都已经老化损坏，掌握传统织布技术的村民也屈指可数。生态博物馆留下两套织布机作为陈列的展品，剩下的八台免费发给村中尚会织布的妇女，并与她们签订协议：织布机是国家资产，归生态博物馆所有，一旦发现织布机闲置，立刻收回发与他人。另外，每位织布机的使用者必须在一年内培养一名学生，教给她织布技艺，若能通过年底的验收，则有1000元的奖励。这项措施得到了村民的积极响应，久违的织布声重新回荡在村寨中。初尝成果后，生态博物馆于 2017 年又定做了 40 台新织布机（图 3-5）。可以想象，若是 40 台织布机都能得到村民的有效使用，超过 1/3 的村民家庭将会重新掌握织布的技术，这将极大地促进传统织布技艺的传承。

馆长解释道，他认为语言和服饰是少数民族文化的两大标志。在梭嘎，传统语言的环境依然保存完好，但传统服饰依赖的织布技术却濒临失传，这也是他发起这个项目的初衷。这一举动是生态博物馆近年来反响最好、效果最明显的文化传承活动，也为博物馆日常枯燥的记录和培训工作增添了一丝生机（图 3-6）。

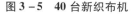

图 3-5　40 台新织布机

图 3-6　织布的妇女

五、文化传承的困境

采访结束后，调研小组进入村寨，希望能从与村民的交流中获取更多信息。可能由于时处旅游淡季，路上只见施工工人和少数村民，完全没有游客的身影。我们在高兴寨路口处遇见了一位身穿菁苗族传统服饰的年长女性，她双肩背着背篓，似乎正要去田里干活儿，但见到我们与她打招呼，立刻停下了脚步，热情地招呼我们去她家中做客。

将我们带到家中后，她先是亲切地递上当地特色的山核桃，随后用当地方言询问我们想不想看菁苗族的民族盛装和最具特色的梳头过程。我们连忙表示不必麻烦，但是她执意从房间里抱来服装和头饰，开始演示。

只见她换好服装后，首先将牛角状的木头固定在脑后，接着将大股黑色毛线呈倒 "8" 字状绕于牛角上，最后用白色布条进行稳固与装饰，巨大夸张的菁苗族女性传统盛装头饰便完成了（图 3 - 7）。整个复杂的过程在她熟练的手法演示下只用了不到 5 分钟的时间，着实令人惊叹。由于头顶长期负重，菁苗族的女性额前与两侧的头发都比较稀疏，村寨中见到的较为年长的妇女皆是如此。

图 3 - 7   村民 "表演" 梳头

然而随后，意想不到的事情发生了。她用极快的速度卸下整套装饰后，见我们除了鼓掌称赞之外似乎没有其他的表示，便开口询问是否能付给她一些

"表演费"。在之前的乡村入户调研中, 我们时常遇见村民热情主动地为我们展示当地特色的手工民族服饰, 并鼓励我们试穿与拍照, 但整个过程从不曾涉及金钱的交易。这时我们才意识到, 刚刚所经历的并不是自发的文化展示, 而是一场彻底的"表演"。

胡朝相在书中曾经提到, 早在生态博物馆建成之初, 迎来首批来自国内外的游客时, 就出现了村民强制向游客兜售民族工艺品的现象❶。政府和专家学者视若珍宝的传统文化却被文化原本的主人——村民们轻易地变为换取金钱的工具。《六枝原则》中第一条就着重强调"村民是文化的真正拥有者, 他们有权利按照自己的意愿去解释和认同他们的文化", 但是这种为满足游客猎奇心态, 将独特的民族文化包装成特色演出进行"出售"的行为, 是村民认同自己文化的表现吗? 20 年前, 类似现象受到了生态博物馆领域专家的强烈谴责与坚决制止, 但是今日, 我们在与村民的沟通中得知, 生态博物馆的工作人员对于这种"表演"行为至少持默许的态度。

虽然生态博物馆多年来持续为梭戛引来四方游客, 但是梭戛从未真正发展旅游业, 甚至在村寨及附近找不到一家可以落脚的旅店, 而仅依靠传统产业的梭戛乡至今仍未摆脱贫困。当基本的生存条件无法得到保障时, 村民积极追求经济利益必然无可厚非。但是在这种情况下, 传统文化的价值该如何体现? 文化保护工作又将如何实施? 这也许才是六枝梭戛生态博物馆如今面临的最大难题。

六、结语

在六枝梭戛生态博物馆建成 20 年之际, 回头看建馆之初的设想, 与如今的现实状况有一定的差距。或者说, 以《六枝原则》为主的理念对现今生态博物馆的运转与发展仍具有重要的启示作用, 但这同时表明生态博物馆至今未摆脱 20 年前的困境。行政体制内的限制一方面使得生态博物馆陷入无法自主发展的尴尬境地, 另一方面也使其因此避免面对维持运营的难题, 能够直接获得政府的资助开展文化保护工作, 如近年开展的织布技艺传承工程便取得了相

---

❶ 胡朝相. 贵州生态博物馆纪实 [M]. 北京: 中央民族出版社, 2011.

当不错的反响。

离开六枝梭戛生态博物馆后，我们又经过来时那条颠簸的泥路。在采访中听闻这条路的修缮工程将在 2018 年竣工，给我们带来了些许的心理安慰。不论理想与现实的落差，不可否认的是，六枝梭戛生态博物馆始终在文化保护与传承的道路上前进着。如何建设"中国式生态博物馆"？面对这个在 20 世纪末提出的问题，虽然 20 年后的梭戛还无法交出令人满意的答卷，但是崎岖的道路上，我们依然在前行。

（本文由复旦大学文物与博物馆学系 2016 级硕士研究生缪璟撰写）

堂安：生态博物馆的本土化与再出发

与其他地处坝子的侗寨相比，坐落在半山腰的堂安侗寨被簇拥在一片梯田当中。堂安村隶属黔东南州黎平县肇兴镇，截止到 2017 年 7 月，村内共有 213 户人家。就是这样一小块区域，在最近 20 年里受到的外界关注与日俱增，一方面是以生态博物馆建设为契机而引来政府、学界及各种组织的关注，另一方面则是来自距堂安仅 5 公里的第一大侗寨肇兴引来的旅游与商机。

2000 年 9 月 5 日，中国与挪威政府签署协议，堂安侗族生态博物馆（以下简称堂安生态博物馆）的建设被正式提上议程。堂安生态博物馆是贵州省首批建立的四个生态博物馆之一。堂安生态博物馆作为中国第一批建成的生态博物馆，是生态博物馆中国本土化实践的"亲历者"。为什么要在堂安建立生态博物馆？堂安生态博物馆为何能成为国家级生态博物馆建设示范点？来自挪威的生态博物馆学家约翰·杰斯特龙在进到村寨的时候曾感慨道："堂安是人类返璞归真的范例，细细地品味，全然可以证实她悠久的历史，这里有着侗族旅游资源开发的价值，值得人类共同去保护……这里的一切自然和文化遗产都是生态博物馆的一部分，任何实物都可能成为社区人民的历史的共同记录。"（图 3-8）

本文基于笔者在堂安进行田野调查的经验，尝试对堂安生态博物馆各阶段的发展概况及其呈现出的变迁进行梳理和描述，并对近些年出现的一些新变化进行观察和记录，希望从堂安生态博物馆的发展历程反观中国的生态博物馆理论本土化的进程。

图 3-8   约翰·杰斯特龙树（摄影：朱丽梅）

一、堂安侗寨概况

　　堂安是贵州黔东南州黎平县肇
兴镇的一个行政村，寨西山下 5 公
里是全国最大的侗寨肇兴。堂安村
域面积 484 公顷，建筑区域面积
12.1 公顷，村内人口为 906 人，
213 户，拥有鼓楼 1 座、花桥 1 座、
戏台 1 座、民居 200 多栋。1999
年，堂安侗寨被确立为中挪文化合
作国际性项目建立的贵州省四座生

图 3-9   堂安侗寨（摄影：朱丽梅）

态博物馆之一，2012 年被列入第一批中国传统村落名录，2017 年被列入第二
批"中国少数民族特色村寨"（图 3-9）。

　　堂安侗寨背靠弄抱山，山上云雾缭绕，林木郁郁葱葱，依旧保留着原始
森林的样貌。侗寨坐北朝南，四面青山环抱，峰峦叠嶂。从肇兴前往堂安的
路上，漫山遍野除了森林就是引人入胜的梯田美景。梯田的格局基本延续了
原有的景观，除村落与梯田交界处有部分民居占用农田新建房屋外，沿山体
层层叠叠展开的梯田维持了较好的村落景观格局，石头堆砌的做法也得到了

延续。农田种植以杂交水稻为主，香禾糯的种植占 1/3 左右。堂安禾仓在梯田边就近建设，禾仓较少，谷子多存放在住宅的阁楼上。现在大部分禾仓还在继续使用，部分出现损坏现象。石砌田埂保存较完整，多分布在村落西侧的梯田中。

堂安侗寨的历史起源有两种说法。说法一：相传很久以前，最先迁入堂安的蓝氏因为兵祸所迫到处搬迁，之后由洛香到地坪，再从地坪搬迁至厦格定居。在定居的几十年里，蓝氏祖先养的一群鹅早出晚归在外觅食。一次，蓝氏祖先发现有几只老鹅没有回家，外出寻找，发现老鹅正在深山老林中一处水草丰盛的地方。他们认为这是一个很好的地方，于是再次搬迁到此。在水塘边有一种可以当作饲料的草，牲畜吃了之后会长得很好很快。在侗族的语言中称这种草为"俺"，长这种草的地方就叫"堂安"。说法二：堂安在侗族的语言中是"火炉灰"的意思，就是火炉里烧稻草产生的灰。而堂安因为经常失火，就被称作"堂安"。堂安在中华人民共和国成立的时候叫作联安，改革开放之后再次叫回堂安。

寨老告知，堂安建村已 230 余年，按堂安侗族火塘分家的方式计有 190户，主体为侗族。陆姓作为堂安的大姓，几乎占据总户数的一半。陆姓又分"大陆""小陆"两族，可以相互通婚。另一半为赢、大潘、小潘、吴、杨、石、蓝等诸姓村人，其与"大陆""小陆"各姓相互通婚。堂安村人年龄结构以青壮劳动力为主，男女比例相对平衡。目前，村民家庭生计结构以外出打工和在家务农为主。

二、堂安生态博物馆发展的三个阶段

根据在堂安的调查和所收集的资料，笔者将堂安生态博物馆的发展分为三个阶段，即原初阶段、停滞阶段和再建阶段（图 3 - 10）。在总结这三个阶段的过程中可以看到"生态博物馆"这样的一个舶来理念在移植到中国乡村的一座少数民族村寨时所经历的种种挑战，以及堂安生态博物馆是如何获得新的发展机遇从而不断前行的。

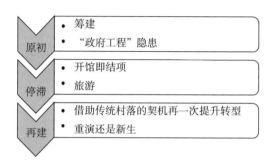

图 3 – 10   堂安生态博物馆发展的三个阶段

（一）原初阶段

堂安生态博物馆是中挪合作生态博物馆项目中最后一个落成的，自从 1995 年 4 月 24 日课题组第一次考察堂安到 2005 年建成开馆，经过了长达 10 年的时间。在这 10 年里，诸多工作慢慢地逐步展开，从组织工作组到最后建成了所谓生态博物馆的"标配建筑"——资料信息中心。笔者把从堂安生态博物馆档案室收集到的档案资料与《贵州生态博物馆纪实》一书中的翔实记录结合起来，从而了解到原初阶段的一些细节。

这 10 年里，堂安生态博物馆的建设如同摸着石头过河。建设的同时，学界对生态博物馆这一新生事物依旧争论纷纷。而中挪合作的贵州生态博物馆群项目的建设是由政府主导的国际合作项目，有非常深远的政治、文化意义，正因如此，整个开发建设过程都由政府牵头，而贵州各地的四座生态博物馆也一座接一座地先后落成。"政府主导、专家指导、村民参与"被认为是当时生态博物馆的工作方式。

这一阶段，堂安生态博物馆开展了四项工作：社区自然和文化资源调查；筹建接待室和资料信息中心；开展社区的环境整治和防火安全工作；开展侗族文化的宣传工作。从资料档案来看，这些工作几乎都是由政府主导的。尽管在这一阶段，从理念上来说已经有了"村民应该是生态博物馆主人"的认识，但是学界对生态博物馆的认识尚不明确，外国专家与国内专家也各有各的意见，理念与实践的巨大鸿沟使得身在其中的村民更加无所适从。就当地政府而言，除却中挪合作项目的外交和政治意义外，建立生态博物馆不仅可以保护当地的文化遗产，更可以借此提高知名度、开发旅游，促进当地人民生活条件的改善，而开发和扶贫正是当地政府最直接、最迫切的愿望。

贵州的生态博物馆可以说是政治和社会现实影响下的产物，对今后生态博物馆的发展走向产生了深刻的影响，在其发展过程中出现的许多问题也都可以在此找到源头。

（二）停滞阶段

堂安生态博物馆的开馆也意味着中挪合作的贵州生态博物馆群项目告一段落，堂安生态博物馆又将何去何从？

建馆之初，其管理工作由县政府任命的兼职馆长和工作人员暂时主持，中间也出现了非政府机构参与工作的情况，但在堂安所毗邻的最大的侗寨——肇兴进行旅游开发时，整个堂安生态博物馆的工作却令人意外的处于停滞阶段。

旅游带来的是危机还是生机？把中挪合作的具有国际意义的生态博物馆作为旅游开发的招牌加以利用无可厚非，发展原本也是中国生态博物馆的应有之意，《六枝原则》中第九条"社会发展在生态博物馆的建设中将是一个先导条件，人们生活的改善必须得到更多的重视"便是"中国生态博物馆之父"——苏东海先生结合中国生态博物馆的实际情况所提出的。旅游能够给堂安带来发展。在地方政府的许可下，旅游公司简单粗暴地接管了堂安生态博物馆，接待室成为旅馆，资料信息中心大门常闭并收起了门票，博物馆逐渐沦为旅游的配套设施。以上种种和生态博物馆在建立之初便存在的"政府工程"属性有不可分割的关系。究其原因，笔者认为不是生态博物馆的理念和旅游开发存在不可调和的矛盾，而是因为堂安生态博物馆被只关心市场效益与经济回报的一家公司所掌控。如此看来，一旦堂安生态博物馆不再处于政府工作关注的中心，其发展便会受到影响。

那么，堂安生态博物馆这时的起落是否可以看作一场注定要消逝的狂热？在堂安生态博物馆的发展陷入停滞阶段的同时，生态博物馆理念的实践依旧在全国各地进行。这些生态博物馆是否都会陷入开馆即结项、难以为继的困境之中？

（三）再建阶段

答案是否定的，生态博物馆仍旧在不断被应用实践，其理念也在不断被学界讨论。随着乡村文化遗产是珍贵的文化资源和人类的共同财富的认识越来越深入人心，堂安生态博物馆的停滞也只会是暂时的。

2011 年，堂安生态博物馆被公布为国家首批五家生态（社区）博物馆示范点之一。国家文物局这样要求："以此为新起点，进一步提高认识，增强责任感和紧迫感，遵循生态（社区）博物馆的基本规律，切实做好生态（社区）博物馆示范点建设工作；要加强科学规划，试行灵活有效的政策措施，结合实际情况不断丰富和完善发展模式，率先建立科学有效的民族民间文化遗产保护机制，切实维护地区文化的多样性和特殊价值，并不断积累经验，充分发挥示范和辐射作用，为推进全国生态（社区）博物馆的发展作出更大贡献。"

堂安侗寨 2012 年入选《第一批中国传统村落名录》，2014 年全国生态博物馆项目评审会议要求结合新时期传统村落整体保护和发展要求来发展生态博物馆。传统村落与生态博物馆在堂安连接在了一起，堂安生态博物馆也借助这一契机获得新生（表 3 -1、图 3 -11 ~ 图 3 -13）。

表 3 -1 堂安侗族生态博物馆大事年表

时间	博物馆大事
1995 年 4 月	考察组考察堂安
1999 年 12 月	贵州省人民政府同意建立生态博物馆
2001 年	建成接待室
2005 年 5 月	举办贵州生态博物馆国际论坛，堂安侗族生态博物馆建成开馆
2011 年 8 月	被选为生态（社区）博物馆示范点
2012 年	堂安村入选《第一批中国传统村落名录》
2013—2015 年	生态博物馆转型提升及传统村落保护利用
2015 年 5 月	重新开馆、重新设展、重新建构

图 3 - 11　新建的堂安生态博物馆专家工作站

注：图片来源于堂安生态博物馆资料信息中心

图 3 - 12　工作站会议室

（摄影：朱丽梅）

图 3 - 13　工作站图书馆

注：图片来源于堂安生态博物馆资料信息中心

（四）小结

由上述三个阶段，笔者发现堂安生态博物馆的起落沉浮受到种种外力的影响。无论是政府官员、专家学者抑或相关企业，他们往往成为左右生态博物馆发展的关键。堂安侗寨的梯田年复一年地供养着辛劳耕种的侗族居民，而堂安生态博物馆已历经种种变故。

不管是生态博物馆还是传统村落，都面临着两方面看似矛盾的认识：一方面，人们将乡村视作返璞归真、传统文化精华的体现；另一方面，乡村实际上又被认为缺乏合理的管理。其实这两方面并不矛盾，关键问题在于具体怎么做、谁来做。明晰了对乡村遗产的认识，才能很好地去面对生态博物馆、面对传统村落未来的发展，这也就需要在多方的合作之下进行长期的转型发展。

三、堂安生态博物馆日常工作观察与记录

2018 年上半年，笔者有幸去了堂安侗寨，参与了堂安生态博物馆的日常工作。通过亲身参与和每日的观察，笔者整理了一些值得思考的有趣细节，以展现如今的堂安生态博物馆的日常工作及其与外部的互动关系，以及堂安侗寨的村民是如何面对现代生活的新需求并融入传统的乡村生活中的。

（一）对外合作的窗口

在对外文化研究交流合作方面，2017 年，堂安生态博物馆成功举办"堂安生态博物馆夏季论坛——乡村文化遗产的未来"，论坛邀请了复旦大学国土与文化资源研究中心、同济大学建筑与城市规划学院、联合国教科文组织亚太地区世界遗产培训与研究中心、北京大学文化遗产保护研究中心、文化部民族民间文艺发展中心、意大利威尼斯建筑大学等单位的相关负责人和专家、学者参加。同时，联合国教科文组织亚太地区世界遗产培训与研究中心（上海）、复旦大学国土与文化资源研究中心、北京大学文化遗产保护研究中心、清华大学全球化研究中心、安徽大学农村改革与经济社会发展研究院、中国西部文化生态工作室等机构对堂安传统村落的保护、利用、发展工作进行了调查测评，初步形成了《2017 中国传统村落（堂安、地扪、述洞）保护、利用和发展监测预警总报告》，该报告在堂安夏季论坛中发布。

此外，博物馆还先后接待了日本筑波大学、美国政府考察团、浙江大学、贵州省政协、澳大利亚驻成都领事馆等相关人员的到访交流。

在传统手工艺的交流合作方面，生态博物馆推动了与苏州工艺美术职业技术学院师生落地堂安的手工培训项目，并组织当地妇女与设计师共同工作，以工带训，尝试探索传统手工产品在地生产及销售的可能性。此外，生态博物馆还促成了美国服装设计师 Angel Chang 将工作室落地堂安，先后完成了一批 10

套服装的设计及手工制作，参加美国史密森学会的专题展览，以更好地向世人展示、宣传当地的传统手工技艺。

（二）对内的社区服务

2017 年，堂安生态博物馆在贵州省文化厅非遗中心的扶持下进行了村寨社区文化的传承培训，建立了村寨织染、缝绣手工工坊，并推动与苏州工艺美术职业技术学院的进一步合作。通过完善博物馆社区文化中心的设计师工作室的软硬件建设，博物馆组织当地妇女与该校设计系的师生共同工作，进行了一系列天然蓝染建缸、染色、手工布织造、传统针缝及绣花等技艺的培训。

在侗歌传承方面，博物馆主持组建了 4 支中年侗歌队，队员共 83 人，外聘县非遗办侗歌歌师、镇民族文化课堂老师对歌队定期开展侗歌侗戏培训累计 120 课时；同时，每周组织侗歌队进行自发性的演出排练，提高了村民对侗歌侗戏的演唱热情，提升了侗歌队参加村与村之间的侗歌比赛的演唱水平；持续组织了村寨幼儿侗歌班，每期招生 40 余人，将侗歌培训放入幼儿班的日常课程中。

在村寨公共服务方面，生态博物馆在 2017 年推进了以下几项工作：一是向村寨两委提供经费支持，用于帮助村寨管理供水系统及其他公共服务工作，并连续四年向村寨的幼儿园提供经费资助，解决了堂安一些幼儿入园难的问题；二是创建了向村民免费开放的社区图书馆，并积极向社会各界募捐，组织专人做好每日的清洁维护及图书整理工作；三是向公众免费开放社区文化展示中心，通过村史馆展览、生态博物馆 20 周年展宣传及介绍堂安村寨历史和生产生活、生态博物馆的起源和在中国的发展变化等（图 3 - 14）；四是建成并开放了位于村寨入口处的访客中心，其中设立了村民寄卖处，帮助村民向游客销售当地的农产品及手工品；五是建立并管护位于村中的两个公共卫

图 3 - 14　社区文化展示中心

内部展览（摄影：朱丽梅）

生间，免费向公众开放；六是积极争取黎平县文广局的支持，与村两委共同策划并组织重要的节庆活动——六月六歌会；七是参与并推动堂安村与其他相邻村寨间的互动及侗歌、芦笙交流活动。

与此同时，博物馆还积极推动了堂安村寨社区发展。为此，生态博物馆引入创意乡村文化资产运营管理有限公司，帮助村寨建立了农产品及手工品的社区合作社，并通过公开招聘聘请村民陆红芝作为负责人组织生产管理，下设地方农特产品、织染及缝绣工坊，对外承接各种生产及销售订单。笔者调研期间，已经完成两批次手工产品的加工和销售，为参与的村民增加了收入。另外，博物馆积极地与黎平县政府、肇兴镇政府、肇兴旅游公司讨论，帮助堂安村寨建立由村民控股的村集体酒店，以及谋划堂安未来旅游产业的整体发展思路。

（三）堂安生活每日微信推送

在堂安生态博物馆的定位上，其亦是社区的档案馆，承担着记录社区发展变化的职能。博物馆信息资料中心是承载这一任务的核心。经过长久的停滞后，2017 年再次启动信息资料中心的工作，确定了以村寨历史、文化遗产名录及社区档案为主的信息资料构成（表3－2），并为了适应日后不断累积的海量资料而配置了专用的储存设备，整理了过去散落的自建馆以来的相关资料，还开启了新的围绕二十四节气农耕记事主题的信息资料收集工作。

表3－2　堂安社区居民家庭档案记录表

（堂安生态博物馆资料信息中心制）

档案号：	房屋编号：	记录人：	记录日期：	审核人：

一、房屋基本信息

房屋编号	所属小组	层/间数	房屋质量
附属建筑物	□厨房　□粮仓　□厕所　□猪圈　□柴棚　□水井　□水塘　□其他：		
建筑物照片	□照片编号：		
邻居关系	前：　　　　　后：　　　　　左：　　　　　右：		
备注			

二、家庭基本信息

住户编号	户主	户主间关系	家庭人口数	常住人口数	联系方式

档案号：　　　户主编号：　　　记录人：　　　记录日期：　　　审核人：

三、家庭人口信息

姓名	性别	出生年月	房族	民族	教育程度	职业状况	主要技能	居住状况	与户主关系	联系方式

照片资料	□照片编号：
备注	

四、家庭织布技艺传承信息

成品形式/规格	成品功能	工时/供应量	传承人	售价（如有）	材料及来源	成本	规格	备注

工艺流程	

成品形式/规格	成品功能	工时/供应量	传承人	售价（如有）	材料及来源	成本	规格	备注

工艺流程	

成品形式/规格	成品功能	工时/供应量	传承人	售价（如有）	材料及来源	成本	规格	备注

工艺流程	

五、家庭织布技艺补充信息

使用设备	持有及情况	设备功能	年代	来源	价格	备注

照片资料	□照片编号：

纹样	含义	用途	工艺	典故	固定搭配	备注

照片资料	□照片编号：

六、家庭文化传承信息

传承内容	有无	传承人	传承程度/时间	传承方式	传承内容	有无	传承人	传承程度/时间	传承方式
手织布					建房木匠				
靛染					打桶木匠				
花带编织					家具木匠				
刺绣					棺材木匠				
服饰制作					纺机木匠				
手工纸					石刻工匠				
藤编/竹编					石砌工匠				
侗歌					泥水工匠				
侗戏									
侗族乐器演奏									
侗族乐器制作									
风水师傅									
鬼师水师									
草医药师									

在堂安生态博物馆的公众号上有这样一段简介："堂安生态博物馆致力于堂安侗寨的文化管理和公共服务，构建互动、互信、互联、互助的交流平台。发现乡村价值、尊重乡村价值、输出乡村价值、重拾乡村精神。"文化资料的信息化、电子化现在已经成为现实，发达的通信技术使得堂安的日常小事可以与世界共享（图 3 – 15）。

堂安生态博物馆公众号每天会推送两类文章来记录、分享发生在堂安的有意思的事情——"日常"和"见闻"。"日常"，即每日最寻常的事，以村民的角度记录村寨每天发生的那些村民们习以为常的画面。一些声音，一些景物，一些面孔，一些事件，点点滴滴，镌刻下堂安人最真实的生活。"见闻"，即所见所闻。生活、工作于堂安的他乡人，前来又

图 3 – 15　堂安生态博物馆微信公众号界面

离开的过客们，一人一个角度，一刻一种情绪，记录下他们眼中堂安的模样。其中，"日常"板块是由堂安侗寨的居民自己记录的，包括各种大小事务，意在彰显村民对于自己文化的认识。"见闻"板块则是由生态博物馆资料信息中心的志愿者收集的（图3－16）。在志愿者的镜头下，侗寨生活或有着脱去凡尘的美丽，而居民眼中的堂安却又显得朴实可爱。

图3－16　志愿者正在拍摄记录"三月粑"的制作

从2018年1月3日发出第一篇推送，堂安生态博物馆公众号经历春夏秋冬，已经记录了整整一年多的堂安生活。地扪侗族人文生态博物馆馆长、贵州省文物局传统村落整体保护利用驻村专家任和昕认为："过去的100年，我们或许不知道村落是怎么过来的，而生态博物馆的任务便是要让人们知道未来的100年村落是如何发展的。"生态博物馆在承载这一任务核心的同时向全世界传播、展示。在如今乡村振兴的背景之下，乡村的变化日益加速，相信经过日积月累，堂安生态博物馆将会给人们留下十分珍贵的图文资料。

（四）旅游"内""外"

2018年中央电视台春节联欢晚会黔东南分会场就建在堂安所在的肇兴，受到了全国人民的关注。从2004年开始，随着肇兴的开发，距离较近的堂安旅游业受到辐射，堂安旅游业开始兴起。日益便捷的公路交通和繁忙的贵广高铁线路给这里带来了源源不断的游客，从全国各地到访的游客已经成为侗寨日常生活的一部分。

据不完全统计，肇兴侗寨景区2017年到访游客数约为20万人，游客购买肇兴的门票后，游览完肇兴便会被推荐到堂安游览，每天有大约200～

300 名游客会选择去堂安游览。去堂安需要乘坐中巴车，往返 20 元。游客被吸引的原因主要是听闻堂安的侗寨风貌相比肇兴留存得更好、更加原始。游客对村寨的原始风貌也比较满意，但是"堂安留不住人"，虽然游客觉得值得一来，但也只会逗留 2～3 小时，以至于堂安村民经常抱怨"游客住肇兴，垃圾上堂安"。

堂安侗寨原本在外务工的一些青壮年开始回到堂安建房从事旅游业，一些村外人也看好堂安未来的发展，选择在堂安扎根经营。如此，从村寨入口处至堂安侗寨的中心——鼓楼的主干道上便形成了三股寻求发展旅游的力量，包括回归的村民、新进村寨的村外人（这两股力量直接参与了旅游）和服务于整个堂安侗寨社区的生态博物馆，后者间接地参与到了当地的旅游中。

从村寨入口处至堂安侗寨的中心——鼓楼的主干道上分布了中草药店、纪念品商店、小吃店、银饰店与农家旅店。其中，村民大多经营农家旅馆，除了住宿外均提供餐饮服务，新进村寨的村外人则经营其他类型的商店，其中有来自雷山控拜村的苗族银匠经营的银饰店、采药郎经营的中草药店（图 3 - 17）等。

堂安的农家旅馆一般是家庭共同经营，在旅游旺季客人多得忙不过来的时候也会临时请寨中的亲戚帮忙，这也是大多数村民参与旅游接待最主要的形式（图 3 - 18）。当然，经营农家旅馆的人家大多是村中所谓的"精英"，或是曾经在村委中担任过职位，或是在外务工有所积累。最早的"同福客栈"于 2010 年开业，现在在堂安共有 9 家挂牌的农家旅馆和 1 家餐厅，以住农家旅馆、吃农家小菜、体验田园生活为经营项目，打出"同吃、同住、同劳动"的口号。

图 3 - 17　堂安侗寨里的苗族药店　　　　图 3 - 18　农家旅馆

相较于拥有土地的本地侗寨居民，新进村寨的村外人通过租住村民的房屋经营商店。他们拥有侗寨居民相对缺乏的专业技术和进货渠道。很有趣的一个现象是，在堂安侗寨里可以见到苗族服饰、苗族银饰、苗族中草药。以经营银饰的"银缘阁"来说，店老板就是从苗族银匠村——雷山控拜村学习了制作银饰手艺的非物质文化遗产传承人，在看好堂安的发展后选择在这里经营、生活。而这些新进村寨的村外人之间也有着一定的亲戚或者帮带关系，有着一定的在民族景区从事经营活动的经验，在堂安投入成本不少，也有长期在此经营的打算。侗寨居民和新进村寨的外来人以自己的优势各自经营，暂时处于相对融洽的状态。

可以说，在这个过程中堂安生态博物馆几乎处于一个"背景板"的位置。但是不能忘记，堂安生态博物馆项目的落地最早将外界的目光不断地吸引到了这里，并将文化遗产保护的理念引进来，使"原生态能够吸引外界"的思想不断进入村民的脑海中。在经历商业化和景区化的旅游开发过程中，村民多少都有了一些保护环境、保护文化的概念，并将这些原生态的概念传播给来到这里的游客，继而不断增强这样的意识。

四、生态博物馆的本土化讨论

堂安生态博物馆有其自身发展的特点。回到生态博物馆中国本土化实践的整体视野中，不同领域的研究者对生态博物馆在中国的发展既有肯定和鼓励，也不乏批判的声音；国际博物馆学者在这个过程中也十分关注生态博物馆在中国的建设和发展。总结起来，大致有以下几种认识。

第一，生态博物馆的中国本土化必须结合中国的实际才能扎根成长。中国探索生态博物馆本土化的实践经验被总结为《六枝原则》，成为中国建设生态博物馆的基本原则。这也是生态博物馆理念传入中国后边在地实践边总结出来的原则。

第二，生态博物馆的建设没有统一的模式。没有统一的建设模式，并不意味着中国生态博物馆的发展缺乏共性，而是既要有各个生态博物馆的个案研究，也要总结出中国生态博物馆的共性，为生态博物馆的发展提出一套可供参考的标准，从更广泛的层面推广生态博物馆的理念。一般认为，资料信息中心承担着博物馆运作、展示、研究等诸多功能，因此资料信息中心的建设和运作的成功与否将直接影响整个生态博物馆的成败。资料信息中心的发展建设问题是探索我国生态博物馆发展道路的核心问题之一。❶ 生态博物馆更是一种理念和方法，可以以不同的形式出现，"生态博物馆和文化生态保护区在中国的实践可谓同一语境下的各自表述"❷，即便一些活动没有应用"生态博物馆"的表述，也可以应用生态博物馆的理念。

第三，生态博物馆是传统博物馆发展的方向之一，两者相辅相成、优势互补。生态博物馆是中国传统博物馆从以城镇为中心转向乡村社区、从专业性转变为大众性的尝试中较为现实可行的操作方式，因此"生态（社区）博物馆建设既是文物保护工作，也是博物馆建设工作"❸。苏东海认为，未来社会的生态博物馆必然是对传统博物馆的继承与发展，而不是抛弃，传统博物馆介入生态博物馆并与之结盟是中国生态博物馆的创举。❹

第四，生态博物馆致力于保护自然与文化、物质与非物质文化遗产。生态博物馆由所在地社区村民自主自觉地对文化遗产及其所依托的自然环境进行整体性的保护、记录和展示。除关注以物质文化为中心的遗产，生态博物馆还注重非物质遗产的保护。生态博物馆的构成要素为：自然与文化、物质与非物质遗产，资料信息中心，完整的社区保护和发展规划，村民与外来者的互动和对外活动。

第五，我国在经济落后的乡村地区建设生态博物馆，除了保护文化遗产和自然遗产之外，更要服务于整个社区的经济发展，帮助当地村民提高生活水平。我国最早建立的四座生态博物馆——梭戛、镇山、隆里和堂安生态博物馆都选址于贵州的少数民族村寨，生态博物馆得以依靠着完整、有特色的传统文化和文化景观带动整个社区的发展，提高社区居民的生活水平。

第六，从不同的视角对生态博物馆所在社区的变化进行反思。生态博物馆

---

❶ 钟经纬. 中国民族地区生态博物馆研究 ［D］. 上海：复旦大学，2008：46.
❷ 陈淑玲. 生态博物馆的拓展或另类——闽南文化生态保护实验区分析 ［J］. 中国博物馆，2008（3）：95－99.
❸ 宋新潮. 生态（社区）博物馆与变革中的博物馆 ［J］. 中国博物馆，2011（Z1）：10－14.
❹ 苏东海. 生态博物馆在中国 ［J］. 北京观察，2008（7）：53－55.

可能在某一个时间段内使得社区原有的状态发生了变化，造成了所谓文化的流失，但从长远来看，"生态博物馆"的形式让村民的日常对外表达得以传递，在"自我"与"他者"之间看到不同，看到自身文化的价值和意义。生态博物馆在地保护的特性决定了生态博物馆在实践中必须要以不同群体、不同文化和环境特点为建设、发展的依据，强调文化遗产保护的核心和村民的文化主体的地位。❶

对比以上六点认识，堂安生态博物馆在未来的建设发展中仍然离不开对当地自然和文化资源的记录、保护和传承展示工作，更关键的在于如何回应肇兴旅游所带来的社区发展问题。两者都离不开可持续机制的建立，需要对人员、资金和组织建设进行统筹规划。从另外一个角度讲，两者又是相辅相成、互相促进的。只有真正实现社区的发展，让社区居民共同参与和努力，才能推动形成更加合理的、具有可操作性的遗产保护机制。因为生态博物馆区别于其他的单一保护手段，要求更加全面、更加长久、可持续。单一的保护方式往往成为一次性事件，一次性的技术、资金的投入成为无源之水，难以为继。而生态博物馆不仅关注文物、文化遗产的实物个体，更关注所在的环境，关注人在其中的传承和发展。

但是在这个过程中，需要进一步探讨的是，当生态博物馆作为一种地区发展的工具或方法进行实践的时候，不可避免地会遇到一些问题。例如，堂安一些村民认为生态博物馆的运营也是在做旅游，是在"与民争利"；或者认为博物馆应该带领和组织村民发展旅游，肩负起堂安经济发展的责任。这表明，当生态博物馆的功能边界日益模糊的时候，更应该厘清博物馆和当地政府、村民及社会各界的责权利关系，确立好各自的定位，做好责任划分，唯其如此，生态博物馆和地方社区才能进入一条良性发展的道路。

（本文由复旦大学文物与博物馆学系 2017 级硕士研究生傅嘉伟撰写）

---

❶ 潘守永. 生态博物馆及其在中国的发展：历时性观察与思考 [J]. 中国博物馆, 2011（Z1）：31.

地扪：民办生态博物馆的自我运营与社区融合之路

"生态博物馆"理念诞生于 20 世纪 70 年代，由法国的博物馆学者乔治－亨利·里维埃（Georges－Henri Riviere）提出，雨果·戴瓦兰（Hugues de Varine）践行。这一理念于 20 世纪 80 年代开始传入中国，并在中挪双方的推动下，于 90 年代中后期开始在国内践行。在国内外生态博物馆兴起及多重因素的契机下，国内第一座民办生态博物馆——地扪侗族人文生态博物馆（以下简称地扪生态博物馆）在 2005 年初开馆，一时间，关注声与质疑声并至。多年来，诸多合理的、无端的问题不断抛向地扪生态博物馆，引发社会争议，地扪生态博物馆的发展也在在地实践、争议应对中不断升级。发展比建立难，坚持比发展难。地扪生态博物馆作为国内首家以民间资本建立的生态博物馆，15 年的探索对于生态博物馆的发展而言似乎也只是刚有了一个开端，未来的发展仍旧任重道远。当前来看，地扪生态博物馆只能算是一个探路先锋，至于结果如何，尚未可知。

一、播种：生态博物馆在国内外兴起

（一）生态博物馆的源起

20 世纪 70 年代，法国博物馆学者里维埃和戴瓦兰共同推动了一项"反思传统博物馆"的文化运动。为此，里维埃在 1971 年 8 月于格雷诺伯举办的国际博物馆会议上提出

图 3－19　法国克勒索蒙特索煤矿生态博物馆

了"生态博物馆（希腊语为 iokos museion，英语为 eco - museum）"这一理念来支撑和界定这一运动，强调人们的生产、生活与环境的关联性，反映出一种"整体生态保育"的生态主张❶。生态博物馆运动在法国兴起后，生态博物馆的理念与实践也在法国被推动，被认为是世界上第一座真正意义上的生态博物馆——法国克勒索蒙特索煤矿生态博物馆（图 3 - 19）就是在此背景下诞生的，从此开启了博物馆的"地方时代"。

（二）"生态博物馆"传入中国

"生态博物馆"这一理念提出 15 年后传入中国。1986 年开始，在《中国博物馆》等学术期刊上开始出现有关国外生态博物馆的理念、经验及我国学者对生态博物馆的讨论的文章。之后，两位中挪生态博物馆学者的相遇启动了生态博物馆在中国的实践。1995 年，我国首次在贵州启动了生态博物馆建设项目，后来发展为中挪文化合作项目。双方于 1997 年 10 月 23 日签订

图 3 - 20　梭嘎（苗族）生态博物馆开馆仪式
注：图片来源于地扪生态博物馆资料信息中心

了《挪威合作开发署与中国博物馆学会关于中国贵州省梭嘎生态博物馆的协议》。在双方的共同推动下，于 1998 年建成中国第一座生态博物馆——梭嘎（苗族）生态博物馆（图 3 - 20）。受此影响，2000 年以后，我国广西、内蒙古、陕西等地先后建立起了各自地域内的生态博物馆。

（三）贵州生态博物馆群的建设

作为中挪文化交流项目的延续，在梭嘎（苗族）生态博物馆建成之后，由博物馆学专家、挪威国家文物局副局长达格·梅克勒伯斯特（Dag Myklebust）起草的《六枝原则》成为贵州生态博物馆建设所遵循的工作准则。在2005 年前，贵州先后建成了镇山、隆里、堂安等生态博物馆群，分别代表了

---

❶　尹绍亭，乌尼尔. 生态博物馆与民族文化生态村［J］. 中南大学学报，2009（5）：28.

布依族、古代汉族和侗族等不同的文化。这一批贵州生态博物馆群的建设也是中国最早的生态博物馆本土化实践，代表了生态博物馆在中国发展的早期模式——政府主导、专家指导、村民参与❶。

以国情为出发点，生态博物馆不仅是一种新兴的博物馆类型，更逐渐演变为村落保护的重要方法，其理念在原有基础上不断拓展，在实践中不断前行。在国内生态博物馆不断探索的背景下，国内首家民营生态博物馆——地扪侗族人文生态博物馆于 2005 年在贵州省黎平县地扪村由村寨寨老宣布正式开馆（图 3 – 21）。

图 3 – 21　地扪生态博物馆开馆

注：图片来源于地扪生态博物馆资料信息中心

二、落地：地扪生态博物馆的建成

（一）一次音乐探寻之旅的意外启发

图 3 – 22　地扪侗寨

注：图片来源于地扪生态博物馆资料信息中心

在生态博物馆理念被国内外不断探索、践行的背景下，一所民间生态博物馆的建立似乎也是顺理成章的，然而，它的建成却是几经周折。地扪生态博物馆的诞生和一次音乐探寻之旅相关。地扪生态博物馆的早期资助者中国西部文化生态工作室（以下称"顾问机构"）于 2002 年受两位美国音乐家的委托，

❶　胡朝相. 贵州生态博物馆的实践与探索 ［J］. 中国博物馆，2005（3）：23.

开始在中国西南部的少数民族地区寻找"原生态音乐",而该项目的负责人就是过去 15 年来一直担任地扪生态博物馆馆长的任和昕。在有关方面的大力支持下,音乐的采风、调研、录制都很顺利,完成的音乐专辑也在美国得到了较高的评价,使得不少人对贵州村落产生了很多音乐之外的美好向往与遐思(图 3 –22)。❶

时值国内实施"西部大开发"战略,顾问机构敏锐地察觉出西部地区潜在的发展资源:一是以矿产为代表的地下资源,二是以旅游为代表的地上资源。乡村旅游的可持续发展走进顾问机构的视野,机构调整研究方向,打算将乡村可持续旅游拓展为其未来的新业务,主要从旅游角度提供有关村落保护、文化传承等方面的咨询服务。相较于国内当时流行的大众旅游,可持续旅游具有对人文自然资源破坏小、可持续、附加值高等优势。2003 年,任和昕与黎平县政府相关领导在广州的一次会议中相遇,并就原生态音乐专辑以及由此引发的对"西部大开发"战略的思考进行了深入交谈。几次交流下来,顾问机构与黎平县政府一拍即合,于当年签订了为期 30 年的顾问协议,商定在县里成立顾问办公室,由顾问机构针对当地的侗族文化提出旅游发展方案和村落保护方案。顾问机构带领专家走访了贵州、湖南、广西的上百个村寨,其中以黔东南地区为主。调研过程中,"生态博物馆"的概念进入顾问机构的视野,他们认为这与"生态旅游"不谋而合,一个涉及保护,另一个涉及发展。

(二)换点异地,落地地扪

图 3 –23　村民夹道欢迎

注:图片来源于地扪生态博物馆资料信息中心

在此契机下,顾问机构与贵州省文物局取得联系。时值堂安侗族人文生态博物馆即将建立,双方趋向于将堂安作为示范平台,利用生态博物馆框架发展生态旅游。顾问机构很快开展了一些前期工作,并形成了一些研究成果。后来由于种种原因,堂安的工作无法正常进行,顾问机构本身十分认同生态博物馆

---

❶ 根据对地扪生态博物馆馆长任和昕的访谈整理,访谈时间为 2019 年 4 月,访谈地点为地扪。

的理念，随即另辟蹊径，着手选择其他观测点进行案例研究。地扪地处偏远，交通通达度低，村寨本身较为封闭，也因此村内很多传统文化、传统建筑得以很好地保存。顾问机构进村考察时，村民夹道欢迎（图3−23）的热情以及时任茅贡镇党委书记对文化保护、发展的强烈意愿使之颇受触动，于是地扪很快便成为观测点的不二之选。

2004年起，为博物馆选地、建房。地扪生态博物馆的设计几易其稿，并在建造过程中不断调整，于2004年年底竣工，并于2005年1月8日正式开馆。后来，博物馆建筑构成不断增加，主要有文化长廊（廊桥）、共享办公厅、展厅、专家工作站点、档案馆等。

三、生根：在探索与试错中不断前行

生态博物馆虽然首先在国外兴起，但是近年来的发展却不容乐观。国内很多早期建成的生态博物馆面临同样的问题，甚至多数在房子建完后就没有再开展其他工作，陷入了还没开始就已经结束的尴尬境地。对于地扪生态博物馆而言，扎根地扪的15年中也是在不断的试错中探索前行，最终发展成为中国生态博物馆标准的制定者，在国家文物局和贵州省文物局的委托下编写了《生态博物馆建设指南》。

（一）践行《六枝原则》，不断追问谁是文化的主人

地扪生态博物馆落地、扎根黎平县地扪村，得到了黎平县政府的支持，从投资、开发的角度来看，对当地的发展会起到一定的积极作用。但是，地扪生态博物馆作为生态博物馆机构却一直没有得到有关文化部门的认可，文化部门对其机构目的性一直存有一定疑虑。

在不断的思索与探寻中，任和昕认为生态博物馆的《六枝原则》的核心要义是：当地人创造了自己

图3−24　地扪村民齐聚一堂

注：图片来源于地扪生态博物馆资料信息中心

的文化，当地人是文化的主人。在 2005 年地扪生态博物馆的开幕仪式上，政府部门代表、记者等嘉宾坐在台下，寨老则坐在台上，由寨老主持开幕式并宣布开馆（图 3-24）。这虽然只是一种形式，但也是一种宣告，更是一种启发。到今天，不论是从博物馆角度还是从政府角度，大家依旧在追问，到底谁是文化的主人？这同时是文化遗产保护工作者要回答的问题。地扪生态博物馆也在实践中不断追问与探讨这一问题，最终认为，还是应该回到中国生态博物馆建立之初的《六枝原则》，那就是，文化的创造主体——村民自己才是文化的主人，故此，文化的发展方向也应由它们的主人——村民自己决定。这也成为地扪生态博物馆发展道路上的核心标准。

（二）发展生态旅游或许不是唯一选择

发展是生态博物馆的目标之一，在多地的生态博物馆实践中，旅游似乎成了发展唯一的选择。如何避免生态博物馆成为观光景点，处理好文化与旅游的关系，成为生态博物馆发展中不得不面对的难题。从接触堂安村项目，到生态博物馆的理念进入其视域，任和昕馆长始终认为生态博物馆与生态旅游相辅相成。然而，在地扪生态博物馆的发展过程中，他发现旅游对乡村文化的破坏较大，因为旅游是一种纯粹的商业行为。传统村落是建构在自给自足的农耕文明背景下的（图 3-25），旅游的进入会不自觉地加速传统社会结构的瓦解。

旅游能给当地人带来多少发展的可能？任和昕馆长认为，旅游给当地带来的发展是十分有限的，而且并不是普惠的。旅游画的"饼"越大，后期形成的矛盾冲突就越多，如当地人与外来投资者之间的冲突，经营旅游相关产业营利的村民与无法依靠经营旅游相关产业营利的村民之间的矛盾，旅游相关产业经营者之间的矛盾，等等，不一而足。同时，游客的进入也会对当地文化产生一定影响，当文化成为迎合游客的服务商品，"旅游发展必定带动文化保护"或许就

图 3-25　地扪村民

注：图片来源于地扪生态博物馆资料信息中心

成了一个伪命题。旅游虽然不是最佳出路，但也势不可挡。那么，如何应对旅游带来的社会问题？如何处理好文化与旅游的关系？什么产业可以代替旅游业？在长期的沟通与思考中，任和昕馆长将解决方式总结为三点，即发现乡村价值、重估乡村价值、输出乡村价值，实现乡村与城市之间的对等价值交换。❶

（三）记录地扪当代史，参与社区服务，探索自我运营

1. 核心任务：记录地扪当代史

相较于发展，目前对于生态博物馆来说记录才是核心工作内容。任和昕馆长常把地扪生态博物馆比作一座庙，他认为记录、存储当地档案正是这座庙里的"和尚"需要念的"经文"。故此，社区档案馆（数字信息中心）成为近年来地扪生态博物馆主要建设的内容之一，是村民自己的"文化记忆空间"，记录着村民的记忆与生活，同时也是真正能够发现、重估、输出乡村价值的基础所在。

从 2003 年选点开始，地扪生态博物馆就开始对地扪村进行全面调查，之后一直持续不断，目前搜集的资料存储量已经达到 500 太字节，以视频、照片为主。记录工作最早从拍摄、录制当地建筑和村民的生活开始，后来主要通过馆校合作的方式进行资料搜集。香港城市大学之前在当地搜集了大量资料，以村民口述历史为主，内容涵盖广泛，涉及村中不同人群，如寨老、工匠等，当时采访的许多老人现在已经去世了。记录是生态博物馆的核心工作，但为了记录而记录，很快就出现了问题。馆方发现，资料虽然丰富广泛，却既冗且杂；一直以来只是收集，从未系统整理、妥善利用；面对庞杂的资料，没有索引，让人无从下手。但这只是方法的问题，并不能否定持续记录的重要性。因为侗语没有文字，所以过去 100 年村落的历史很难从实考证，那么记录现在及未来 100 年村落的发展过程即成为地扪生态博物馆的核心任务，故此，这是一件只有开始没有结束的事情。在十几年的尝试中，地扪生态博物馆也在不断摸索、优化记录手段与方法，信息数据库、公共档案、家庭档案、口传历史、入户调查等多种记录方法和呈现方式应运而生，收集资料后再整理类目，构建索引，

❶　整理自任和昕"生态（社区）博物馆理念及其实践与探索"讲稿，2017 年。

以避免再步前尘。

图 3 - 26　记录社区档案

注：图片来源于地扪生态博物馆资料信息中心

目前，地扪生态博物馆社区档案馆（数字信息中心）主要记录、存储家庭档案（家庭信息资料、大事记录）和公共档案（地扪生态博物馆档案、村寨档案、学校档案、村委会档案及访客档案）。家庭档案以户为单位，形成 730 户（2018 年数据）档案，每一份档案包含人口信息、居住信息、经济信息、生产资料信息、文化信息、生活信息（图 3 - 26）。在公共档案方面，一开始，馆方特地聘请了当地一位村民做执行馆长，系统地拍摄、记录村内发生的大事小事：修房子、嫁女儿、葬先人等。信息记录虽不甚完善，但也在不断完善，现在已建构起公共档案的索引，并践行着多种记录方式。当下，中国没有一个村子像这样记录了十几年。许多登记的信息现在看来可能没有明显的作用与意义，但在未来也许会发挥极高的研究价值、咨询价值。

档案的建立是面向村民、面向社会的记录，是博物馆融入地扪的突破口，也是盘活生态博物馆、发挥社区职能的切入点。记录工作如何有效开展，构建全面、系统的信息数据库，是遗产保护、文化研究、规则制定的关键，是生态博物馆需要持续思考、探索解决的问题。

2. 进入当地：参与社区服务

为了更好地在当地扎根，深度进入当地，地扪生态博物馆的另一项主要工作就是社区服务，包括社区文化传承、社区公共服务及社区产业发展三个部分的实践探索。

在社区文化传承方面，成立社区文化传承中心，主要通过馆校合作及馆村合作两种方式参与传统文化的保育、传承工作。例如，与学校构建文化传承活动日，开展乡土文化进课堂、培养地扪少年侗歌队（图 3 - 27）等活动，通过设立博物馆文化传承奖学金的办法鼓励当地学生积极学习、传承自己的文化，并帮助学校从学生中培育当地社区文化解说员。一系列的活动及鼓励措施都是希望带动地扪的新一代能够真正认知、认同自己的文化。馆村合作方面，通过博物馆的家庭手工作坊示范点活化传统手工艺，通过共同举办侗族传统节庆活动传承传统习俗文化。

图 3 - 27　少年侗歌队

注：图片来源于地扪生态博物馆资料信息中心

在社区公共服务方面，成立社区公共服务中心，期望通过地扪村寨老联合会、青年联合会、妇女联合会多方社区组织的联动来共同推动社区公共服务的发展。2009 年，地扪生态博物馆启动了垃圾清理工作。博物馆最早购置了三轮车，委托一位村民每隔 5 天收集、运输一次垃圾，每次补助 50 元钱。村民开始觉得可以赚钱很开心，但其家属比较反对，其他村民也把他当作笑话调侃。后来，垃圾清理工作外包，地扪生态博物馆承担 50% 的清理费用，镇政府出资 30%，村民出资 20%。根据实际情况，费用比例也在不断调整。

地扪生态博物馆还在每一座鼓楼放置了一台电视机和影碟机，用来播放以前拍摄、记录的村民的生活影像，供村民观看（图 3 - 28）。村民们十分喜欢，且多次出资，参与村中公共建筑的建设。经过 10 多年的在地实践和融入，地扪生态博物馆成为村内的第 12 个村民小组。地扪村原本有 5 个自然寨，博物馆成了一个新寨。每逢村内有活动，博物馆就以一个寨子 10 户人家的名义，按照 10 个人的标准送礼物参加活动。当然，这并不表示地扪生态博物馆真正走入了地扪人心中，隔阂无处不在，对于当地人来讲，它还是"客家"的存在。其对村民的引导，以及参与公共服务的初衷在践行的过程中的收效值得思考。

图 3 - 28　村民在鼓楼看电视

注：图片来源于地扪生态博物馆资料信息中心

3. 角色定位：社区产业发展的研发者

当地政府一直都对博物馆能够带动地域经济发展、解决就业、开发产业等赋予极大期望，许多到访者都曾不断追问任和昕馆长地扪生态博物馆如何带动就业、促进地扪经济发展等问题。他不禁联想起，为什么没有人问故宫提供了多少就业岗位，为中国带来多少 GDP 的增加？他认为说到底还是有很多人混淆了生态博物馆的概念，认为它不是博物馆，而是旅游公司，认为其运营更是商业行为，是为营利而存在的。

面对种种误解、质疑及无端的期望，就地扪生态博物馆十几年的运行来看，目前若希望由其带动地域的规模性致富，这对于一个非营利机构来说并不现实。博物馆更多的是建立示范性的手工工坊，并在其中充当"研发"的角色，其提供的产品带有研发性、实验性，如通过设立"城乡手拉手"项目（图 3 – 29）测试博物馆研发的产品在城市里的销量情况，并将一些测试的结果提交出来，供村民进行生产安排的调整。

农村家庭与城市家庭「手拉手」私享订制服务

地扪侗寨村民，依托山林田地种植获取自给自足的生活食材，以及棉麻竹木等生产原料……这些童年的记忆，抹不去的乡愁，依稀而亲切。与此同时，我们也看到"从农田到餐桌""从农田到织物"的慢生活运动正悄然唤起城市人的共鸣。

我们试图构建一个系统，让乡村和城市可以共同分享自然的赐予，恢复建立农村家庭与城市家庭互信互惠的生产和消费"主顾"关系，重新思考有利于大家的生产和销售方式，保证环境友好和价值交换的可持续性；我们扶持创建当地人的经济体——社区生态产业合作社，并以城市家庭作为"私享订制服务"的目标客户（通过发展家庭会员方式）， 扶持当地村民以生产小组或家庭作坊的形式加盟"社区产业合作社"，生产加工"私享订制"的农特产品和传统手工创意产品；-我们希望获得认同与参与，合力创造公平的收入链回馈当地村民，让他们的收入可以超过去外地打工的工资，以吸引他们重返乡村，延续乡情。

地扪侗寨"私享订制"会员服务，由地扪生态博物馆提供培训支持和品质监控，社区生态产业合作社负责组织生产加工，中国·创意乡村联盟负责产品研发及设计推广、品牌管理和会员服务。

图 3 –29 "城乡手拉手"项目

注：图片来源于地扪生态博物馆资料信息中心

4. 生存之道：探索自我运营的路径

当前，地扪生态博物馆的组织架构是，由任和昕担任执行理事长兼馆长，有四位执行理事（其中一位兼任联系馆长），一位执行馆长，四位副馆长（其中两位分别由村两委代表和学校代表兼职），以后预计还将配备两位部门主管，分别负责博物馆外部资源导入、日常维护、社区工作、文化记录、学术研究与行政财务管理等工作。建馆之初，任和昕馆长制订的运营管理方案计划八年以后实现当地人的自我运营，就目前的情况来看，这一目标还迟迟未能实现。不过近年来，博物馆许多日常性的工作都逐渐向由当地人担任的副馆长倾斜并由其承担，理事会成员主要负责资源的导入与相关事务推动的技术支持。

地扪生态博物馆作为非营利机构，需要通过自我运营生存下去，但其运营与管理又需要分开，不能混淆。于是，其将运营工作全权委托给创意乡村联盟。目前，创意乡村联盟注册的性质是一般性企业，虽然没有社会企业的概念，但"创意乡村"还是有其社会性的（图3-30）。博物馆的运营交由"创意乡村"这一专门机构管理，将运营与管理分开，为博物馆做好了增值服务，如高校、机构科研团队的来访接待，高端旅游定制及米茶油酒皂、工艺品等的制作、包装与代售。

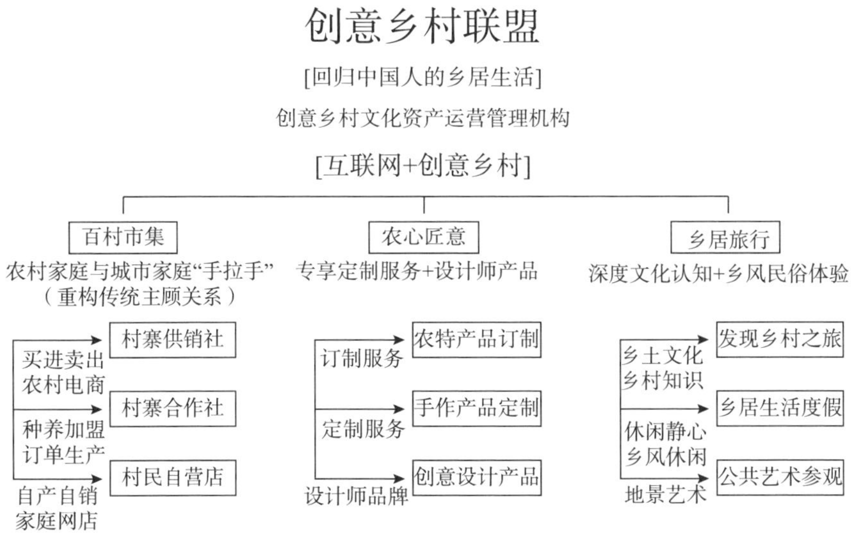

图3-30　创意乡村联盟架构

注：图片来源于地扪生态博物馆资料信息中心

地扪生态博物馆除了践行生态博物馆的理念而成为行业标杆之外，它的运营管理体系也赢得了很多人的尊重。有专家认为地扪生态博物馆的亮点在于：第一，许多博物馆都是在很有名的乡村贴上"标签"，唯独地扪生态博物馆是因为其本身让大家认识了地扪村，为村寨提高了知名度和关注度；第二，实现了自我运营，可以生存下去；第三，持续按照生态博物馆的理念实践，将记录村寨作为核心工作。

虽然地扪生态博物馆的运营体制在一定程度上活化了博物馆的自我运营，但其多年来的生存还是离不开多方的资助。为了更好地持续运营，避免政府、社会资助的不稳定性，地扪生态博物馆还在不断探索自我运营的方式，博物馆的核心工作也都需要足够的物质基础来支撑才能顺畅运行。

四、萌芽：明晰概念与构成

自2005年1月地扪生态博物馆开馆，至今已经经历了15年的时间。在这15年的探索中，生态博物馆基本明晰了其概念与构成。对于许多人而言，15年的坚守与践行时间已经很长，但是对于地扪生态博物馆的发展而言，只能说到了萌芽阶段，明确了自身的概念、组成、核心要务及践行准则后，还要以此为信念和要求，继续探索其开花结果的路径。

关于地扪生态博物馆的概念，首先，它是一个自然与人文系统的活态文化社区，是以地扪侗寨为中心，辐射腊洞、樟洞、登岑、罗大四个核心文化村寨，覆盖茅贡、高近、流芳、寨母、寨南、寨头、中闪、额洞、己炭、蚕洞等15个行政村46个自然村落的"侗族文化生态保护区"，面积为172平方公里，人口为15000多人。其次，它是一个民办非企业单位，作为一个非营利机构从事社会事业。最后，它为工作团队提供了特定的工作空间与工作环境，而非游览景点。

在地扪生态博物馆的组成方面，它的成员首先是活态文化社区，另外还有为此工作的联合工作团队、机构，用于记录、存储的社区档案馆，用于重新梳理乡村价值的地扪书院，用于重新诠释乡村价值的文化解释系统（图3-31），以及用于展示的村史馆。

地扪生态博物馆的核心要务即
持续地记录，记录地扪的当代史。
用馆长任和昕的话来讲就是，"我
们不知道这个村寨前 100 年是怎么
过来的，但我们要知道它未来 100
年是如何度过的，以此来为当地村
民服务，为其子孙后代服务。"

图 3 - 31　地扪生态博物馆社区文化中心

注：图片来源于地扪生态博物馆资料信息中心

　　地扪生态博物馆的践行准则强
调《六枝原则》的重要性和指导性，核心就是村民是文化的真正拥有者，他
们有权利按照自己的意愿去解释和认同他们的文化；社会发展在生态博物馆的
建设中是一个先导条件，村民生活的改善必须得到更多的重视，但不能以损害
文化价值为代价。以此作为核心要义，来继续博物馆的探索之路。

五、何以开花，何以结果

　　生态博物馆发展的见证人与参与者雨果·戴瓦兰先生将生态博物馆比作物
质或数据银行、变化着的观测台❶。我国生态博物馆事业的发展现状并不若预
料的喜人。生态博物馆如何绕过观光景点、商品集市，真正代表村民，而非专
家意志下的村民，让村民成为主人，是我国生态博物馆发展面临的挑战。

　　同样，这些问题也是地扪生态博物馆需要解决的问题。历经 15 年的发展
之路，地扪生态博物馆几经周折，总算落地、生根、萌芽，但是在开花、结果
的道路上依旧面临着很多挑战。

　　首先，在乡村振兴的背景下，中国乡村未来何去何从，对于地扪生态博物
馆来说挑战和机遇并存。其次，作为一个在地机构，如何与当地融合仍然是矗
立在地扪生态博物馆与村寨、村民之间的一座大山，村民、村寨遇到问题会到
博物馆寻求帮助，但对博物馆参与的初衷又报以怀疑的态度。另外，就目前地

扪生态博物馆的组织架构及工作安排、计划来看，表面上逻辑自洽，在理想状态下是可以顺畅前行的，但是现实状况与理想状态毕竟还是有差距的。当下博物馆的运行主要还是依靠任和昕馆长的个人能力，离村民自我营运的目标还有较长的路要走，加之外部支撑人员的不稳定性，所以还需要多方面的努力才能达成工作的持续性推进。

　　生态博物馆是博物馆回归大众的新路径，意在关注公众关心的问题，激发民众的创造和发展能力，为民众提供良好的发展环境。❶ 这是很好的社会愿景，但从目前国内生态博物馆实践的现实出发，很多生态博物馆的从业者及文化部门的领导者对于生态博物馆理念的理解差异较大，在实践方面缺乏必要的评价体系和标准。虽然自开馆以来一直坚守《六枝原则》来践行探索，地扪生态博物馆用了 15 年的时间才看到一点儿萌芽的希望，至于何以开花、何以结果，这些问题还在不断被抛来，需要思考、践行、解决（图 3 - 32）。

图 3 - 32　地扪村寨

注：图片来源于地扪生态博物馆资料信息中心

　　（本文由复旦大学文物与博物馆学系 2016 级硕士研究生周紫檀和民智国际研究院助理研究员、地扪生态博物馆执行理事张媚撰写）

---

❶ 宋向光. 生态博物馆理论与实践对博物馆学发展的贡献［J］. 中国博物馆，2005（3）：66.

附　录

附录1 杜晓帆：贵州乡村遗产实践观察

2016中国（新县）乡村复兴论坛于4月7—8日在河南新县西河村召开，论坛官方微信平台对部分嘉宾进行了专题采访。本次专访嘉宾是复旦大学国土与文化资源研究中心主任、联合国教科文组织文化遗产保护专家杜晓帆教授。

罗德胤（清华大学建筑学院副教授、中国乡村复兴论坛主席）

您对贵州关注的时间比较长，请您盘点一下贵州的乡村遗产实践有哪几种不同的方法，或者有几支力量，在以何种方式进行工作。

杜晓帆（复旦大学国土与文化资源研究中心主任、联合国教科文组织文化遗产保护专家）

据我到过现场的或者评审的或者了解的，有六个特征比较明显的案例，分别是任和昕馆长做的黎平县地扪生态博物馆、但文红教授做的雷山县控拜村、孙华教授做的西南地区村落调查（包括李光涵主持的榕江县大利村）、周俭教授负责的世行项目、刘兆丰总规划师做的剑河县展留村以及李松主任做的荔波水利大寨。

任和昕 黎平地扪村

杜晓帆 任和昕是通过生态博物馆的理念来做的。最早在1997年，中国和挪威政府合作在贵州省首先开展了生态博物馆的实践，但在当时的历史条件下，以及我们对生态博物馆概念的理解局限，把生态博物馆变成了一个展示中心，而这个中心又渐渐变成了一个政府的管理机构，所以发展得都不是特别好。任和昕也是用这样一个概念在做，但是他确实做到了非常忠实地、长期持续地观察记录。

罗德胤 他也建了一个房子？有经营项目让博物馆日常维持？

杜晓帆 任和昕用了 10 多年的时间，在地扪村西面建了一些房子，形成了一个新生长出来的小社区，那个地方像一个文化中心，为村民提供了文化活动便利。中心对村民免费开放，但是外面的学者使用则要收一些费用。他们开发了一些当地的农产品，包括稻米、茶叶，还有一些洗漱用品。包装是由西班牙志愿者设计的，简洁又很时尚，售价虽然比较高，但是也有市场。销售渠道是跟大企业合作，向其直供。他和当地村民签约，村民要保证出产的作物是有机的。他以地扪生态博物馆的信誉做担保，所以这些企业都非常信任他。当地生产的稻米成为大企业赠送客户的礼物，从而解决了销量的问题，不用再耗费精力想办法去一斤一斤地卖米。其中，任和昕个人发挥了很大的力量。现在这个社区已经近似成为地扪村的一个村民小组了，有村民把它称为第十二组。

罗德胤 他对原有的地扪村的保护起到了什么作用？

杜晓帆 他们最初并没有直接干涉地扪村本身的发展，更多的是记录和观察，同时营造自己的中心。这个中心完全是由当地的工匠设计建造的，与地扪的侗族风格完全一致。专家学者及外来人的认可本身对地扪村就会产生潜移默化的作用。同时，具有了一定的影响之后，政府就非常重视，贵州省把地扪村作为一个村落保护的优秀案例，县里投入了很多资源，解决基础设施建设的问题，同时制定了很多管理措施和政策。因为任和昕和生态博物馆的成功，村子也得到了很多的收益。除了学术团队或者相关机构，博物馆并不接待游客，所以也为村民带来了资源。另外，还有一些团队和组织长期住在地扪，进行考察和研究，比如爱马仕的设计团队在地扪利用当地的纺织品做设计，村民来纺纱织布，促进了产业发展。我个人觉得，地扪生态博物馆更像是搭建了一个平台，是外界与地扪的中介。不直接干涉是它的特点，但缺点就是难以推广和复制，因为任和昕馆长个人的作用是主要的。

但文红　雷山控拜村

杜晓帆 贵州师范大学的但文红老师也是介入乡村比较早的。她是学农业经济、研究发展的留法博士，回到国内后也有很多想法，后来受贵州省文物局的邀请，在控拜村进行了合作。控拜是苗族的银匠村，离凯里比较近。村子的建筑、景观并不是特别好，但省文物局当时选择这个地方也是有原因的。凯里包括西南其他苗族地区的银饰很多出自这个村子，省文物局希望银饰加工成为村子的支柱产业并吸引村民"回巢"，让控拜村重新恢复活力，所以文物局给了一定的支持请但老师去做。有意思的是，但老师起初并不是从保护入手，而是先做社区工作，入村后先和村民沟通。经过调查了解到，当时村民最希望解决的是村里的道路问题。县里把路修到村口，而村里户与户之间的土路质量非常差，加之又是山地，雨雪天行走非常困难。省文物局提供资金，购买了石头拉到村里，具体怎么修由村民自己决定。

罗德胤　对。我听她讲了这个故事，挺有意思的。买了一堆石头拉到村口，剩下的就是让各家各户开会讨论。包括路怎么修，怎么规划线路，怎么分工协作，都是村民自己协商。因为修路要用地，其中涉及很多很麻烦的公私利益协调问题，只有村里的人自己知道。

杜晓帆　当时我觉得最有意思的是，很多在外面打工的人都回来了，为了把这个路修好，全都回来开会讨论。通过修路这件事把一个散掉的村子重新凝聚起来了。有一部分银匠也回来了，成立了银匠协会。但老师的工作让我们知道，乡村文化遗产保护工作离不开社区，首先要做人的工作。但老师现在还在坚持做，帮助村民做销售，做民艺复兴。

罗德胤　我自己没去过，听穆钧老师讲，整个村子100多户人家，都是木构传统民居，一直保持了很多年，村民非常认可这种房子。但是最近也有了砖房，是因为有一个汉族的姑娘嫁进来了，汉族媳妇非要盖砖房，所以村子里就有了一栋砖房，唯一的一个。

杜晓帆　后来汉族媳妇走了，待了几年，还是不习惯。

李松　荔波水利大寨

杜晓帆　李松老师的团队在2000年初就开始在荔波水利大寨做工作了。

他之所以选择这个村子就是因为它普通，景观、建筑等在贵州不属于上乘。李主任总强调，在大家关注的村落中，有的村子能造纸，有的村子有打银匠，有的村子木工比较好，有的村子建筑遗存好，将来发展旅游肯定都有机会。但是，即使在贵州，这种特点不突出的普通村庄还是更普遍的，它们的民族、社会发展会面临哪些问题？应该采取哪些措施？他试图从这个角度做一些基本尝试，应该有更普遍的意义。

罗德胤　李松是文化部民族民间文艺发展中心的主任，他的研究领域是非物质文化遗产。

杜晓帆　对。他的民族民间文化保护做得非常好，《中国民族民间文艺集成志书》是具有里程碑意义的成果。

罗德胤　他在原始资料采集上下了大功夫。

杜晓帆　他对村庄也一直有关注，很多地方都在跑，但是在荔波水利大寨是比较固定的，长期驻扎，现在还有一个人类学博士生在那里。水利大寨是贵州省黔南州荔波县的一个水族村寨，全村70余户，300多人。从2007年左右起，文化部民族民间文艺发展中心联合清华大学、贵州省文物局等机构对这个村进行了持续的关注，以专业、深入和持久的田野调查为依托，从文化保护的角度切入开展"民族村寨文化遗产保护与社会发展"项目。长年有工作人员驻村与村民一起进行自组织建设，成立村民合作社，进行文化调查记录，恢复马尾绣等传统手工艺，开发特色产业。目前，多方筹集资金建立了一座水族文化中心，正在运营。该中心的产权、经营权永久交与村民，由村民进行经营。

罗德胤　现在村寨已经在发生变化？

杜晓帆　有一些趋势。所以他建立文化中心，从搜集非物质文化遗产下手，做研究、做观察，同时跟社区、村民做交流，也在培养村子里的精英，希望形成村寨自己的文化保护的力量。

罗德胤　是不是像这种普通的村子，他非常努力地去采集、抢救、整理和传承，并不是特别在意房屋本身物质上的变化？

杜晓帆　他在观察这种变化轨迹。我觉得李老师可能是希望找到它变化的一个点。他也过了完全不动作的阶段，现在在积极地做一些事情，在慢慢地获得了村民的信任，开始能够施加自己的影响力的时候，他会加大力度的。

刘兆丰　剑河展留村

杜晓帆　刘兆丰是贵州省建筑设计院的总工，贵州很多建筑是他设计的，如贵阳孔学堂。他读书非常多，不像是纯粹搞建筑、搞工程的人，是很有思想、很有才气的建筑师，他也做规划。他介入乡村的方式是一个综合的方式。他接受政府的任务，为许多村寨做过保护和重建规划，但他自己长期关注的主要是剑河县展留村，已经做了十几年，和村民的交往也非常多。他还在培养一个苗族的小女孩，现在这个小女孩已经很出色，马上要上中学，他准备把她送到国外去读书。他也对这个村寨做了规划和改造设计，包括旅游设施的建设，非常全面。

罗德胤　是不是他有规划设计技术，能调动资源，也有个人投入？

杜晓帆　他自己有一个"本土营造"公司，拿出一部分钱来补贴这些村寨，很多钱是个人投入的，而且是无偿的。在贵州他是设计社区、设计房子最多的人，但是他个人直到去年才买房。他确实有自己的理想和价值追求。

罗德胤　做完的效果怎么样？

杜晓帆　效果还是不错的，从风貌保护上来说是成功的，村民的态度也是拥护的，这是我听到的，但我没去过。

孙华　西南村寨

杜晓帆　北大考古文博学院的孙华教授是从 2007 年开始介入村落保护的。他的专业是考古，在城市考古和西南地区古代文化等领域造诣颇深。2006 年，我与孙老师、王红光局长（当时是贵州省考古所所长，现任贵州省文化厅副厅长、文物局局长）一同在贵州考察村落，我就请求孙老师关注村落文化遗产的保护，希望他以考古学的方法揭示村落形成和发展的脉络。孙老师非常敬业，在研究村落的时候常常跳出考古专业的范畴。自 2007 年开始，每年他都带一二十个学生到西南地区的村落进行调查，现在已经调查了 40 多个村落。

罗德胤 他的调查方式是什么？人类学的调查方法？

杜晓帆 应该说是全面的调查，从基础的测绘开始，到社会人类学的介入，很全面。因为他不光有自己北大的团队，韩国、中国台湾、中国香港和同济大学都有协助和参与。西南少数民族村寨调查会出版一套丛书，一共 16 本，今年会出版第一本。

他现在带领北大团队在做榕江大利村。那是一个侗族村寨，是全国重点文物保护单位，同时列入世界遗产预备名单，所以有相对较多的政府和基金会的资金。他的博士生同时也是美国全球遗产基金会中国项目主任李光涵，长期在大利村负责项目的推进。这个项目吸引了大量的国内外志愿者，他们根据自己不同的专业背景做技术调查，然后开展小组讨论。他们在村委会有一个工作室，还邀请村民来参加现场绘图。他们和村民的交往很频繁很实在，村民非常信任现场工作的李光涵主任，有什么事情都来找她。

因为要申报世界遗产，他们在加快做基础设施和公共建筑。这个村寨有资金，也有技术支撑，但是国家的文物法律和政策与乡村的实际有一定的距离，给操作上带来了很多的问题。同时，社区问题其实是村寨中的关键问题，因此文化遗产保护工作者在村落文化遗产保护中能够发挥什么样的作用，从专业的角度看，往往也会有所反思。

周俭　世行项目

杜晓帆 同济大学建筑与城市规划学院周俭教授带领联合国教科文组织亚太地区世界遗产培训与研究中心常年在贵州推动世行项目。贵州省利用世界银行贷款实施文化和自然遗产保护与发展项目，旨在帮助贵州省保护文化和自然遗产，改善基础设施，培育旅游发展，使项目社区从中受益。项目由保护少数民族文化遗产、保护和开发自然遗产和风景区、旅游门户城镇设施、能力建设和项目执行支持四部分组成，覆盖黔东南州、黔西南州、安顺市和兴义市的18 个少数民族村寨、三个古镇、两个国家级风景名胜区和两个地质公园。

少数民族村寨项目采用以社区为基础的发展方法，是本项目最大的特色。社区参与到村寨项目的规划、执行和管理之中，社区多样的诉求得以反映，同时也增强了村民对当地自然与文化遗产的保护意识，提高了村民参与旅游服务的能力，对村民和村集体提高收益、改善生活、扶贫减困都做出了积极的贡献。

项目实施中也存在一些问题，比较明显的是世行理想的项目程序设计与少数民族村寨传统的处事方式之间的冲突。例如，民族村寨已有村支两委以及传统的寨老和议事制度，世行项目程序要求组建包括干部、村民、一定女性比例的管理小组，管理方式产生冲突；投票、公示等方法并不被民族村寨社区所熟悉和接受；另外，村寨内部自行推选受益户的程序带来分配不均的问题，有可能在一定程度上造成社区离散。

另外，印江县合水村处在广西、贵州、湖南三省交界的区域，是一个土家族、苗族、汉族杂居的多民族村落。这个村子的特点是有传统的造纸业。通过基金会和贵州省的支持建立了社区文化中心，有住宿条件和造纸研究展示。该中心由同济团队无偿设计。

罗德胤　周老师是用传统的造纸工艺带动村子的再生？

杜晓帆　传统造纸工艺的提升推进得比较慢。村里除了一个人的纸卖得比较好，可以手写，其他的都是包装纸和冥纸，质量不怎么好。后来村里接受了世界银行的项目。但是世行的项目不是以发展为目标的，主要是针对贵州的村寨做一些旅游设施和公共设施建设，全省选点投资上亿元，由贵州省旅游局主导，同济团队承担规划设计。因为村寨多，专家资源分散，社区建设相对就弱一些。

贵州省是希望用旅游解决贵州传统村落的问题，所以世行的项目恰逢其时，但是这与多数遗产专家的理念不一致。在这个过程中，同济最大的收获就是从城市规划到乡村规划的认识转变。他们慢慢知道城市规划方法直接用到乡村是行不通的，开始认识到村落肯定不是靠规划去改变的，逐渐在村民的住房改造上做很多尝试，尽量只是建议性的，不做过多介入。

罗德胤　是用引导的方式，不做强制性的风貌改造？

杜晓帆 对。首先顺应村民自身的需求，同时做调查，用村民自己做得好的改造做案例，再去引导其他村民。村民从生活实际出发，比硬找设计师设计的要好。

在贵州做乡村实践比较辛苦，需要有点儿奉献精神。到别的地方是"分面包"，在贵州做事得自带"干粮"。

结　语

贵州的传统村落或少数民族村寨聚焦了太多关注，重资重智。在贵州做乡村遗产实践的专家团队都试图找到一条非旅游化的道路，以村落文化景观的保护方法为理念，依靠生态博物馆或社区文化中心等载体，并作为记录、传承文化传统的阵地，培育村寨精英，探索村落发展的内生动力。期待这美丽的传统村落宝库继续焕发健康、长久的活力。

（本附录由王斐整理）

附录2　任和昕：从"想象乡村"到"振兴乡村"

　　文化自信、文化遗产保护与乡村振兴战略是党的十九大报告中的三个关键词，这再次引起了全社会对乡村遗产的强烈关注。中国拥有数千年农耕文明史，在传统时代形成了面积广大、类型繁多的村落文化景观遗产。然而，在近几十年的城市化、工业化、现代化的背景下，乡村地区的传统文化承受着时代变迁的巨大压力，其保护与发展正直面巨大的挑战。近年来，在保护乡村遗产的各种努力中，"生态博物馆"成为一条新的路径，在中国的实践十分亮眼。

　　"生态博物馆"的概念最早是在 1971 年由法国人乔治·亨利·里维埃等提出的，其"生态"的含义既包括自然生态，也包括文化生态。有别于传统的博物馆，生态博物馆是以特定区域为单位、没有围墙的"活体博物馆"，它是在人类社会现代环境意识与现代生态意识不断觉醒的背景下产生的。生态博物馆强调保护、保存、展示自然和文化遗产的真实性、完整性，以及人与遗产的活态关系。生态博物馆在 20 世纪 90 年代被引入中国，目前已经经历了民族地区、汉族农业地区、城市和特定社区等不同类型与发展阶段，对文化遗产的保护与利用、对博物馆概念与功能的演变产生了巨大的影响。

　　深处于贵州的地扪本是一个名不见经传的小山村，最初被媒体注意到是美国《国家地理》杂志记者到地扪生活了一段时间，然后写了一篇名为《时光边缘的村落》的文章，从那之后，地扪就有了"时光边缘的村落"这样的美誉。

　　2017 年 11 月 24 日下午，应复旦大学文物与博物馆学系杜晓帆教授的邀请，贵州地扪侗族人文生态博物馆任和昕馆长做客复旦大学文物与博物馆学系，就"生态博物馆"在中国的实践、乡村遗产保护与发展等话题与文化遗产保护专业的师生们进行了座谈。以下是座谈会实录。

杜晓帆（复旦大学文物与博物馆学系教授）

我先做个开场白。现在，虽然很多博物馆学的学生都会讲生态博物馆这个概念，但可能只有任馆长才真正在做实践，而且是真的按照生态博物馆的理念在做。总的来说，在当地坚持12年真的很不容易。现在贵州好几个地方，包括贵州省文物局都在委托他继续推进。

在中国，生态博物馆从20世纪90年代后期发展到今天，在20年左右的实践中出现了不少问题。生态博物馆这个名字很响亮，也有很多专家发表文章，但真正的实践还很少。我们复旦团队比较关心乡村这个领域，希望能为乡村的文化遗产保护做一点事情。我的几个学生都以乡村为核心在做研究，正好趁这个机会来听听任馆长的一些想法。

任和昕（地扪侗族人文生态博物馆馆长）

关于生态博物馆，大家有什么问题吗？可以逐一问完之后我来统一回答。谢谢！

初松峰（同济大学建筑与城市规划学院博士研究生）

我想问的是，可能对于一些少数民族村落和一些历史价值比较深厚的村落来说，建生态博物馆比较合适，但对于绝大部分普通的村落来说，可能并没有这么多历史和文化可以挖掘，生态博物馆的做法有没有普适性？是否具有可以运用于普通村落的做法？在现在城市化的背景下，很多人离开了村落，村落对于人的意义到底是什么？

石　鼎（复旦大学文物与博物馆学系讲师）

非常感谢任馆长这次能到上海来跟我们座谈！其实今年暑假期间，复旦大学国土与文化资源研究中心与日本筑波大学世界遗产专攻共建的"地扪工作站"已经在任馆长的支持下成立了，这个工作站将成为同学们研究乡村遗产的宝贵平台，请大家一定要珍惜并对任馆长表示诚挚的谢意。

我从地扪回来之后，查阅了国际上一些生态博物馆的资料。我发现在日本，生态博物馆概念的引进不比中国晚，但著名的生态博物馆案例并不多，影响也不是特别大，似乎在实践方面遇到了一些问题。就此我想请问一下任馆长，相较于其他国家的社会条件，在中国推行生态博物馆的实践，您觉得有什么样的机遇或挑战？您对生态博物馆在中国的发展前景有什么样的展望？

缪　璟（复旦大学文物与博物馆学系硕士研究生）

我想问任馆长一个比较具体的问题，我们之前去六枝采访了那里的生态博物馆馆长，他跟我们提到他的一个困惑，就是他们记录和传承工作做得很多，在日常工作中记录这些繁琐的信息占据了他们绝大部分工作时间，他们只能用很少的时间去思考，如何去给村民提供更多能实现自主管理的方法等。您觉得在生态博物馆运营的初期该怎么解决这个问题？

林鋆澎（复旦大学文物与博物馆学系博士研究生）

我也想提一个比较具体的问题，是关于建筑的。我们知道日本建筑师藤森照信设计了很多茶室，有很多是挂在树上的，我不知道地扪最近做的这样一个茶室，它的设计理念是怎么来的。

任和昕　可能因为我是生态博物馆的馆长，大家提的问题很多是和博物馆相关的，事实上，很多人对于我和生态博物馆有一个认知上的误解。

首先，我想解释一下我为什么会做这个事情。我之前是学新闻的，在贵州广播电视厅工作，在 1996 年我去了《南方日报》做财经版块。后来一个偶然的机会，我到香港的一个顾问机构做咨询顾问，最早是做互联网服务，后来给一些海外企业做顾问服务。

大概在 2002 年的时候，我所在的机构里有一个研究音乐的美国顾问，他希望在西南乡村中寻找一些没有经过改编的音乐，也称为"世界音乐（world music）"，我们称之为原生态音乐。他知道我是贵州人，就来问我。我想起读初中时去过很多村子，听过很多侗族音乐，我就带着他去贵州的乡村采风。后来我们做了几张少数民族音乐的光盘，在国外引起很多关注。

这个信息反馈给我们时，正值前国家主席江泽民提出"西部大开发"战略，我们就敏锐地想到，西部大开发，开发什么呢？一类是地下资源——矿产和地下水等，另一类就是地上资源——人文和自然资源。我们当时就觉得要在未来开拓一项新的业务——关于乡村旅游的可持续发展。

所以，当我们进到乡村的时候是由于音乐，到最后变成了解决旅游的可持续发展问题，特别是侗族文化旅游的可持续性问题。2003 年，我们提出这个思路之后得到了认同，黎平县政府邀请我们签订了一个 30 年的协议——从 2003 年开始到 2033 年。在这期间，我们一直关注乡村的保护利用和发展问题，特别是旅游发展——旅游怎么做才是可持续的？

当时进村还特别难，没有你们今天看到的道路，获得过诺贝尔奖的经济学家去地扪时走了 12 个小时，走得脸都黄了。我们跟香港大学合作，他们经常走 24 小时才到达那里，每次都是跋山涉水。我们跟政府签完协议后花了大概三个月的时间，做了一个大的方案，那时我就接触到了"生态博物馆"的概念——正好贵州那时候在各地刚刚把生态博物馆建立起来。

生态旅游中讲的"生态"应该是生态系统的概念，它是一个可持续的、活的概念。其实在生态博物馆的概念里也强调了生态的可持续性，这里的"生态"也是生态系统的概念。所以，我们觉得生态博物馆和生态旅游可以成为孪生兄弟——生态博物馆解决保护与利用的问题，生态旅游解决发展的问题。我们想到利用堂安生态博物馆把生态旅游植入进去，使两者可以互相呼应。

但是我们遇到了一个问题——因为我们是香港的机构，生态博物馆是挪威和贵州省政府合作的项目，挪威人来了以后发现有香港人在这里工作，他们马上起了"疑心"——那时候他们认为香港人都是资本家，以为这个机构是打着政府顾问的幌子来做旅游，要跟村民抢夺旅游开发的果实。

紧接着，我们在 2004 年的时候遇到了两个难题。第一个难题是，政府说，"你们讲的东西都不错，但是我们不会做，我们也没钱做，不如干脆你们自己做一个"。所以这个时候，我们的顾问工作就转型了——把本来需要政府付费的咨询服务变成了我们自己找一个地方、做一个范例，再提供顾问服务。

为什么要选择地扪？当时我们有四个要求：首先，不要选一个很知名的、交通很便捷的地方，要选一个位置偏僻、不被干扰的村子；其次，当地人的接纳性要比较强，有包容心；再次，要有一定的文化底蕴；最后，地方政府的态度要积极。

我们评估了走访过的很多村子，发现茅贡镇地扪村这个地方体量比较大。另外，有一次去考察的时候，看到有约 2000 人从寨门一直排到桥头，夹道欢迎我们，印象深刻，觉得当地的那种包容心、那种欢迎的态度肯定是有的。而最重要的是镇政府有那种急切想引我们来做事的态度，包括帮助我们征地，这些都给我们提供了很好的帮助和支持。综合以上原因，我们选择了地扪做生态博物馆。

我们遇到的第二个难题是，贵州省文化厅和挪威对我们在堂安的角色产生了怀疑，我们很难在那个地方继续推动，而且当时博物馆学界对生态博物馆的理念并不认同。所以我和大家说实话，为什么做生态博物馆，其实当时我并不是拥有这种情怀，也不是怀着某种社会责任感，更不是因为家乡情结，完全是"一个不小心误入歧途"——从政府顾问的角色出发，遇到很多的波折，最后我们选择地扪来做一个模板。

下面，我简单讲一下生态博物馆在中国的发展过程。其实在 1995 年之前国内学界已经开始有人关注生态博物馆的理念，有些翻译的文章、发表的论文也开始引用这个概念，在国际交流的时候生态博物馆变成一个热点话题。当时贵州省文物处处长胡朝相去美国考察学习后，看到美国博物馆的发展很受触动，回来后就去跟当时在国家博物馆工作的苏东海先生汇报——他当时是贵州省的文物保护顾问。胡朝相说他想在贵州做一些新型博物馆的探索，问苏老有没有什么建议。苏老就跟他讲，前段时间开会时正好碰到了挪威的生态博物馆专家，因为贵州乡村的条件比较适合开展生态博物馆的实践，如果觉得可以，可以邀请他过来帮助做这些事情。

胡处长听了以后特别感兴趣，回去之后马上成立了课题组，制定了各民族村寨的备选名单，然后苏老、安来顺、挪威的专家和贵州的几个人开始去考察，一个点一个点地逐一走访。挪威专家到了六枝梭戛以后感到特别震撼，当即决定就从那里开始做第一个生态博物馆。后来又找了很多点，从一个个点变成一个生态博物馆群，而且每个点都是不同民族的村寨。我们选了梭戛作为苗族村落的代表，在贵阳附近选了一个叫镇山的村寨作为布依族村落的代表，选了黎平堂安村作为侗族村落的代表，还选了一个古代汉族军屯——隆里作为汉族村落的代表。四个点就是这样来的，有各自的代表性在里面。

这个挪威专家回去以后就建议挪威政府来支持这个项目，他的提议被采纳了。没过多久，挪威国王来中国访问，就把生态博物馆项目变成了两国之间的文化交流项目。这就是来龙去脉。

但是，生态博物馆在中国的实践立刻遇到一个问题——保护文化是为了保护贫困吗？这些村落看起来很美，文化也很独特，但都很贫穷，且位置偏远。由于贵州的生态博物馆群建设已经变成了两国之间的合作项目，省委书记亲自去梭戛走访，发现村里全是贫困户，村民连饭都吃不饱，到处污水横流，怎么办？

所以博物馆建设还没开始，就已经转向了扶贫工作。梭戛才挂牌，就开始花很多钱改造基础设施、建学校，口号变成了"保护文化不是为了保护贫困"。我们先把贫困的问题解决，再来推进生态博物馆建设。

紧接着，这些地方迅速转化为旅游点，博物馆马上就被旅游利用了，包括堂安，包括所有这些生态博物馆，现在都是旅游区。在这个背景下，生态博物馆建设还没开始，旅游就先进来了。然后，又很快遇到了新农村建设。生态博物馆建设还没推进的时候，新农村建设又来了。

事实上，在贵州这么多生态博物馆的建设里面，首要问题都是解决贫困问题。那时贵州省投入了很多钱。挪威给的钱很少，平均每个点 300 万元左右，但政府配套的资金都是上亿元的，梭戛光修这条路就花了 5000 多万元，还不包括后面的搬迁。现在在梭戛已经投入了几亿元了，只是效果很差，投资产出的东西品质不高。

刚刚有同学问我的那个问题说明，他们还不明白什么叫生态博物馆。记录不是琐碎的事情，那是他们的本职工作。过去这 10 多年我们都不是在建设生态博物馆，都是在做乡村改造，其实所有的人都没有践行生态博物馆的理念。生态博物馆有一个很重要的理念——谁是文化的主人？

生态博物馆其实不是一个博物馆。20 世纪 70 年代，法国的博物馆学家思考，博物馆到底为谁服务？怎么去回应文化的这种诉求？当时博物馆都是在城市里面建一座高高在上的房子，然后在黑漆漆的房子里面搞一些展览，这时开始出现一场文化反思运动——反思文化到底应该为谁服务，反思博物馆的社会功能是什么。这个时候就提出了文化应该在原生地进行保存，应该回应当地人的需求——这实际上是一场在法国推动的文化运动。

但是我可以告诉大家，我去年去法国文化部，发现生态博物馆这个概念已经消失了，人们不知道什么叫生态博物馆，也不知道生态博物馆在哪里，它已经被别的词汇或别的概念替代了。现在真正的生态博物馆在中国——中国把生态博物馆变成了一个门类。

去年，联合国教科文组织和国家文物局在深圳举办了国际博物馆高级别论坛，邀请了 10 个馆长来座谈。在那个会议最后，习近平主席写了贺信，刘延东副总理亲自主持，我也有幸参加了。当时我觉得很奇怪，为什么我也被邀请参与进来？原来是国家文物局已经把生态博物馆作为中国博物馆的一个门类，我就成了这个门类的一个代表。

对于中国来说，生态博物馆的推进过程首先是一项文化交流活动，其次是一场乡村改造运动，其实从来都没有真正实践过生态博物馆的理念。它最重要的一点是：当地人创造了他们自己的文化，文化是他们的，他们是文化的主人，他们决定文化发展的方向，他们有优先发展的权利。这就是生态博物馆最重要的前提，《六枝原则》也体现了这个含义。

生态博物馆有不同的形态，但这个是最核心的。我们现在所谓传统村落的保护，全部都是城市人的乡村想象——城市的乡愁和乡村想象对当地的文化消费。所以我经常讲乡愁不是村民的乡愁，是城市人的乡愁，是城市人要求村民保留他所想象的乡愁，其实是一种文化消费。

所以生态博物馆应该做什么呢？从一个博物馆的角度来看，唯一要做的工作就是记录。我们不知道过去 100 年这个村子是怎样过来的，但可以知道未来 100 年是怎么过去的，这就是博物馆最核心的价值。也就是说，我们要做一个旁观者，要做的是帮助当地人理解这个理念，然后愿意把这件事情做下去。

我在生态博物馆开馆的时候就做了一个运营方案，希望能用八年的时间实现博物馆的自主运营，然后把这个博物馆完全交给村民。10 年之后的现在，博物馆的运营并不是我在做，我们现在有三个馆长是当地人，其中一个是已经退休的村支书，他其实一直是以副馆长的身份代表村里参与这个事情的。现在基本上村子内部的事情，比如跟地方政府的协调，跟村民的协调，其实都是他在负责——其实他就是常务馆长，只是我还挂着这个名，他不能直接当馆长，是因为现在他还没办法跟外面对接资源。我的角色其实是博物馆理事会的理事长，我只是去帮忙找资金、找资源。

所以我讲，第一，生态博物馆是反思博物馆的一个概念，它把在房子里的文化展示变成了一个活态的社区，而且它不是一个切面，而是包括过去、现在与未来，自然与人文——每一天，人们的生活都是博物馆的内容。准确来讲，它是一个文化保护区，我觉得杜老师提出的"村落文化景观"更准确地表达了这个概念。

当然，生态博物馆是从过去到现在，而且最重要的是面向未来。文化景观可能只是一个平面的东西，但生态博物馆是一个历史信息发展的概念，生态博物馆要面对这个村子去往何处、怎样面向未来的问题，社会功能可能会更强一点儿。

其实，挪威还是很认真地推动生态博物馆项目的，在贵州开了一次会，在挪威开了一次会，然后把两次会议的精神编成《六枝原则》确定下来——最早是九条，最后扩展成十一条。但是挪威做这个事情也没有善始善终，因为前面讲的那位挪威专家在西伯利亚的考察中去世了。最后就变成了政府只是在做基建，把一个个房子建起来——标准的配置就是有一个专家工作站，一个信息资料中心，一个传统的展馆，把房子建完以后就结束了——我经常讲这叫还没有开始就结束了。

梭嘎是最受关注的，据称它是亚洲第一个生态博物馆。它的具体做法是搞了一个编制，把它变成了县宣传部下面的一个副科级单位，但生态博物馆的工作人员都不在博物馆上班，而是在县城上班，有领导来了就陪同下去看看。另外，就是在村里找一个人，守着这个地方，但什么都没做。

有些生态博物馆建成之后既没有编制也没有工资，工作站灰尘满布。隆里也是设了一个编制，还有人驻守在那里，但2005年我去做的那个展览到现在为止都没改变，我们当时设计的"让当地人讲出自己的故事"的那个牌子现在还挂在那里，但是没人讲。堂安也是建完之后就锁上了。没多久，县文化局拿到这个烫手山芋，既没有钱又责任重大，最后交给了一个旅游公司，他们做了两次展览后也就结束了——还没有开始就结束了，没有做任何事情。

那我们是怎么做的呢？我想，首先要解决怎么活下去的问题。我们一开始就不是官办的，我们是一个民办的博物馆，所以要考虑如何自给自足。作为一名馆长、一名政府顾问，我的使命就是要让这个博物馆实现自我运营，因为我们原先的机构不会再给钱了。

其次就是到底要做什么，因为村落变化得很快，我们觉得记录是这个博物馆最核心的价值。对于传统博物馆，馆藏文物是最核心的价值；而生态博物馆拥有真正的文化记忆，记录就是它最核心的价值。生态博物馆的目的之一就是记录，而不是保护，因为保护不了，文化在人身上。刚才有同学讲他们在做很多繁琐的记录工作，但其实这就是他们的本分，他们根本不需要去参与村民的自主建设，那不是他的工作，是政府的事情。

地扪生态博物馆跟其他生态博物馆的不同之处，第一就是我们建构了一个自我运营体系——要保证生态博物馆可以持续运营下去，只有开始，没有结束。第二就是发现问题，解决问题，因为永远会面对各种各样需要解决的问题。第三就是记录，通过记录每天发生的事与口述历史，我们已经建成了地扪的社区档案馆，也就是信息资料中心，相当于传统博物馆的文物库房。

在地扪生态博物馆，从 2003 年开始，我们大概拍摄了 8 万多张照片与大量录像，这些都是最基础的工作。我们给了吴馆长一台相机，让他自己去拍。开始的时候我们和香港城市大学合作，做了两年的口述历史工作，比如让老人家讲村寨的故事，让巫师讲他们的东西。我们把各种各样的内容都记录下来，已经持续了十几年。

但是到了 2015 年，在推动传统村落保护利用项目时我们意识到，我们搜集到的这些海量信息其实都是碎片化的，如果现在不进行归纳总结，以后根本不知道该怎么办。所以从 2015 年开始，我们改成做工作档案和家庭档案。工作档案就是以村委会为基础，把村里的各种资讯搜集回来做记录。关于家庭档案，我们借上次同济来做规划的机会为地扪 742 户家庭（2015 年）建立了基础档案，现在大概增加了几十户，接近 800 户。

家庭档案的信息包括：①居住信息——这些人居住在什么地方，房前屋后都有谁；②人口信息——有多少人口，那个时候计划生育还很严格，有不少孩子的户口是没报到派出所的，我们把人口信息通过村里这条线全部弄清楚了；③经济信息——家里有多少田地、多少山林，有哪些经济收益，家人是否在外面打工等；④文化信息——家里保留的文化传统有哪些，老的物件有哪些，传统手工艺有哪些等；⑤生产生活工具信息——家里有没有冰箱、电视机等，这可以反映在那段时间他们拥有哪些东西，和外界的联系媒介是什么。另外，大概一年以后，北大医学院的一些学生来做家庭健康的调查，我们借这个机会又增加了一项健康信息。

目前我们就做了这么多内容。一户人家每年花 10 元来做一次更新，5 元给村干部做资料的搜集更新，5 元让我们的管理馆长把更新的信息记录下来。我认为生态博物馆的工作不应该包罗万象，因为博物馆的经济能力、人力资源配套都有限。传统文化每天都在消失，我们最重要的工作就是做好记录，这是最核心的工作。

有一点我想说明的是我们跟社区的关系。我们并不是去作秀，我们是做社区的公共服务，比如卫生工作。从 2009 年开始，我们每年会投入一定资金帮助村里把卫生秩序建立起来。

我们博物馆也会针对社区发展做一些研究，做一些研发性的工作，顺势推动一些活动，包括文化传承的活动。每周六是博物馆的文化传承活动日，大概从 2003 年开始到现在，我们已经培养了 2000 多名侗歌传承人，现在很多在景区唱歌的，包括在广西、桂林的很多景区唱歌的都是地扪人，有些人甚至已经移居到那里去了。

有一件比较有意思的事情是，现在大家一到地扪就到处找博物馆，但都找不到。我想告诉大家生态博物馆不是传统博物馆，它的展示是村子里活态的展示，把一个村落、社区整体看成博物馆就行了，只不过我们现在没有资金去做一个全面的展示系统。

其实我们原来是有计划的，比如给每户人家设置一个标牌，注明他家是什么情况，包括房子是怎样来的。我们希望建立一个标识系统，但这个工作需要钱，需要政府来做。在村落文化景观、传统村落、生态博物馆这样活态的社区里面，文化应该怎么去展示，怎么去认知，这是一个新的课题。我们绝对不应该修一个博物馆，再把这些东西放进去，把活的变成死的。而且最重要的是，在这样的博物馆中，诠释文化的人不是当地人，是外面的所谓专家。这些人策划的内容其实并不是为了保护文化，而是为了赚钱。

很多人说任馆长很厉害，做生态博物馆都跑到白宫领奖去了，其实那只是作秀。这些文化并不会因为我们做这些传承工作就可以传播下去，因为这种文化的载体早就不存在了。比如原来村子是封闭的，人们没有其他的交流方式，谈情说爱靠音乐来表达，村寨与村寨之间的交流也靠音乐来表达。随着交通和通信的发展，这种文化的载体早就不存在了。

刚才有同学问到关于茶室的问题，那是因为我们研究中心有这个功能需求，我们要做一个茶室，正好有一个艺术家，他说很想拿一个粮仓来改建成一个茶室。我们不想带进太多商业氛围，所以就想在一个不起眼的地方做个茶室，增加一点体验感。其实这和生态博物馆是没有什么关系的。

关于初松峰同学提的问题，准确来讲，生态博物馆并不一定要选择一个所谓非常"有文化"的地方，其实有人生活的地方就有文化。比如五户人家、十户人家甚至一户人家，都可以用生态博物馆的理念来做——即使只有五个人、十个人住在里面，村寨也有它的来历，它又怎么面向未来？这其实是生态博物馆关注的话题。

作为生态博物馆，需要努力地去融入社区。过去，我们用了10年时间来实现社区的平等化，以得到和村民同等的待遇。我们每年投入很多钱在那里做公益事业，但一开始村里收我们的水电费单价是村民的两倍，我们用了两年的时间抗争，最后取得了和村民同样的价格待遇。本来我们每年的水费大概是2000元，这样我们就节约了1000元。事实上，我们每年花10万元左右在村里做卫生工作，难道我们就是为了节约那1000元吗？我们是要让村民感到我们真正融入进去了。

我们希望100年以后人们再来讲生态博物馆的好话，而不是现在，我们用人为的东西让大家对这个博物馆津津乐道。我觉得100年以后，当村民看到自己过去的时候，看到自己的祖先是从哪里来的时候，这个博物馆的价值才会真正体现出来。

很多人都会问我生态博物馆带动了多少人就业，带动了当地村民怎样发展。我就会想，你怎么不去问单霁翔单院长，故宫为中国创造了多少GDP？我认为博物馆的价值并不是带动村民去致富，那是政府的工作。从严格意义上讲，村寨卫生与村民脱贫致富和我们有什么关系？我们会有选择性地做一点儿，但这不是生态博物馆的本职工作范畴。你可以就把生态博物馆想成一个家史馆、村史馆、寨史馆，然后让当地人通过它产生集体的认同感，培养对文化的认知与认同——形成自我意识与集体认同，然后面向未来。

通过这些年的实践，生态博物馆在中国已经变成了一个门类。国家文物局对生态博物馆有了清楚的界定。在城市历史街区的叫社区博物馆，包括三坊七巷等，在乡村的叫生态博物馆，其实概念是一样的。我认为真正的生态博物馆在贵州，现在真正按照生态博物馆的理念在运营的只有堂安和地扪。

总的来说，相比于生态博物馆的建设，其实更重要的是探讨下面一系列的问题：如何发现乡村的价值？怎样重估乡村的价值？在工业化、城镇化的时代背景下，我们如何看待乡村的价值？如何输出乡村的价值？现在大家凭爱心去卖米、卖水果是卖不掉的，因为现在是一个供应过剩的时代，我们必须要有新的输出方法和交换方式。所以，乡村的价值就在于在物质过剩的时代如何创造需求，通过创意的力量促进乡村与城市的价值交换。对于我来说，乡村的发展不是保护的问题，是如何合理利用、面向未来、实现可持续发展的问题。

杜晓帆　谢谢任馆长！任馆长讲了生态博物馆的发展历程，给我们解释了我们能做什么。我自己讲文化遗产只是人类社会发展过程中很小的一块。说真的，如果我们还把自己当成做文化遗产研究的人，那就不要考虑那么多。

我现在一听到"社区"这个词就紧张。我过去也觉得用"社区"这个词很高大上，但是你管得了社区吗？这不是你我的责任，我们不能超越自己的能力范围去做那些应该由社会或者政府做的事情。

现在大家都热衷于计算文化遗产对社会经济增长的贡献率，但这可行吗？我现在经常故意偏激地讲，文化遗产只是人类的精神需求。只要我们这个民族对自己创造的文化还有那么一点儿需求，觉得这个东西我想保留，想留存一点儿记忆，我们的工作就有价值。

任馆长说要找到乡村的价值，我们把这种价值找到，保留下来就够了。至于乡村搞什么经营、卖什么东西和我们有关吗？商业资本进来后怎么运营？社区老百姓能不能致富？通过什么致富？搞文化遗产能让他们致富吗？不可能的——不能用文化遗产保护解决经济发展的问题，这个包袱太重。

任和昕　去年还有人问我地扪生态博物馆怎么回应精准扶贫的事情，我说，这跟我们有什么关系？这是政府的事情，我们做不了。

杜晓帆　历史发展与文化积累其实非常缓慢。我们经常急于通过一个简单的手段去达到一个目标。有时为了迎合某些地方政府或某个主管部门的需求，我们做一点儿是可以的，但如果把这个当成核心，那就不行了，我们肯定不是做这个事情的。我现在一听民宿就头疼，这不是我们该做的事情，这和文化遗产一点儿关系都没有，如果我们都往这方面想，我觉得肯定是行不通的。

所以我觉得还得讲"价值"，我们的任务就是把核心价值找出来。乡村的一些东西是不能丢掉的，起码对于未来而言，这些东西应该保留。至于通过什么方式去保留和传承，假如任馆长经过十几年、二十几年的实践，能寻找到一个规律，能够给予未来其他乡村一个建议的话，那是值得期待的。

说到三坊七巷，其他团队也想了很多。但我上次专门在三坊七巷住了两天，感觉那里已经没有社区了，一个没有社区的社区博物馆不是自欺欺人吗？

任和昕　我觉得我跟杜老师有点惺惺相惜。我们地扪生态博物馆这么多年跟很多著名的大学都有合作，他们很多都是"学术观光"——把课题选好了，带一堆学生过来写论文。

我希望复旦团队跟我们生态博物馆未来能有一个深度的合作。未来我可能扮演一个智库的角色，来试图影响政府的决策。我通过地扪的案例输出给政府的一些建议或者说一些方案已经被采纳。

我的角色不是一个博物馆馆长，虽说关于生态博物馆的实践地扪肯定是最系统的。我一不小心把这个枷锁戴在了自己身上，就要去回答拷问。现在中国的《生态博物馆建设指南》是地扪生态博物馆做的，其实现在中国的生态博物馆还没有一个认真的总结，没有客观、准确的认知和传播，这里面有很多工作可以做。

生态博物馆为什么会走到今天？未来会怎么样？你们是文博系的学生，如果有兴趣可以做这个研究。我们现在讲的是乡村发展问题，如何面对未来的问题，发展的路径是什么。

大家要关心乡村的价值是什么。乡村最核心的价值就是以农耕文化为背景，自给自足的乡村生活。如果一个乡村连农耕都没有了，还叫什么乡村呢？乡村的价值是在农耕文化背景下形成的，8000 年的农耕文明形成了中国 5000 年的文化。今天的乡村如果没有农耕，价值就没办法延续。

旅游只是一个选择，这个地方有价值，可以不做旅游，也可以做旅游。这可能是政府的选择，或者是村民的选择。其实我们都没办法驾驭，没有任何一个人可以控制，因为文化不是你我的，文化是在人身上的。不准村民建砖房，都要建木房，凭什么呀？

上次我在同济做讲座的时候，很多人说政府要出台政策，要给奖励，要把民居保护下来。我说你们上海这么发达，为什么不把那些弄堂全部保护下来呀？为什么北京不把四合院全部保护下来？凭什么要别人去保护你的乡村想象啊？他们没有这个义务，国家做不到，企业也做不到，没有一个人可以做得到。

我们对乡村文化的认知需要溯本清源。我经常讲，在地扪什么叫侗族建筑，50年以上的房子全是湖南人修的。有一个女生去那里看到那儿的纸就说这是侗纸，我说你翻开《天工开物》，所有的东西在上面都有记录，怎么就变成是侗族的了？所以要有一个发现的过程，去找到真正的文化是什么。

现在我们看到的乡村文化，第一是创意文化，是当地人编造给外人看的文化，第二就是被某些专家学者标签化了的文化。翻开侗族文化研究的书，里面除了10%的内容有价值外，其他很多是不严谨的，写这个只是为了出版。第三才是村民身上的文化。我经常开玩笑说，我在那里待了十几年，以为自己很了解了，最后发觉是被人蒙了，原来我看到的文化和真正的文化根本不是一回事，10年之后才恍然大悟。

如果说大家只是学术观光，走一走，根本不会知道真正的文化是什么。现在的问题是，有没有发现它的能力。要能够用眼睛去判断，需要很多研究、学习，要有方法。我记得美国《国家地理》有个摄影师，两年之内来了四次，每次待一个月，从来没有离开过地扪，他拍了3000张照片——他的专注度很重要。

我一直在跟杜老师讨论，我们能不能在茅贡地扪一起做出一个实际的东西来，这是我所期待的。我觉得杜老师的团队应该从一个智库的角度影响政府的公共政策。

杜晓帆 我希望我们团队如果真的要做乡村，就要坐冷板凳。这不是说靠热闹就可以的。

乡村的价值到底是什么？乡村能给现代社会带来什么东西？我也总结了三

点：第一是知识和技艺；第二是生存智慧，特别是在艰苦的环境下人类是怎么应对的；第三是和谐、美和多样化。

我觉得顺着这种思路往下想，正好又对应了十九大报告说的"美好生活"。美好生活里边的"美"是很重要的。对于国策来说，这是个全新的概念。怎么诠释这个"美"？乡村对未来中国的美好生活能贡献什么？我觉得这是我们要思考的问题。

任和昕 我补充一下，要想真正认识和发现乡村价值，需要做三个方面的准备：第一是知识系统，我们现在对乡村的关注和喜欢更多是因为乡村知识的缺失；第二是要认识村民的生存智慧；第三，理解村民的生活哲学，比如村镇里面的秩序。

杜晓帆 咱俩的认识基本是一致的。这个哲学其实就是村民对生活的态度，人与人之间的关系。所以那些村落都很和谐，让人感觉到它协调、它很美。

任和昕 顺应自然，而不是去改变自然，既是一种智慧又是一种生存哲学。我经常跟大家分享，在地扪10年我看到了它的文化是什么——侗族人一生就做三件事情：第一是生儿育女，每家每户一定要生一个男孩，这是传宗接代的社会性需求；第二是修一栋房子，成家立业，赡养老人，抚养小孩，完成社会角色；第三是做一副棺材，安排后事，知道自己往哪里去，然后淡然地生活——这是一个低欲望的社会，乡村最大的特征就是低欲望。

而城市是高欲望的，制造商业陷阱，制造物欲，让人在这个漩涡里永远爬不起来。为什么你觉得不幸福？这是欲望带来的。所以，乡村的价值能让城市反思，让人可以有选择。

王金华（复旦大学文物与博物馆学系教授）

我在文物系统工作有30年了，一直从事文化遗产保护工作，比较了解我国文化遗产保护工作的基本状况。中华人民共和国成立将近70年来，我国文化遗产保护工作取得了很大的成绩，但随着文化遗产内容、内涵、类型的不断丰富和扩展，对文化遗产保护、利用和管理工作提出了新的要求，面临许多新的挑战，也存在许多值得总结、思考的教训。

党的十九大报告大家都应该好好读一读。在我国经济社会发生重大变革和面对复杂的国际政治经济形势状况下，想发展成为一个强国，没有文化是立不住脚的。文化自信作为一个国家战略是有道理的。

党的十九大确立了新时代的战略定位，第一次明确提出了乡村振兴发展战略。乡村的振兴与发展，既有经济的振兴与发展，也有文化的振兴与发展，而且文化建设的作用显得越来越重要。近几十年来，我国在传统村落保护和发展中取得了很大的成就，但也面临许多问题，其中文化建设在乡村振兴中如何发挥作用，发挥什么作用，是现实问题，也是长远战略问题。任馆长在地扪生态博物馆的实践和探索是一种具有历史、文化情怀的乡村发展实践，其模式和思想具有重要的意义，值得我们做文化遗产和博物馆研究的人好好研究、总结。

杜晓帆老师对文博系团队寄予很高的希望，希望我们的研究和关注能与国家发展战略相结合，更多地思考文化遗产如何能够对国家政策起到引导作用，能够成为社会发展的智库，目标很高，意义非凡。地扪生态博物馆及任馆长的探索是一个很好的示范，值得我们学习。

任和昕　我觉得乡村振兴一定是解决保护、利用、发展一系列问题的。第一，我们说的乡村保护，就是要保护它的核心价值。其实有些时候房子已经不在核心价值里了，大家割舍不下的是那种景观，而并不是单体建筑的文化价值有多大。

第二，城乡融合，这是目的。因为乡村自给自足的经济状态已经没有了，要发展就要城乡融合，得发现交换价值、创造交换价值。过去乡村的价值在当下城市化、工业化的背景下变成了什么？怎么跟城市产生交换？现在就是因为没办法交换，所以乡村凋零了。未来乡村要振兴，最重要的路径就是要增强城乡融合。现在乡村没有乡绅，没有动力，只能靠城市的创意阶层回到乡村，把乡村的价值重新构建起来，把传统的价值和新的价值结合起来。

传统的价值就是原有的这些东西，新的价值则是通过创意把这些东西跟城市交换，产生交换价值。不是说进去以后随便给它一个名号，做旅游，做其他什么东西，不是这样简单的概念，它是一个系统化的东西。

所以乡村振兴的路径就是城乡怎么实现融合，实现价值交换。现在我们的路径很多都是错的，如果大家有兴趣可以去研究。

杜晓帆　我们复旦团队做文化遗产需要有点儿情怀，如果没有情怀是做不下去的，因为它不是用来赚钱的，如果想通过这个改变物质生活，肯定不行，肯定只能走另一条路。

在座谈会的最后，让我们再次衷心感谢任馆长！

（本附录由张安、石鼎整理）

附录3 关于"村落文化景观保护与发展"的建议

中国·贵州·贵阳，2008.10.26

一、背景

1992年，在美国圣达菲（Santa Fe）召开的联合国教科文组织（UNESCO）世界遗产委员会第16届大会上，与会专家提出，将具有"突出普遍价值"的文化景观纳入《世界遗产名录》。文化景观从此作为世界遗产的重要类型受到世界许多国家和地区的普遍关注。按照世界遗产委员会的解释，文化景观类型遗产体现了"人类与自然环境互动的情况"，包括了"能持续使用土地的特殊手段"，这就是指以农业经济为基础、以村落为中心的遗产类型——村落文化景观。这种曾经广布于世界许多地区的农业社会文化遗产，自工业革命以后，一直受到工业化和城市化的冲击，在当今全球化的浪潮中更面临着传统中断和特征丧失的威胁。鉴于此，在国家文物局、联合国教科文组织中国全委会、联合国教科文组织的支持下，于2008年10月24—26日在贵阳召开了"中国·贵州——村落文化景观保护和可持续利用国际学术研讨会"。我们与会的全体代表就村落文化景观的概念、性质和特点达成了共识，并就村落文化景观的保护与发展提出以下建议。

二、共识

村落文化景观是自然与人类长期相互作用的共同作品，是人类活动创造的并包括人类活动在内的文化景观的重要类型，体现了乡村社会及族群所拥有的多样的生存智慧，折射了人类和自然之间的内在联系，区别于人类有意设计的人工景观和鲜有人类改造印记的自然景观，是农业文明的结晶和见证。

村落文化景观展现了人类与自然和谐相处的生活方式，记录着丰富的历史文化信息，保存着民间传统文化精髓，是人类社会文明进程中宝贵的文化遗产。村落文化景观所蕴含的自然和文化多样性是未来理想生活的活力源泉，具有重要的文化象征意义。

三、建议

1）鉴于村落文化景观的性质和特征，我们倡导保护村落文化景观，应当注重保护村落赖以生存的田地、山林、川泽及其生态环境，保护村落的居住环境，保护村落文化记忆，保持村落发展的基础和动力，实现自然和文化、物质和非物质、历史和现时的整体保护。

2）鉴于村落文化景观是长期历史发展过程中形成的，并仍然在继续发展和不断变化，我们倡导尊重村落文化景观的演变特性，延续村落的文化脉络，维护现代社会文化多样性。

3）鉴于村落文化景观保护和发展的复杂性，我们倡导政府在政策导向、法律体系构建、技术保障与资金筹措、资源整合等方面给予支持和引导。村民是村落文化景观的重要组成部分和保护的主要力量，重视村落发展诉求，维护村落文化景观发展途径的多样性。

附录4　2017中国传统村落（堂安、地扪、述洞）保护、利用和发展监测预警总报告❶

自2012年设立第一批传统村落以来，国家就对传统村落的保护、利用和发展高度重视。截至2016年年末，贵州省共有426个村落列入《中国传统村落名录》，占全国总量的16.7%，居全国第二位。2015年贵州省政府印发了《关于加强传统村落保护发展的指导意见》，2016年贵州省人大常委会制定了《贵州省传统村落保护和发展条例》。目前，传统村落保护在国家和地方政策、法规条例及保护规划等各种保护策略下取得了一定进展，但对于保护工作的落实程度、实施机制及后续运营管理等尚缺乏研究，未能建立一个保护工作的评估预警机制。本次研究以贵州省黎平县的三个中国传统村落——堂安、地扪、述洞为对象，对其保护、利用及发展工作进行调查测评，以配合黎平县逐步建立起传统村落整体保护利用的风险预警管理机制。

一、评估思路

由于本次传统村落整体保护利用监测是第一次进行，所以以近5~10年内在村落中实施的各类项目（包括保护规划及传统村落相关政策、规划、规定）为对象，对堂安、地扪、述洞三个村落进行监测评估。评估思路为：从传统村落保护、传承、发展的综合视角评估上述项目实施后的问题，包括物质空间、社区传统、文化传承、旅游、文化景观等方面的问题，并且从项目的目标、规

---

❶　参与团队有同济大学城乡规划高等研究院、复旦大学国土与文化资源研究中心、安徽大学农村改革与经济社会发展研究院、清华大学全球化研究中心，调研时间为2017年7月。因篇幅所限，此处未收录堂安、地扪、述洞分报告内容。

模、实施机制、实施过程、后续管理运营等方面分析产生这些问题的原因，同时简要评估项目实施后的正面效应，从项目的目标、规模、实施机制、实施过程、后续管理运营等方面分析获得这些正面效应的原因。三个村落的评估内容具体见分报告，此处省略。

二、风险评估

（一）评估对象：近5～10年内在三个村落中实施的各类项目

风险评估是量化测评某一事件或事物带来的影响或损失的可能程度，是对某事件或事物所面临的威胁、存在的弱点、造成的影响以及三者综合作用所带来风险的可能性的评估。对传统村落的保护、利用、发展工作进行风险评估是确定传统村落可持续发展路径的一个重要途径。对传统村落进行风险评估的主要任务包括：识别评估对象面临的各种风险；评估风险概率和可能带来的负面影响；确定事物承受风险的能力；确定风险消减和控制的优先等级，推荐风险消减对策。本次风险评估以近5～10年内在三个村落中实施的各类项目为对象，具体内容见附表4-1。

附表4-1   三个村落近5～10年内实施的项目

村落	项目名称	项目内容	项目资金	实施机制	项目来源
述洞	公路建设工程	旅游线路的建设：三到四级公路，路宽9.5米，实际路宽7.5～8米	200万元/公里	省交通部门负责实施	交通部门
	危房改造工程	一项是整村推进"穿衣戴帽"工程，主要是统一翻修瓦、瓦檐、窗格等；另一项为针对3～5户破损严重的民居实施改造	两项共计234.8万元。"穿衣戴帽"工程每户5000元左右；破损严重的民居改造每户为1万～2万元	县住房和城乡建设局负责实施	县住建局

续表

村落	项目名称	项目内容	项目资金	实施机制	项目来源
述洞	州级消防试点改造——水、电、灶改造工程	改造电路、灶台、自来水等	200万元	县水利局、地方电力总公司、公安消防大队负责实施	县水利局、地电公司、公安消防大队
	中央财政支持传统村落（排污加环卫）项目	修建污水管、设置垃圾箱等	150万元	县住建局负责实施	中央财政
	中央财政支持传统村落（一事一议）项目	青石板和鹅卵石路、200多盏太阳能路灯、排水沟、引水进寨水管、停车场、修路的水泥沙子	150万元	县财政局负责实施	中央财政
	述洞小学新建工程	修建小学	200多万元	整体承包施工单位	深圳某公司
	寨门、观景台新建工程	新建一座寨门、两座观景台	30多万元	整体承包施工单位	县民族宗教事务局
	文化展示中心新建工程	修建文化展示中心	待查	县文体广电旅游局负责实施	县文广局
	侗族大歌非物质文化遗产基础设施建设项目	新建歌厅、练歌房等	1090万元	县文广局负责实施，施工单位承包施工	中央预算内投资810万元，黎平县财政自筹280万元
堂安	基础设施修建	包括：步道（3公里）、晒谷场、3条主道污水管、水塘整治、9个消防水塘、戏台、停车场（500m²）、高压水池2个（300立方米）、给水站（100立方米）、给水管、排水沟（500米）、垃圾箱（50个）、垃圾池（1个）。2015年完成原计划外，增加后山步道、寨内步道、挡土墙、停车场等工程内容	贷款限额40.83万美元，实际工程合同为546.9万元	黎平县旅游发展办公室领导及兼任的世行项目领导小组办公室组织实施	世界银行贷款项目；寨外停车场、后山旅游步道等为非遗推广剩余资金建设内容

村落	项目名称	项目内容	项目资金	实施机制	项目来源
堂安	新建建筑	新建一座寨门、一座戏台、一个公厕、一个萨岁坛；维修鼓楼与花桥	待查	黎平县旅游发展办公室领导及兼任的世行项目领导小组办公室组织实施	世界银行贷款项目
	民居修缮	计划维修民居49户，实际完成47户，2户因家庭原因放弃修缮	贷款限额为17.5万美元，实际工程费用为55.9万元	黎平县旅游发展办公室领导及兼任的世行项目领导小组办公室组织实施	世界银行贷款项目
	非遗推广	编制《文化遗产名录》和《村寨文化宣传书》	贷款限额为0.6万美元，实际使用资金1.95万元	黎平县旅游发展办公室领导及兼任的世行项目领导小组办公室组织实施	世界银行贷款项目
	电线整改	2007年火灾后，进行全村电线整改	待查	肇兴镇政府组织实施	肇兴镇政府
	消防项目	47户做了消防阻燃液，其余农户的烟囱、插板、电线周边做了阻燃液	待查	黎平县科技局组织实施	肇兴镇政府
	危房改造	民居修缮：更换屋顶瓦片，砖房进行贴木，修缮部分民居窗格	每户5000元至2万元不等	黎平县住建局组织实施	肇兴镇政府
	公共建筑维修	风雨桥维修	风雨桥维修费5000元左右由生态博物馆出资，为堂安生态博物馆转型提升项目剩余资金	生态博物馆出资，村民出人力修缮	生态博物馆

村落	项目名称	项目内容	项目资金	实施机制	项目来源
堂安	黎平县传统村落农村环境综合整治	（1）生活垃圾处理工程； （2）生活污水处理工程； （3）饮用水源保护工程； （4）环保宣传工程	150万元	黎平县环保局组织实施，工程队承包建设	传统村落保护资金
	一事一议示范村建设	水泥路、路灯（50盏＋今年将到位的60盏）	150万元	黎平县财政局出资提供水泥沙子，村民出力修建道路（村内未修建水泥路的部分）	传统村落保护资金
地扪	一事一议示范村建设	通组道路及停车场冰纹石路面硬化共5871平方米，串户路青石板路面硬化5646.3平方米，人行桥建设1座，拦河坝建设3座，太阳能路灯设置100盏，排污沟建设1263米，公厕建设3座；垃圾池建设4个，垃圾箱建设70个，寨门维修1座	289.45万元，其中财政奖补210万元，群众投劳折资79.45万元	茅贡乡地扪村委会	传统村落保护资金
	美丽乡村建设	包括通村公路建设、公厕设置、拦河坝建设、人行桥建设和太阳能路灯设置	200万～300万元	通村公路由交通部门实施，基础设施、消防防灾、线网整治等均由住建部门实施	（不明）

村落	项目名称	项目内容	项目资金	实施机制	项目来源
地扪	危房改造	2013 年由公司承包，对住宅主要进行瓦片更新、外包木皮等维修内容；2014 年后由村民根据自己的情况申请自主维修建筑，政府验收后分批发放维修补助	每户 5000 元至 2 万元不等	县住建部门	县住建部门
	传统村落项目	住建局 150 万元资金补助中，30 万元设置路灯，120 万元用于污水处理建设与垃圾桶、垃圾车设置；财政局 150 万元用一事一议的形式修青石板路、晒谷场等；村民可根据需要选择实施内容	300 万元	150 万元由住建局负责实施，150 万元由财政局负责实施	中央财政
	文物修缮	修缮内容由村内决定。在完成禾仓整治后，剩余资金用于新建 2 座鼓楼（寅寨鼓楼与罗大寨鼓楼）、新建 5 个卡房（1、3、5、6、7 组卡房）、维修 2 个卡房（4、7 组）、维修登岑中日友好鼓楼、维修 6 座花桥（5 座地扪花桥与 1 座登岑花桥），最后剩余的资金用于茅贡创意小镇建设	600 万元	省文物局负责实施	省文物局

续表

村落	项目名称	项目内容	项目资金	实施机制	项目来源
地扪	保护基金、非遗传承基金	包括传统民居保护和活态文化传承奖励专项基金与村寨侗歌侗戏传承活动、村寨传统民俗和节庆活动、村寨传统文化进课堂等日常性活动，以及传统手工技艺保护性生产和活态展示、村寨文化设施建设	依据保护工作实施方案，计划投入专项基金60万元，传承基金86万元。实际拨付情况不详	专项基金由管理委员会负责，非遗传承由村两委负责实施	文化部门、风景管理部门及民族宗教部门

（二）典型风险项目分析

1. 新建公共建筑形制

述洞小学为2013年新建，由深圳某公司捐赠200万元，整体总包给专业施工团队建设而成。小学位于村落中部东侧、南江河的西岸，东部为操场，主体建筑呈"L"形，两边宽度均在20米左右，进深6米左右，为两层砖混结构，表面用亮黄色油漆粉刷。

从建筑本身的结构、风貌及体量上看，其与村落整体冲突较大，特别是对于周边的民居群落风貌有较大的影响；从社区传统角度看，述洞小学虽为上下寨共有，但其选址在下寨核心地区，因而对传统社会结构和文化会有一定的影响；从文化传承角度看，目前述洞小学在学校内开设有侗歌班等，对传统文化的传承有促进作用。

述洞小学由外地公司整体投资，其目标为改善村内学生的就学环境，因此其设计与建设均以此为目标。述洞小学的规模根据述洞学生的数量确定，因规范要求，同时建设操场一座，因而小学整体及主体建筑均与周边的建筑肌理相冲突。述洞小学由外地公司直接交由专业公司设计及施工，以满足功能需求、国家对教育类建筑的防火抗震要求等为重点，并未与传统侗族建筑的结构、风貌、体量等进行协调设计，且村委会未参与设计建造中的任何环节，因而无法提出控制要求。

2. 基础设施建设

三个村落的项目资金大都用于大量的基础设施建设，其中，黎平县传统村落 300 万元的保护资金是采用统一化的标准落实的，采用 150 万元用于改善排污及环境卫生设施，150 万元用来建设道路、路灯等一事一议的模式完成保护工作。

从实施效果来看，基础设施建设的一大风险是资金使用效率较低：传统村落项目资金中修建排污管道的项目在实施中存在一定问题，污水处理系统基本不能直接接至村民家中，仍需村民自己建设化粪池，连接至大的排污管或自行处理。堂安村寨内存在三种形式的垃圾桶，说明基础设施建设管理部门资金出现交叉。三个村落的电线虽然都进行过整改，但私拉电线现象仍然十分严重，部分居民分电表的需求没有实现。村内新设置的太阳能路灯折旧率高、使用寿命短。

基础设施建设的另一风险是重要基础设施建设及管理的滞后性，尤其是消防设施及电线整改工作。地扪于 2006 年和 2010 年发生两场火灾，2015 年进行电线整改；堂安 2007 年村内发生火灾，2008 年进行电线整改，2013 年进行涂刷消防阻燃液工作。火灾的发生会造成传统村落出现突变式发展，这两个村落的消防设施及电线整改工作都是在火灾发生后才逐渐完善的，没有使预防走在火灾之前。

基础设施建设还存在标准化风貌的问题。路灯、垃圾桶、消防设施等基础设施由建设方统一采购，遵循统一化设计，与传统村落风貌不甚协调。

3. 危房改造

述洞和堂安在 2009 年、地扪在 2013—2014 年进行了危房改造项目，基本为推进"穿衣戴帽"工程，统一翻修瓦、瓦檐、窗格，更换屋顶瓦片、砖房贴木等，每户 5000 元至 2 万元不等；堂安另外用 55.9 万元世界银行贷款项目维修了 47 户民居。危房改造的实施方式有三种：①村落的危房改造工程承包给第三方公司，由施工队为每户居民修缮，对旧宅进行上漆、贴木质饰面等操作；②将维修需要的瓦片等建筑材料分给村民；③村民先行垫资维修，维修完成、验收后向政府申请资金。实施中以前两种形式为主。

对于三个村落中没有被列入文物保护单位的民居来说，危房改造是实施中唯一涉及民居改造修缮的项目，且为一次性项目，不具有持续性。尽管《地扪侗族传统村落保护与发展规划》（以下简称《地扪保护规划》）中对传统风貌民居的修缮方式做出了清晰的规定：对于地扪现有的149栋保护民居，整体上应保持建筑原样，对损坏构件应采用相同形式予以替换。对于263栋传统风貌非保护民居，应在不改变其传统结构和形制的基础上采用传统材料和形式进行整修。由于没有与保护规划相对应的资金项目，以上规划未得到实施，危房改造只在表层维持了村落的风貌，达不到传统建筑保护的深度。

从实施情况看，危房改造项目村民的参与度较低，一次性改造结束后，村民再修缮房屋时既没有任何资金补助，也没有风貌的引导。为节约资金、延长建筑使用寿命，部分传统风貌建筑底层增加了砖围护结构，形成新的客厅、厨房，部分建筑在修缮时采用了金属栏杆、卷帘门、蓝色彩钢板等现代建筑材料与样式，对民居的传统风貌造成了破坏，使民居风貌的保护状况整体欠佳。

（三）风险归纳

为对三个村落5～10年内保护、利用、发展项目的实施成果进行评估，研究将评估标准归纳为三类。

"＋"类：表示该项目在评估期末的状况好于评估期初。以述洞传统公共建筑及构筑物体系的保护与完善为例，在评估期内新建两座戏台、一座寨门、两座景观亭，因而使评估期末述洞传统公建及构筑物体系相对期初更完整。

"0"类：表示该项目在评估期末的状况与评估期初相近，未有太大变动。以述洞保护民居为例，从数量、风貌等角度看，其在评估期末与评估期初相比未有变化，少有破坏，也少有针对性保护措施。

"－"类：表示该项目在评估期末的状况相对于评估期初较差。以述洞非遗保护与传承为例，述洞村内及外部未有针对性地有力度地对其非遗进行保护，而人口的外流自然消减了非遗的活动与传承，因此判定为述洞非遗保护与传承的状况在评估期末的状况相对于评估期初较差。

按照评估标准，对三个村落的物质空间、社区传统、文化传承、旅游、文化景观等方面的实施进行评估，归纳主要的风险类型。研究将某一项中有两个村或者三个村都是"－"的评估项目作为高风险的类型，有一个"－"作为中等风险类型，无"－"为低风险的类型。评估结果见附表4－2。

附表4－2　三个村落项目评估表

项目名称	地扪	堂安	述洞	风险类型
保护规划	+	0	－	中
山水格局保护	－	－	0	高
水塘、水井及河流保护	+	0	0	低
农田保护	－	0	0	中
历史要素保护	+	+	0	低
传统公建及构筑物体系保护与完善	+	+	+	低
传统民居保护	－	－	0	高
禾仓群保护	+	0	0	低
非遗保护与传承	+	+	－	中
非遗展示	+	+	+	低
非遗利用	+	+	－	中
公共建筑及空间对内利用	+	0	－	中
公共建筑及空间对外利用	0	+	+	低
历史建筑及导览标识	0	－	+	中
新建传统公建控制	+	－	+	中
新建一般公建控制	0	0	－	中
新建宅基地选址控制	－	－	+	高
新建民居体量控制	－	－	+	高
新建民居及修缮民居风貌引导控制	－	－	+	高
建筑整治与改善	+	+	－	中
车行道路建设	+	+	+	低
步行道修缮	+	+	+	低
市政设施建设	+	+	+	低
消防设施建设及消防管理	+	+	+	低
旅游服务设施建设	0	+	+	低
游客量	0	+	0	低
餐饮及住宿发展	0	+	+	低
其他商业	+	+	0	低
旅游收入	0	0	0	低

续表

项目名称	地扪	堂安	述洞	风险类型
其他产业发展	+	0	+	低
上级管理机构	−	−	+	高
村落管理组织构架	+	−	+	中
村规民约	0	−	+	中
建房申请程序及土地证申请	−	−	+	高
规划、政策宣传	0	0	+	低
公众参与	+	0	0	低
火灾预防与控制	−	−	+	高

三、结论

（一）主要的风险类型

对附表 4-2 的内容进行归纳，可以得到高、中、低风险的类型，见附表 4-3。

附表 4-3　风险类型总结

高风险类型	中等风险类型	低风险类型
山水格局保护、传统民居保护、新建宅基地选址控制、新建民居体量控制、新建民居及修缮民居风貌引导控制、上级管理机构、建房申请程序及土地证申请、火灾预防与控制	保护规划、农田保护、非遗保护与传承、新建一般公建控制、非遗利用、公共建筑及空间对内利用、历史建筑及导览标识、新建传统公建控制、建筑整治与改善、村落管理组织架构、村规民约	水塘和水井及河流保护、历史要素保护、传统公建及构筑物体系保护与完善、禾仓群保护、非遗展示、公共建筑及空间对外利用、车行道路建设、步行道修缮、市政设施建设、消防设施建设及消防管理、旅游服务设施建设、游客量、餐饮及住宿发展、其他商业、旅游收入、其他产业发展、规划和政策宣传、公众参与

经总结，三个村落面对的主要风险类型有以下六种。

1. 山水格局保护与新建宅基地选址控制

此种风险类型主要为山水格局受到破坏，新建宅基地选址出现失控。从目前的情况来看，地扪及堂安风险较大，述洞维持在较好的状态。

地扪：《地扪保护规划》中对新建民居的选址进行了明确规定，在一定程度上能够对村民的建房行为进行疏导。此外，《地扪保护规划》对建房审批制度也进行了设计。但实际上，大部分新建民居未按规定进行申报、审批，部分新建民居突破了建设控制地带的区划范围与规划布局，少数新建民居则占用了农田，成为违规建房。

堂安：据调研，村里有 30% 的村民有分户需求，属于已分户但无地建房的情况。由于村内无足够的宅基地满足新建房需求，需要规划设置安置区。2014 年编制的《贵州省·堂安村传统村落保护发展规划》（以下简称《堂安保护规划》）中虽然提出但并没有解决村民的分户建房需求，未对安置区的设置进行规划，从而导致村民拆旧房、在旧地基上新建房屋，破坏了遗产，或者在农田中新建房屋。新宅基地上建设的房屋违反村内建房的规定，多属于违规用房，建房审批及执法部门与村民矛盾严重，亟须设置一处安置区疏导新建房屋需求。《堂安保护规划》没有划定新建宅基地建设范围，村民的分户建房需求没有得到疏导，只能选择在自家农田里建房，成为违规建房，使矛盾激化。

述洞：宅基地选址由村两委审核通过并上报上级政府。村民在国土部门下发建设许可证后方可建设新民居。村民在申请宅基地的同时需缴纳押金，建设结果满足申请时的要求才可退还。在流程规范的管理下，述洞村宅基地的发展有序进行，如建设防火带时集中搬迁的村民在村委所在地的新村建设新居，其他今年新建的民居利用边角用地且紧靠原村落。

2. 传统民居保护

此种风险类型主要为传统民居保护缺少持续、稳定的资金与政策支持。

在目前条块化的行政管理方式下，各管理部门对资金的用途与时限都有明确的规定，村寨层面不可随意改变。近年来，地扪、堂安及述洞在基础设施建设与传统公共建筑修缮方面获得的资金支持较多，而在传统民居保护方面可利用的资金较少。

3. 新建民居体量控制、新建民居及修缮民居风貌引导控制

此种风险类型主要为新建民居风貌、体量控制及修缮民居的风貌缺乏引导，从而破坏了村寨整体景观。

目前，黎平县及所辖乡镇能提供足量且质量较好的砖混建筑材料，由外出打工返乡人员借鉴自江浙地区的建造体系也已完备，因此砖混新民居建设的成本和施工周期不会高于木构建筑。村民从建房的资金、时间成本方面考虑更倾向于砖混建筑，且在外来的建造体系下建成的新民居无法与传统村落整体风貌相协调。

另外，黎平及所辖乡镇能提供的材料种类有限，如铝合金门窗的款式颜色、彩钢板的颜色等均较少，导致在保护民居的局部修缮和新民居的建设过程中能够采用的与村落传统风貌相协调的新式材料不多。因此，新建民居及传统民居的局部修缮较难与传统风貌相协调。

4. 上级多方管理机构权责交叉，非保护部门实施的项目对传统村落风貌协调考虑欠缺

此种风险类型主要为各个相关职能部门缺乏共同的工作准则与价值观，保护规划未能成为达成共识的管理依据，存在管理交叉的现象。

政府的住建、文广、旅游、环保、财政等相关部门在各个口径通过不同的项目均投入了大量资金，多用来进行基础设施建设及风貌整治。但村内的发展建设计划、资金去向大多脱离了保护规划而进行，保护规划没有成为各个部门共同的工作准则，也导致规划难以按照预设得以实施，难以指导资金投入的建设内容。

大量非保护部门在实施该部门的项目时，选用的材料及形式等是基于其部门的专业和标准以及在大量村落中低价高速实施的可能性，并未对传统村落风貌的影响作过多考虑，特别是没有制订针对某一传统村落的具体实施方案。如近期实施的水泥车行道建设项目、太阳能路灯项目、电力电信等市政工程，均在一定程度上对传统村落的风貌造成了影响。

5. 建房申请程序及土地证申请

此种风险类型主要为新建房屋是否能够纳入合法的程序。若纳入合法的程序，政府尚能对新建房屋的体量、风貌等进行引导控制；若不纳入合法程序，则管理起来十分困难。

新建房屋的合法性建立在新宅基地选址合法性的基础之上：堂安未划定允许建设的新宅基地范围，因此新选址建设的房屋基本被认定为违规建房；《地

扣保护规划》中划定了两片可供新建房屋的土地，但由于没有资金统一流转土地，村内也解决不了土地流转置换的问题，导致《地扣保护规划》设定的区域不能实施，村民只能被迫在自家田地中选定新的宅基地，且建设体量大，风貌突破传统，也基本被认定为违规建房；述洞宅基地的选址由村民在自家田地内选定新的宅基地后向村两委上报，按照述洞村现行的建房程序，村委会在村民的建房申请书上附加对新建民居层数、结构、高度、风貌等的要求。新选址宅基地申请通过村内审核后上报上级政府，村民在国土部门下发建设许可证后方可建设新民居，同时房主需缴纳一定数量的押金，以保证对建设要求的执行。在按要求建设完新民居后，押金才返还给房主，同时发放土地使用证，房屋及宅基地被认定为合法。对于违反规定的建筑，村两委采取"暂时贴木，未来拆除"的处理方法，在违规民居上写上"拆"字，以警示户主和其他待建房村民。在流程规范的管理下，述洞村宅基地的发展有序进行，房屋风貌管理纳入正常管理程序。

6. 火灾预防与控制

此种风险类型主要为村寨缺乏火灾等突发事件的应对措施与机制。

地扣在 2005 年的大火中损毁了多处木构民居，唯独该范围内的一栋砖混建筑安然无恙。这使得村民对于砖混建筑的防火能力有了切身的体会，也因此后续在该区域新修的民居均采用了两层砖混的形式。堂安、地扣大面积多次火灾对村落发展的影响较大，预防措施不足，后续保障措施跟不上，木构建筑焚毁后村民没有足够的保障资金重建木房，同时对木房产生恐惧心理。火灾成为村民建设砖房的重要原因。

述洞村两委在村内未发生大规模火灾前就向黔东南州申请了火灾防范示范村，利用近 10 年的时间，通过四批资金做了厨电改造，梳理出防火道，完善消防系统的建设，将火灾的风险降到最低。同时，村两委制定了许多村规民约，以增强村民的防火意识，并对如何使用消防栓和灭火器进行统一培训和日常演练。述洞村在村两委的努力下，全村村民的防火意识和防火能力较强。述洞虽也发生过火灾，但在熟练的灭火流程和有效的灭火器材共同作用下仅烧毁了一栋建筑，这使得述洞村民相信自己有足够的能力防止木构民居毁于火灾。

（二）风险的主要表现

1. 传统物质空间遭到破坏，新增物质空间无法与传统物质空间相协调

以民居为例，在材料体系和费用的限制下，村民在对自家传统民居的改造中采用了费用低、成效快、较牢固的材料，使得传统物质空间的民居基底逐步遭到破坏。在材料体系和建造体系的限制下，新建民居的形式、结构、风貌甚至体量均呈现出与全国其他地区新建民居的相似性，即失去地方特色，也就无法和传统民居相协调。两者的变化使得传统物质空间发生较为剧烈的变化。

2. 文化景观改变

新增宅基地的无序分布和大小不一使得村落的山水格局特别是农田格局遭到了较为严重的破坏，文化景观赖以存在的自然和田园基础遭到破坏；旅游产业等的兴起使传统的生计模式发生变化，人与环境的内在关系遭到破坏；新建民居的新风貌及保护民居的局部风貌破坏使村落的整体风貌变得不完整，村落整体风貌遭到破坏。

3. 村民违章违规建房现象难以遏制

以地扪为例，调研时发现，目前村内违规建房的现象仍未得到有效遏制。大部分新建民居未按规定进行申报、审批，部分新建民居突破了建设控制地带的区划范围与规划布局，少数新建民居占用了农田，另有少数新建民居在高度、面宽、进深上突破了《地扪保护规划》的规定，此外还有大量的新建民居是只对外墙进行了简单粉刷而未进行木材贴面的砖混结构房屋，严重影响了村落传统风貌。

4. 社区凝聚力下降，矛盾激化

传统生计模式迅速破坏的今天，在这一基础上发展起来的社区结构也遭到破坏，社区传统由于利益、时间等原因逐步消失。而同时，非物质文化遗产等的旅游产品化加速了社区凝聚力的下降，村民与村民、村民与村委、村委与上级政府的矛盾在不断激化。

（三）风险的主要成因

1. 保护规划的编制及执行的"严控"引发村民恐慌，建房需求难以满足

在《地扪保护规划》制定前，村内无宅基地可用的情况下，村民建房只出现在几处零星的农田内，且已被告知为违法而停工。在划定了五片新增民居区后，每户只允许拥有一处宅基地，大量分户需求涌现，出现了在新增民居区内大量建房的现象。其原因在于，村民认为若现在不分户建房子，等新增民居区内的土地用完，村委又不允许新建房了，因此村民想尽一切办法在目前合法的区域内建新房，做到一户拥有一块宅基地。村民即使在外打工，也要先回村将宅基地上的新房建好后再外出。村民对分户有强烈的需求，但村庄储备宅基地不足，村委会也没有充足的资金将建设控制地带内的耕地置换成宅基地，因而村民只能选择在自承包土地上建房，致使新建民居布局松散，成为违规建筑。

堂安的新宅基地控制也十分严格，在村口停车场处建设的一处房屋被强制拆除，一处正在建设的被勒令停止。新宅基地上的建设不顺利导致村民在老宅基地上加紧建设，拆除原有的房子，建设体量更大的房屋，以满足旅游发展的需要，规避政府严格控制的弊端。

述洞的情况有所不同，村委允许一户同时拥有两处宅基地，因此虽然2014年编制的《黎平县岩洞镇述洞村传统村落保护发展规划》划定了新增民居区，但村委并未按照规划执行，村民也并不着急在新的宅基地进行建设，而认为等到需要的时候随时可以建设。正是因为述洞村民没有"在不能建设前抓紧建设"的思想，使得一切均可以按照原来持续的流程管理运行。

2. 大规模资金进入引发村民心理的变化

肇兴旅游的快速兴起为堂安带来了大量游客，地扪生态博物馆为地扪带来了大量外来的学生、专家及游客，政府投入的保护建设资金给村寨带来了大量工程。以游客为主的大量外来人员的进入使村民看到了除农业收入以外的可能，部分村民迫切希望新建民居以发展餐饮及住宿，希望新建民居占据较好的地理位置，同时在新民居的建造中村民采取面向干道设置卷帘门、建造大玻璃景观窗户等设计行为。这种现象在地扪、堂安已大量存在，即便在旅游还未兴

起的述洞，村民也已开始作此打算，以便在旅游兴起的第一时间占据先机。

3. "第一例变化"的引导

村民对于建房或改造存在两种相辅相成的思维，即"既然他人可以，为何我不可以"和"既然他人已做，我也不能落后"的思维。在这两种思维的影响下，每一种破坏传统建筑风貌或新建建筑影响传统风貌的具体现象类型的"第一例变化"成为变化的关键。如地扪在第一例农田建新房的例子出现而未得到控制后出现了大量此类现象，堂安在第一例建筑规模突破要求后所有新建建筑的规模均突破了要求，地扪在第一例"罗马柱"装饰出现后呈现出村民跟风建设的现象。因此，需要特别警惕"第一例变化"的出现和控制。当前，述洞新建民居的风貌虽然基本得到了控制，但是村内二层砖混的公共食堂及几栋停工的二层砖混建筑易对未来新建民居的村民造成不良的示范。

4. 管理机构的模糊或非唯一性导致的管理失效

述洞以村委会为唯一管理机构，地扪及堂安除了村委会还有生态博物馆参与村落的部分建设管理或者发展工作。地扪还存在村一级管理和寨一级管理不清晰的问题，在2017年上半年村两委选举换届中，由于管理缺失，村民乘机大肆建房。堂安的遗产管理主体涉及各个政府部门，管理执行以黎平县为主，执法力度时强时弱，部分村民便利用政府管理的强弱空隙进行违规建筑建设。

5. 以年度资金项目为单位进入，与村民诉求难以协调，缺乏日常运营维护资金

政府的保护资金以项目的形式进入，工程完工与资金用完的时间有限制，缺少用作持续性维护或者用于紧急事务处理的备用资金。"由上至下"的资金划拨方式也使得居民难以根据自己的需求提出资金的使用建议，除一事一议外，大多只能被动接受下达资金的建设内容。

6. 大量人口外出务工

一方面，大量人口的外出使得本村的传统产业发展和文化传承缺少后备力量，社区人口构成失调，导致问题频出。另一方面，外出务工者在获得一定收益后，会将其务工地的民居样式或文化习惯带回本村，对本村的物质空间保护和文化传承造成冲击。

(四) 建议

在评估了堂安、地扪、述洞三个村落近 5～10 年内项目的实施成果及归纳了风险类型后，研究为下一步的黎平县传统村落保护工作重点提出以下建议。

1. 合理评估及疏导村民需求

村民的分户建房需求得不到解决与疏导，容易导致村民拆旧房在旧地基上新建房屋而破坏遗产，或者在农田中新建房屋。"堵"不如"疏"，疏导村民需求需要村委及政府正视新建房屋问题，吃透村民的建房心理。村委会层面应发挥承上启下的作用，联系政府与村民，形成顺畅的反馈沟通渠道，建立快速有效的工作机制，才能及时引导村民的发展诉求。

2. 完善宅基地制度

从宅基地的来源看，宅基地主要来源于村民自己的农地或者与村内其他村民调换而来的农地，这一方面造成宅基地的选址因限制在自家农地或调换而得的农地上而零星分布的现象，另一方面造成了宅基地的实际面积因农地大小的限制而大小不一，从而造成了新建民居落地面积大小不一的现象。

从资金角度看，在目前各村集体经济薄弱且上级政府无财政支持的情况下，即便保护规划中划定了新增民居区和新民居分布引导，村内也没有能力收储农地为宅基地，并按照规划逐步划拨给需要建房的村民。

因此，应当进一步完善传统村落的宅基地制度，在合理评估村民建房需求的基础上制定符合疏导村民需求的宅基地建设政策，及时从官方程序启动新区域的设置、统一征收流转农田、宣传告知建设要求等工作。

3. 完善民居修缮实施细则，建立修缮激励机制，引导村落风貌有序发展

传统民居是传统村落不可或缺的重要组成部分和村落文化精髓的主要载体，有效保护传统民居是政府义不容辞的历史责任和对国家的郑重承诺。因此，对村寨内具有明晰产权、居住性质的传统民居的维修应该建立修缮引导及激励的长效机制，包括建筑主体维修工程及其附件（含内外门窗、墙体、屋顶等部位）的维修等。修缮机制应明确修缮要求，在资金上有保障有支持，

设定修缮补助标准，明确保护原则，以及制定申请补助程序。对于修缮过程中涉及的施工队设置资质门槛，可设置社会观察员对开工到竣工实行全程监督。对于修缮完的房屋，使用者、租客可向村里申请修缮推优活动，提高村民修缮房屋的积极性。

4. 加强木构建筑安全保障

虽然政府投入了资金进行风貌整治，但是这些资金基本用于贴木、刷漆等外部整治，难以保障木构建筑的安全。木构建筑的安全保障是村民通过缴纳保险来获得的。根据调研，每年缴纳40元保险，木构建筑被烧毁后只能获得2万元赔偿；缴纳80元，可获得4万元赔偿。目前，赔偿金额与房屋重建费用相差甚多，无法完全支持木构建筑的火灾后重建，因此无法抵御火灾风险，只能依赖前期的预防措施。但是一旦预防措施失效，就没有可以"兜底"的措施保障。

因此，为降低村落木构建筑的安全风险，使其获得安全保障，可在加强消防管理的同时建立应对风险的安全保障机制，如设置村落应对意外灾害事件的基金、增加村民保险额度、建立火灾后重建社会捐助平台等，用一系列保障措施免去村民对建设木构建筑的后顾之忧。

（本附录由周俭、李燕宁、张乐、俞文彬整理）

附录5　乡村文化遗产的未来
——堂安生态博物馆夏季论坛纪要

　　2017年8月29—30日，以"乡村文化遗产的未来"为主题的堂安生态博物馆夏季论坛在贵州省黎平县堂安生态博物馆研究交流中心举行。十余位多年来一直在贵州从事乡村文化遗产保护实践，同时关注全国传统村落保护的专家学者齐聚一堂，在两天的讨论中畅所欲言，就乡村文化遗产的保护现状、乡村文化遗产的核心价值、乡村文化遗产保护与发展建议等议题进行了激烈的讨论。堂安论坛在当前全国乡村建设和乡村旅游广泛开展的背景下，从文化传承的视角对乡村文化遗产的保护现状进行反思，对乡村文化遗产的价值进行重估，对乡村文化遗产的未来进行展望，是主流话语之外的一种强有力的声音。

　　主持人杜晓帆开场介绍了与会嘉宾，提到专家学者对贵州乡村的广泛关注和保护实践始于2006年几位学者长达半个月的贵州乡村考察，之后决定在贵州率先开展乡村文化遗产的保护试点，并于2008年形成了"关于'村落文化景观保护与发展'的建议"（"贵阳建议"）。此后，在贵州促成了几支具有代表性和典型性的乡村文化遗产保护实践团队，包括任和昕主持的黎平地扪村和茅贡镇的实践，李松主持的水利大寨实践，孙华和李光涵主持的榕江大利村实践，周俭主持的世界银行项目及黎平堂安村和印江合水村等实践，但文红主持的雷山控拜村实践，刘兆丰主持的剑河展留村实践等。经过十余年不间断的工作和探索，贵州的实践既有成功的经验，也有失败的教训，需要进一步地总结，并为未来的乡村文化遗产保护工作指明方向。

一、乡村文化遗产的保护现状

（一）对"什么是乡村文化遗产"的认识

孙华首先提出，到目前为止，学术界对于"村落"性质、概念的认知并没有超越 2008 年"贵阳建议"中关于"村落文化景观"达成的共识："村落文化景观是自然与人类长期相互作用的共同作品，是人类活动创造的并包括人类活动在内的文化景观的重要类型，体现了乡村社会及族群所拥有的多样的生存智慧，折射了人类和自然之间的内在联系，区别于人类有意设计的人工景观和鲜有人类改造印记的自然景观，是农业文明的结晶和见证。"孙华认为，生态文明不只是自然生态，也是文化生态，它是在全球化、城市化背景下人们对自然、文化、人类遗产进行重新审视的态度，是一种关系范畴、实体范畴。

王红光指出，贵州的村落保护是以生态博物馆项目为起源的，从一个行业管理者的角度来看，现在的乡村文化遗产保护发声是有问题的，"乡村建设与乡村文化遗产保护是有区别的，文化遗产是乡村社会建设的一部分，但不是全部"。任和昕则认为"城市人对乡村的认识是抱有幻想的"，其对乡村的判断停留在想象中，而不是来自自身的体验，如"二十四节气"中每个节点，乡村中的自然万物、虫鸟鱼兽都在发生变化，需要细致入微的观察和体验。

（二）不当政策和干预的破坏性

李松认为，文化干预是常态，但现在的一些文化干预政策错位，老百姓想的是发展，文化在乡村成为说辞，没有实用性。孙华认为，在当前国家高度重视传统村落保护的背景下，各种资金和干预进入乡村，实际上常常是"干预一个，破坏一个"。刘兆丰则认为，政府其实有大量的资金投入乡村，如传统村落、美丽乡村、精准扶贫等工程，但由于缺乏制度上的建设，没有看到成效。李华东补充说，乡村的破坏很多是"政策性的破坏"，如重庆制定的"一户一宅"政策导致很多村落的老房子被成片拆除。

（三）传统乡土社会机制的瓦解导致村落的衰败

孙华认为，传统村落的保护主要不是资金和技术的问题，而是制度建设、新农村建设的问题，"现有的制度不改变，传统村落保不住"。中央历来关心农村问题，连续多年中央一号文件关注的都是农村问题，但土地政策没有改变。周俭指出，现在的乡村基本上是"1/3 的人外出打工，1/3 的人本地打工，1/3 的老人小孩留守"，物质表象背后是社会机制问题，现有的机制下我们能做的有限。刘兆丰提出，从近代到现代，乡村社会被弱化，都是处于被动的改革之中，使得作为乡村主体的力量不断被削弱，由此也导致传统乡邻社会的瓦解。

任和昕认为，乡村社会的农耕方式、自给自足的乡村生活已经瓦解，农业已经不是大多数乡村的生存方式；农民大多外出打工，依靠在外的收益维持生计，对土地的依赖程度越来越低。在浙江、广州一带还有地扪人聚集的"地扪村"，形成一种"离村"的生活模式。乡村原有的社会组织已经被打破。例如，原来修桥是大家出力，所有人会努力将其做好，现在则依赖政府扶贫等项目投入，一旦变成工程，都"事不关己"，很多人都不关心桥的质量了。未来30 年，当乡村变成城市之后，人的欲望膨胀，"占有欲"会变成乡村发展的大问题。孙华补充道，农业在很多地区自古就不是主要的经济收入来源，如清代徽州地区外出经商是主要的收入来源，"无徽不成镇"，但传统的乡村并没有衰败，人会落叶归根，会回来。

（四）规划的无能为力，建筑师"消费"了乡村景观

周俭从实践的角度谈到"对乡村做外部干预不能用城市的方法"，原因在于"城市可以离开土地，乡村不能离开土地"。他曾经做过"同里实验"，花8万元改造老宅，示范效果不理想，居民不愿花自己的钱。他在贵州也做过入村设计，发现"矛盾在于选址和规模"，选址受宅基地和自有农田位置的限制，而规模则超标太多，在农村建房很难控制。Matteo 也谈到 11 年前来堂安时与现在大不同，表达了对违规建房现状的遗憾。

李华东认为，在建筑领域仍以"物"看待传统村落，村落的空间、建筑

并不只是物质场所，"形由心生，村落是虚的东西的物化"，文化内核发生变化，外貌必然发生变化。他认为要从多种立场和角度来看待乡村，如站在祖先、今人、后人的立场，站在局部、中观、宏观的立场，站在理论、产业的立场，站在村民、外来者的立场。站在不同的立场得出的结论会不一样。例如，浙江有传统民居低成本改造实验，但没有人愿意住在老宅里，住在老宅里的多是被儿孙抛弃的老人。现在大量改造老宅的"网红产品"和创客空间，大家很喜欢，但政府、村民、保护学者到底是从哪个角度来看待？"基础理论未解决，带来了各种实践中的细枝末节的问题。"

王红军则进一步指出，在当前的乡村保护和建设中，有一种趋势是建筑师下乡，但仅仅是"消费"了乡村的景观，在村落那样好的自然环境内大部分建筑师都能建出"好看"的房子。但回到专业范畴内，他们并没有对"建造的传统"进行仔细研究，建筑师更应该"关注木构传统民居有没有未来"。

（五）旅游带来"符号化的文化"，外来者消费了"乡愁"

任和昕认为，旅游带来的是乡村为迎合外来的改变，以及专家学者提炼出的"符号化的文化"。例如，地扪从来没有"千三侗寨"一说，是为迎合旅游而编造出来的；同样，"侗纸"也是个伪概念，侗族的纸与贵州周边的纸并无区别。现在乡村中人的角色错位很严重，外来者对乡村没有敬畏之心，都是俯视乡村，连平视都达不到，没有对乡村的尊重和认同，而且外来者和村民也没有彼此的认同。外来者是在消费"乡愁"，如拍照时为保持唯美，一定要避开电线杆，体现被拍者的价值取向；侗族"禾仓"变成了旅游和研究的热点，但其仅仅体现了生存智慧，为防蛇鼠建在水中而已。

（六）乡村社会人才凋零，乡村干部队伍培养缺失

任和昕在地扪生态博物馆也曾尝试资助培养大学生，但没有一个大学生返乡回来工作，反而是城里人愿意来到乡村，其中有传统的观念，也与乡村中教育、医疗设施缺失有关。此外，政府在扶持乡村产业方面的成效也不大，回村的人养羊，但卖不出去，最后又走了。生态博物馆的功能主要是记录、传承，这在一定意义上是一种作秀，保存了"变异的种子"，但就算作秀，也要认真

地作。此外，生态博物馆还承担了部分公共服务和社区发展的任务，如垃圾收集处理、农产品开发等。地扪生态博物馆 100 年后的价值在于持续的观察和记录。

李华东也认识到乡村人才的问题，他提到：一是传统村落公布了 4000 多处，缺乏真正的传统村落规划师，成都和其他地方正在招募乡村规划师的志愿者团队，年薪 14 万，很有吸引力，但招募过去的人并不一定懂得乡村；二是国家在传统村落投入超过了 150 亿元，最后都投在砖头、水泥和橡胶管上，没有对乡村干部集中培训过，现在的村干部主流的想法还是想把自己的家乡建设好，但水平参差不齐，经济发达地区如浙江的村干部能力明显要强一些。

主持人杜晓帆指出，现在主流的趋势是将乡村开发成旅游地，一说到乡村话题就离不开建民宿，其背后有资本的推动。文化遗产本来就有形而上的特点，不能只看到经济利益。如果仍将村落看作直接的经济资源，则我们对村落的认识依旧停在过去。

二、乡村文化遗产的核心价值

（一）传统文化的最后保存地，文化多样性的重要组成部分，人类未来发展的动力

孙华从历史学和考古学的角度认为乡村是"人类社会发展的实物证明"，研究乡村的现在有利于研究古代城市化、工业化的背景。乡村文化遗产的价值首先体现在乡村是"地域民族传统文化最后的集中保存地，世界多元文化的重要组成部分"。由于各村落的自然环境不同，历史形成不同，文化结构各异，所以形成了种类众多、风俗多样、习俗千差万别的乡村文化景观，这也是各国的"国土文化景观"。"如果没有村落，国土都没有识别性。"所以，"文化多样性恰巧又是人类创造力的源泉和社会发展的动力"，这实际上是联合国教科文组织关于文化多样性的评价。

李华东谈道，乡村文化遗产"代表着中国人文化身份的认同，是中华文明的'基因库'和'干细胞库'。从传统中可以发展出引领未来的文化，发展

与提升当代和未来的价值。东方文明先天具有生态文明的优势。汤因比曾说，未来引领世界的是东方文明。"

李松也认为，乡村"是人类未来发展的动力，是人类不可或缺的创造力源泉"。"全人类的核心价值建立在文化多样性上"，又进一步体现在"发展目标、发展方式、生存文化方式的多样性"上。中国的很多村落即多样性的体现，如怒族的游耕。佤族在坡度达到 70 度的山地上定居超过 500 年，当地政府实施景观扶贫时采用统一的标杆、统一的建筑，其结果是迁往山下的村民又自发地回到了山上。现在的乡村旅游经济关注的都是"文化奇特性价值"，即"表演性价值"或者"外在的景观价值"，这是最肤浅的价值。但是，也不能把乡村的文化传承价值说得太重，文化传承的方式包括典籍传承、物质文化传承、生活文化传承、现代教育传承，其中生活文化传承的干预是最复杂的，只能做简单的目录、项目、传承人。

王红光则认为，乡村的价值首先是"国家传统的认同，文化主人的自我认知"，但现在城里人去乡村是进行文化消费。乡村的价值是客观存在的，如艺术价值、建筑价值、生存智慧价值，孰重孰轻，还要"对价值进行排序"。站的角度不一样，对价值的认知就不一样，专家对乡村的认知、学者对乡村的认知、城里人对乡村的认知、乡村人对乡村的认知都不一样。任和昕提出，需要发现、重估、输出乡村价值，要区分乡村价值和乡村文化价值，乡村价值包括物质层面、文化层面、精神层面。"乡愁是城市人的乡愁，乡村人的是城愁"，城市人回到乡村是消费价值的体现，对村民来说是交换价值的体现。

（二）现代人的心灵家园，自我防御的文化空间

李松认为，乡村所代表的传统文化有助于"树立中国人对自己文化的自信以及享用的自在感"。孙华指出，传统村落"是现代人的心灵家园，是自我防御的文化空间"，满足现代人对内心平衡的追求。

刘兆丰对乡村的价值进行了更深层次的阐释，提出"作为存在（生产）的乡村""作为资产（生活）的乡村"及"作为遗产的乡村"三个不同的概念，并进一步提出了"源家园"的概念，或者称为"安全的栖居"。他认为乡村承载着人类最根性的安全感，这种安全感是通过历史积累起来的，而且是城

乡人民的共有遗产。

（三）处理人与自然、人与人关系的高级智慧

李松认为，乡村"在处理人与自然、人与人的关系上具有比较高级的智慧"。例如"约束"与"共享"：岜沙人在一生中要种下6棵树，却只带走一截木头，这是一种"约束"；在插秧开始时就要互助，每一户家里至少有40把凳子，这是"共享"的体现。在西南稻作文明体系中，这样人与自然、人与人和谐相处的例子比比皆是。"乡土社会是私有与公有共存的状态"，有一部分是不能私自处理的公有财产，如祠堂、耕牛，又如非物质文化遗产是公有化财产，而手艺可以是私有的。乡村共享、协调发展的集体主义精神是其给现代社会的启发，传统社会中的动员能力和低成本对后现代社会也具有价值。

周俭总结说，在后现代社会中，乡村社会的经验主要有两方面，一是"生存智慧"，即人与自然的共存；二是"更高级的自我实现的智慧"，代表了文明的进步。任和昕则将其归结为"人与人、人与自然、人与物、人与事"的关系。王红光认为，研究乡村对城市建设也有指导意义，乡村人是带着乡村经验进入城市生活的。

（四）"将艺术与生活相融合"的生活方式

李松认为，由于唱歌唱得好的乡村歌手已通过选拔外出求学、工作，目前无法回到乡村，像满寨侗歌这样的场景今后虽然很难得，但这正是后现代社会追求的一种生活方式——"将艺术与生活相融合"。作为侗族大歌传承人的杨国祥补充道，黎平现在也有很多走出去的歌队，到各地演出，同时在外地打工聚居的侗族人也会聚在一起唱侗族大歌，"唱歌已经融入侗族人的日常生活中"。

在这一议题的结尾，主持人杜晓帆总结说，"人是文化遗产的灵魂，文化遗产是人的精神家园"，并且引用李克强总理2016年回答记者提问时所阐述的观点作为结尾——"保护文物实际上也是在推动文化事业的发展，来滋润道德的力量"。

三、乡村文化遗产保护与发展建议

（一）完善顶层制度设计，尤其是土地制度与城乡制度

孙华提出"乡村是依托土地存在的"，传统村落的保护要从"土地制度""城乡制度"方面多发声，这是一项系统性工程。可以考虑乡村土地的购置，将一些集体所有的土地变成国家所有的土地，一些农田收归国有，农民再租种。在城乡一体化背景下，如果农村户口被取消，农村土地也将面临一些产权问题；如1995 年以前出生的人有土地，1995 年以后出生的人没有土地，这些将来都是问题。文物系统介入传统村落保护时，福建、贵州都有过因保护而调整宅基地的政策。李华东也认为宏观的顶层设计很重要，但也很难，现在是各个部门共同管一个村，很难管好；传统村落中应该建立良好的收储制度，如有价值的民居。

（二）谈保护不能离开发展而空谈

几乎所有的专家在发言时都谈到，"在乡村搞文化遗产保护，不谈发展是行不通的，都是空谈"。李松认为，在文化的保护中，"发展应放在重要位置，甚至发展比保护还要重要"，"经济发展差异大或许会是压垮贵州乡村文化遗产保护的最后一根稻草"。外部社会看待乡村，主要是谈利用、消费这种文化。所有的文化区域都在扶贫，所以要尊重自我发展的意愿，"文化尊重就是尊重人的发展诉求"。面对工业文明和自由市场进入乡村社区，不能削弱乡村社会博弈的能力。孙华指出，过去发展好的村子都有经济支撑，如有的侗族地区的寨子有木头产业等，现在谈保护也不能离开发展。李华东则认为，"发达地区，文化是给精神添砖加瓦；贫困地区，文化是给发展引路"。

王红光认为，在保护中要明确"专家的责任，学者的思考"。首先，专家的身份和学者的身份要区分开来，现在往往是专家说学者的话，学者做专家的事；其次，技术与理论问题也要区分开来。

（三）重塑现代乡村治理制度，"人心"最关键

李松认为，传统村落保护的四个基本要素是政府、村民、学者、资本，

"村落是各种力量博弈的现场，其中最弱的是村民"。在村落中搞保护，要提防其中的某两个甚至三个要素结合在一起，将村民撇开，侵占村民的利益，否则最终保护也势必进行不下去。帮助村落自组织不能从根本上解决问题，本质上的方法应该是"激活乡村社会内在的组织能力"，形成有组织、有秩序的聚落，"不能盲目引入竞争"；社区在乡村被激活会比城市容易。目前，西部地区村落的自组织不如东部地区发展得好，"富裕地区向乡村的回归已经开始了"，成都平原的回归可能是最快的，所以不同地区在方法上应区别对待。

刘兆丰认为，乡村文化遗产保护的关键在于建立现代乡村治理制度，可以有合作社、基金、生态博物馆等多种模式，但这些都是协作者，最终还是要"将乡村还给村民"。孙华表达了不同的观点，他认为当前专家、学者、NGO等组织均强调社区、强调自治，但依靠自组织、依靠 NGO 无法做好传统村落保护，"保护传统村落必须依靠政府的力量"，政府资金、国家资金可以进入，对政府的考核目标也要相应调整。陈德胜认为，要深入乡村听取村民的意见，现在的问题是"政府的某些政策与村民意愿离得比较远"，现在的乡村治理很难找到好的带头人，需要推荐一些好的模式。

李华东认为，现在的乡村保护充满困惑，未来的一线生机在于文化，对乡村的文化干预重要的是"人心"，但实施很难，要掌握方法。要重新建立"乡村共同体"，这是一个修复和重构的过程，不是保护的过程。"继承传统不只是继承皮相"，传统乡村里的公共空间是相互避让、和谐相处，现代乡村里则存在一些人家尽可能挤占公共空间的现象。生态博物馆应该承担乡土教育的功能。

任和昕提出，他主持的地扪生态博物馆主要功能是对内服务，而不是为村民服务，博物馆今后的主要任务包括：一是村史（乡村志）、名录（自然、物质、非物质）、档案的建设；二是文化传承的社会化，成立共同的社区管理委员会；三是将社区发展的管理剥离出来，委托给第三方机构，如民办非企业，生态博物馆将转变成政府的顾问。下一步的重点是乡村文化遗产的记录，乡村知识体系的建构，建立乡村书院，要"利用文化遗产造福当地人"。

（四）对乡村文化遗产进行分级分类评估和保护

周俭认为，全国有 4000 多个传统村落，不会全留下，也不会与现在一样，要让村子继续演变，对村落要进行分级分类，包括"保护级别的分级"和"发展路线的分类"。杜晓帆补充说，他最早提出"文化遗产的分级分类"时还加了"功能性"一词，所谓"功能性分级分类"就是综合考虑保护级别、遗产类型、地理区位等因素，对今后的利用方式提出分类。

李松同意分类，表示要从多角度进行，包括功能、空间、意愿、市场等。他认为，村落保护首先要对文化进行认知，全国范围内山地稻作、麦作、草原等地区文化差异巨大，要区别对待。孙华也提到应当对村落采取分层次的多样化保护方式：一是"传统村落完全保护"，包括物质的和非物质的，要注意与周边村落的对比问题，尽可能成片地保护村落；二是"仅保留传统的物质外壳"；三是"传统与现代相结合的方式"。李华东认为还要对村落的保存状态进行分级分类，包括"原生型、变异型、消失型"，保护要以村民为主体，村民的意愿是发展。陈治英提出，"乡村文化不能只在乡村保存，重要的是乡村文化特质的保存，政府保存特质，也可以到别的地方重组、转移"。

（五）给保护列出"负面清单"，不要盲目引入竞争机制

李松认为，在乡村文化遗产保护过程中，重要的是"不能做什么"，即列出"负面清单"，如"仪式不要表演，文化不要造假，生活不要过多打扰"。"不能盲目引入竞争机制，不要一味迷信西方的'古典经济学'"，引入自由竞争会把乡村的"约束"和"共享"机制彻底摧毁，文化生态将被破坏，公共性的消失会导致村落的消亡。任和昕指出，现代乡村已经不是文化孤岛了，乡村与外界的沟通全无障碍，现在在地扪村吃米粉都能用微信支付了。

（六）旅游不能作为乡村未来的支柱产业

李松认为，"乡村在现阶段是城市人的后花园，未来是城市人的老师"。在全球化和文化交流的大背景下可以将"旅游作为文化发展与交流的媒介"，村落的旅游首先是"有朋自远方来"，但外来者也要"入乡随俗"，不能让文化适应旅游，变成表演。

但文红也认为，现有的对传统村落的利用只是旅游产业，其他产业较少提及，"传统村落在贵州的导向是旅游，对于乡村文化遗产保护意义不大"。在

村落里"人是最重要的",要关注人的比例变化,好的代表性做法要提倡,如在述洞,村落自身培养出了带头人。

任和昕结合在地扪、堂安和茅贡十余年的经验,认为可以有一部分"旅游村寨",如堂安是一个旅游区,离肇兴很近,是绕不开的,但"不能把旅游作为支柱产业",要"发展社区旅游,而不是旅游社区"。堂安曾尝试与村民结合开设集体酒店,由当地人控股,近期准备推出堂安的啤酒。地扪的发展模式是"跳出旅游发展旅游",旅游服务区不定在地扪村,而是前置到茅贡镇,从而可以带动茅贡镇周边的村落,将茅贡建设成"乡村的城市化,也是城市的乡村化的中心枢纽"。肇兴是动的旅游,茅贡则是静的旅游,茅贡和周边村寨未来要发展四大产业,即木工工坊、生态农产品、手工产品、度假旅游。

(七)允许受监管的资本进入,但商业化要适度

王红光认为,价值认知是遗产保护的指导性因素。他认为乡村文化的变迁方式有三种:一是"政府主导的强制性变迁",具有主观、速度快的特点,占主流,但遗留的问题最多;二是"引导性的变迁";三是"自发的选择性变迁",是在学者、专家、村民等社会各界对村落价值认知的基础上村民自我文化抉择的过程,这是一个理想化的状态。不同方式的文化变迁速度是不同的,对价值的认知也有差异。

孙华认为,乡村文化遗产的保护与发展可以有国企和央企进入,但要对其进行要求和考核,不是由地方政府考核,而是由更高级别的政府。国企进入是国家责任,其投入可以不计算短期的回报和利润,且可以通过税费抵扣的方式在乡村文化遗产保护中进行投入。刘兆丰则表达了相反的观点,他认为所有的资本都靠不住,国有资本进入,目的都是"把人从乡村剥离"出去。李松指出,所有进入村落的事项都要做评估,做影响评估,看是好的影响还是坏的影响。李松提出了乡村发展旅游要"适度商业化"的观点,即不能过度商业化。侯实补充说,适度商业化就是要"控制资本进入的速度和方式"。

(八)在悲观中继续前行,"做了才是成功"

参与论坛的嘉宾大多经过十余年的乡村遗产保护实践,见证了乡村社会近

年来发生的变化，普遍对于乡村文化遗产保护的未来比较悲观。周俭指出，中国的城市化率在过去30年提高了20%，在今后30年还要再提高20%，将达到70%，还有大量的农村人口要进城，未来的传统村落还能剩下多少？孙华指出，"传统村落存在的环境已经不在了，包括经济基础、土地制度和组织结构"。他认为，当今社会的外部环境是城市化、工业化和全球化，经济不发达地区的村落仍没有可以支撑的经济，经济发达地区的村落早已经被破坏，所以"传统村落的保护是天下第一难的问题"。如果土地制度不改变，如同大遗址面临的问题一样，传统村落也很难保存下来，其中涉及权利与利益问题，在现有的制度下人们只能"做力所能及的事情"。过去的村子都是自主的、多样化的，现在基层活力不足，有的村委只起到上传下达的"传声筒"作用，这样不可能多样化。如果多样化的土壤消失了，恢复乡村的多样性将是"知其不可为而为之"。

李华东说自己自2012年开始做传统村落保护，遭遇诸多挫折。他认为村落像垂垂老者，保护乡村文化遗产是在逆向做工作，因此对未来比较悲观，认为对乡村文化遗产的保护只能"尽人事，听天命"。乡村的未来，如果国家投巨资，可以留住其形，但"魂"基本上会消失，最差的结果是形神俱灭。Matteo以乡村景观遗产保护为主题介绍了意大利乡村景观遗产的发展历程和现状，以及对中国的启发。

李松认为，乡村文化遗产的保护需要更多专家指导下的实践案例，并且是"长时间的实践案例"；要身体力行，参与式帮助，深入下去之后"全是细节"；要鼓励大家进入，形成多方面的主导者；要开放一点，如生态博物馆要从1.0版、2.0版发展到5.0版；要拿实践结果说话，"讲理但绝不讲理论，宝塔尖儿上的学问不能拿来指导乡土，因为其多样性和随机性太过复杂"，只有实践成功的案例才能最终影响顶层设计。

在论坛的最后，主持人杜晓帆总结道："做了才是成功"。乡村文化遗产的保护注定是一条漫漫长路，这条路上没有固定的模式，需要大胆的尝试和持续的坚持。

（本附录由侯实整理）